지도자 바울

네비게이토 선교회는
국제적이며 복음적인 기독교 기관이다.
예수 그리스도께서는 자기를 따르는 자들에게
"너희는 가서 모든 족속으로 제자를 삼으라"
(마태복음 28:19)는 지상사명을 주셨다.
네비게이토 선교회는 세계 모든 국가에서
예수 그리스도의 일꾼들을 배가시켜
이 지상사명의 성취를 돕는 것을
근본 목표로 하고 있다.

네비게이토 출판사는
네비게이토 선교회의 문서 선교를 담당하고 있다.
본 출판사에서는 그리스도인의 영적 성장을 돕는
서적과 자료들을 출판하여,
그리스도인의 삶의 기초가 견고한
헌신된 제자로 성장하게 하고,
나아가 성숙한 인격과 지도력을 갖춘
일꾼이 되도록 돕고 있다.

Translated by permission
Originally published in English under
the title of PAUL THE LEADER.
Copyright ⓒ 1984 by Oswald Sanders.
Korean Copyright ⓒ 1987, 2015
by Korea NavPress

지도자 바울
PAUL THE LEADER

오스왈드 샌더스 저
J. OSWALD SANDERS

네비게이토 출판사
TO KNOW CHRIST AND TO MAKE HIM KNOWN

차 례

저자 소개 ………………………………… 7
머리말 …………………………………… 9
1. 우리와 같은 사람 ……………………………… 11
2. 지도자의 준비 ………………………………… 17
3. 지도자의 인격 ………………………………… 63
4. 하나님을 높임 ………………………………… 115
5. 십자가를 자랑함 ……………………………… 135
6. 기도의 용사 …………………………………… 145
7. 하나님의 대변인 ……………………………… 159
8. 개척하는 선교사 ……………………………… 173
9. 지도자의 확신 ………………………………… 187
10. 어려운 문제들 ………………………………… 227
11. 여성의 역할 …………………………………… 269
12. 약함의 철학 …………………………………… 289
13. 지도자 훈련 …………………………………… 299
14. 결승선을 향해 달려감 ………………………… 315

저자 소개

　오스왈드 샌더스는 뉴질랜드에서 변호사를 개업하고 있던 중, 하나님의 부르심을 받아, 오랫동안 오클랜드에 있는 뉴질랜드 성서대학에서 가르치며 행정을 맡아 봉사했고, 그 후에는 중국 내지 선교회(지금의 해외 선교회)에서 일하였습니다. 그는 2차 대전 후의 격변기 수십 년 동안 해외 선교회의 회장으로 주님을 섬겼습니다. 이 시기에 해외 선교회의 선교사들이 중국 본토로부터 철수하지 않으면 안 되었으나, 그는 동아시아의 기타 지역에서 새로운 선교 사역을 확립했습니다.
　해외 선교회의 회장직을 물러난 후에는, 파푸아뉴기니에 있는 크리스천 지도자 훈련 대학의 교장으로 봉사했으며, 여러 권의 책을 썼습니다. 그는 1992년 90세를 일기로 주님께로 갔습니다.

머리말

이 책은 나의 저서 **영적 지도력**에 이어, 사도 바울의 생애와 사역으로부터 지도력의 원리를 이야기해 달라는 요청에서 나온 것입니다.

많은 사람들이 바울에 대하여 책을 썼지만, 특별히 이런 각도에서 바울의 생애를 다룬 것은 아직 보지 못했습니다.

이 책을 쓰면서, 나는 금세기 초 미국 장로교 해외 선교부의 로버트 스피어가 쓴 **인간 바울**에 특별한 빚을 졌습니다. 그 책은 사도 바울에 대한 매우 귀중한 연구서입니다.

이 책이 개인 성경공부나 그룹 성경공부에 도움이 되기를 바랍니다. 이러한 목적에서 많은 성경 구절을 인용하였습니다.

1
우리와 같은 사람

우리도 너희와 같은 성정을 가진 사람이라.

사도행전 14:15

이 혼돈된 시대는 강하고 올바른 확신을 가진 지도자를 절실히 요구하고 있지만, 오늘날 그러한 지도자를 찾아보기가 어려운 실정입니다. 나라의 병폐들을 해결할 좋은 기회가 왔는데도 그 해결책을 찾지 못하고 있는 국가 지도자들의 무능력을 지켜보면서, 나라를 걱정하는 한 시민은 이런 말을 했습니다.

이 중요한 시기에 정치 무대에는 2급 배우들밖에는 보이지 않는다. 용기 있는 사람은 힘이 없고, 힘이 있는 사람은 총명과 용기와 결단력이 없기 때문에, 결정적인 순간들이 그냥 지나가고 있는 실정이다.

이 말은 100여 년 전 프레더릭 스틸러라는 사람이 한 것이지만, 이상하게도 오늘날의 이야기처럼 들립니다. 그동안 상황은 근본적으로 변화되지 않았다는 것입니까? 2,000여 년 전에 하신 예수님의 말씀은 오늘날의 상태를 정확하게 진단해 주고 있습니다. "땅에서는 민족들이 바다와 파도의 우는 소리를 인하여 혼란 중에 곤고하리라"(누가복음 21:25).

세상의 상태는 예수님 이후로 측량할 수 없을 정도로 악화되어 왔지만, 주님의 말씀은 변함없이 진리였습니다. 각 시대마다 리더십의 문제에 직면해야 했으며, 오늘날도 여전히 많은 영역에서 격심한 리더십의 위기에 직면하고 있습니다. 위기가 계속되고 있으나, 오늘날의 지도자들은 거의 해결책을 찾아내지 못하고 있으며, 미래 역시 보장할 수 없는 현실입니다.

교회 역시 이러한 권위 있는 리더십의 기근 현상을 피하지 못하고 있습니다. 한때는 주위 사람들에게 희망의 나팔소리처럼 들리던 교회의 목소리가 지금은 이상하게도 매우 힘없이 들리며 세상에 대한 교회의 영향력은 매우 약화되었습니다. 소금이 그 맛을, 빛이 그 광채를 크게 잃어버리고 말았습니다.

그러나 단지 이러한 현실을 개탄만 하는 것은 별 유익이 없습니다. 그보다는 바울 및 사도들의 영적 지도력을 힘 있게 고무시켜 준 원리와 요소들을 찾아내어, 우리의 현 상황에 힘써 적용하는 것이 더 건설적인 해결책입니다. 영적인 원리들은 시간과 무관합니다. 세월이 흘러도 변하지 않습니다.

있는 그대로 모두

한 친구가 이런 말을 했습니다. "나의 결점들을 볼 때마다 나는 겸손해지지 않을 수 없다네." 우리는 남들 속에 있는 결점을 바라볼 때, 고통스럽지만 자신의 결점이 분명해지는 것을 봅니다. 이것은 영적 원리들을 이해하는 데 있어서도 마찬가지입니다. 우리는 영적 원리들이 단지 이론적으로 나열되어 있을 때보다도, 한 인간 속에 구체적으로 나타나 있을 때 더 빨리 이해할 수 있습니다.

이러한 이유에서 '우리와 같은 사람들'의 삶 속에서 하나님의 섭리가 어떻게 작용하는가를 탐구해 보는 것은 매우 값진 성경공부인 것입니다. 우리가 하나님을 알기 전부터, 하나님께서는 우리의 모든 환경과 경험을 주관하셔서 은혜의 손으로 능숙하게 우리의 삶을 빚고 계십니다.

성경에는 있는 그대로의 사실들이 꾸밈없이 기록되어 있습니다. 사실을 미화하기 위해 내용을 고치려고 한 흔적이 전혀 없습니다. 성경은 인물들의 흠을 하나도 감추지 않고 진실로 있는 그대로 자세히 그리고 있습니다. 우리는 이에 대하여 하나님께 감사하지 않을 수 없습니다.

　우리는 예수님 안에서 이상적인 지도자상을 발견합니다. 왜냐하면 예수님이야말로 '완전하신' 지도자이시기 때문입니다. 그러나 예수님의 바로 그 완전하심이 우리를 주춤하게 하고 용기를 꺾는다고 생각하는 사람들이 있습니다. '예수님께서는 우리처럼 죄 된 본성을 이어받지 않았기 때문에, 이 사실이 그분께 큰 이점을 주었고, 그분을 땅 위의 싸움과 실패로부터 벗어나게 해주었다'고 그들은 생각합니다. 예수님께서는 너무도 뛰어나신 분이기에, 평범한 우리는 그분의 빛나는 모범으로부터 실제적인 도움을 이끌어 낼 수 없는 것 같다고 그들은 주장합니다. 이러한 견해는 물론 그리스도께서 베풀어 주시는 도움의 본질을 잘못 이해한 데서 나온 것이긴 하지만, 어느 면에서 일리가 있는 말입니다.

　사도 바울을 통하여, 하나님께서는 '우리와 같은 사람'의 본을 제공해 주셨습니다. 바울은 위대한 영적 경지에 도달한 사람이었지만, 또한 성공과 더불어 실패를 안 사람이었습니다. 그는 절망 가운데서, "오호라, 나는 곤고한 사람이로다! 이 사망의 몸에서 누가 나를 건져 내랴!" 하고 부르짖었습니다. 그러나 이어서 "우리 주 예수 그리스도로 말미암아 하나님께 감사하리로다!" 하고 기뻐 외쳤습니다(로마서 7:24-25).

　바울의 이러한 부르짖음과 외침이 우리로 하여금 그에 대하여 친근감을 느낄 수 있게 하며, 또한 그의 경험에 보다 쉽게 동일시할 수 있게 합니다. 그는 우리가 도저히 다다를 수 없는 위대한 성자가 아니라, 우리와 같이 상하기 쉽고 범죄하기 쉬운 사람이었습니다. 그러기에 우리의 필요에 공감하며 거기에 대하여 이야기해 줄 수 있는 사람이었습니다.

그러므로 우리는 결코 실패한 적이 없는 참인간이신 그리스도로부터는 영감을, 넘어졌으나 다시 일어선 사람 바울로부터는 격려를 얻습니다. 완전한 인간이신 예수님께서는 우리가 도달해야 할 이상이 무엇인가를 보여 주시며, 실패했으나 마침내 승리한 사람인 바울은 하나님의 은혜로 말미암아 우리가 무엇이 될 수 있는가를 보여 줍니다. 우리가 예수님의 제자로서 어렵고 위험한 길을 승리하며 걸어가고자 한다면, 예수님을 바라보며 바울과 함께 걸어가야 합니다.

바울의 리더십에 대한 우리의 연구가 계속적으로 열매를 맺는 것이 되려면, 이것이 단지 학문적인 연구로만 끝나서는 안 됩니다. 우리는 각자 자신의 삶 속에서 이 리더십의 원리들을 실천해야 합니다. 그 원리들은 실생활 속에서 경험되어야만 하며, 그럴 때 비로소 자기 자신의 것이 될 것입니다.

바울의 편지들에 나타나는 한 가지 특징은, 바울이 무의식적으로 자기 자신을 드러내고 있다는 것입니다. 우리는 이에 대하여 바울에게 감사를 표시해야 합니다. 우리는 사도행전에 있는 누가의 역사적 기록으로부터보다, 바울의 편지들 속에 있는, 자신에 대한 바울의 간접적이고 꾸밈없는 언급으로부터 바울에 대하여 훨씬 많은 것들을 알게 됩니다. D. 팬트는 작고한 A. 토저의 전기를 쓰면서, 토저의 저작들을 가지고 토저를 해석하는 방법을 채택했는데, 본서에서도 이 방법을 따를 것입니다.

바울 안에서 우리는, 하나님께 전적으로 헌신한 한 사람이 그 당대에 무엇을 성취할 수 있는가를 보여 주는 고무적인 본보기를 발견합니다. 본서에서는 특별히 영적 지도자로서의 바울의 역할을 살펴보고자 합니다. 즉, 중요한 주제들에 대한 바울의 견해는 무엇인가, 그를 그런 사람으로 만든 특성들은 무엇인가, 이 특성들이 그의 뛰어난 리더십에 어떤 기여를 했는가 등등을 알아볼 것입니다.

2
지도자의 준비

> 형제들아, 우리가 아시아에서 당한 환난을 너희가 알지 못하기를 원치
> 아니하노니, 힘에 지나도록 심한 고생을 받아 살 소망까지 끊어지고 우리
> 마음에 사형 선고를 받은 줄 알았으니, 이는 우리로 자기를 의뢰하지 말고
> 오직 죽은 자를 다시 살리시는 하나님만 의뢰하게 하심이라.
>
> 고린도후서 1:8-9

바울은 일찍부터 리더십의 자질들을 나타내었습니다. 우리는 그가 초인간적인 훌륭한 자질들을 거의 다 가지고 있는 것으로 생각하는 잘못을 범해서는 안 되지만, 그가 놀라운 개성과 능력의 소유자라는 결론을 내리지 않을 수 없습니다. 그는 실로 인류 역사에 지울 수 없는 영향을 끼친 위대한 인물 중의 하나입니다. 그러나 좀 더 자세히 연구해 보면, 그 역시 '우리와 같은 성정을 가진' 약한 인간이라는 것을 알게 됩니다. 다만 그의 생애는 비범한 믿음과 주님께 대한 무조건적인 굴복에 의해 비범하게 된 것입니다.

바울은 세계에서 가장 성공적인 그리스도인으로 불리어 왔으며, 그의 생애는 세계 역사상 가장 놀랄 만한 것으로 여겨져

왔습니다. 그토록 많은 능력을 한 몸에 지니고 있었던 사람은 아마 없을 것입니다. 참으로 다재다능해서 마치 거의 모든 재능을 다 소유한 것처럼 보입니다. 그럼에도 불구하고 학식이 있는 사람이든 학식이 없는 사람이든 어느 누구와도 쉽게 성공적으로 관계를 맺었습니다.

오늘날 사도 바울에 비길 만한 사람이라면, 중국어로 공자와 맹자를 논하며, 영어로 매우 논리적인 신학 논문을 쓰고 그것을 옥스퍼드 대학에서 강의하며, 러시아의 과학원에서 러시아어로 자기주장을 할 수 있는 사람일 것입니다.

존 폴록은 **세계를 흔든 사람**이라는 책에서, 바울의 생애와 사역에 대해 연구하면서 받은 감명을 다음과 같이 말합니다. "전기 작가의 육감은 남다른 데가 있다. 나는 금세 사도행전과 서신서들에 나타나는 바울이라는 인물의 진실성을 느낄 수가 있었다. 그는 매우 특이하면서도 전적으로 신뢰할 수 있는 비범한 인물이었다."

바울은 그의 편지들 속에서, 회심 전의 자신의 모습을, 양심적이고 율법을 준수하는 모범 시민으로 그리고 있습니다. 그 당시 그는 자신을 책망할 만한 이유를 거의 알지 못했고, 하나님께서 그를 싫어하고 계신다는 것을 전혀 의식하지 못했습니다. 오히려 그 반대로 생각했습니다. 그는 방탕한 삶을 산 적이 없었습니다. 율법에 비추어 흠이 없는 삶을 살고 있었으며,

자신이 율법의 의무들을 다하지 못하고 있다는 생각을 조금도 해본 적이 없었습니다.

그러나 바울의 지나친 열심은 그리스도인들에 대한 무자비한 박해로 표현되었습니다. 이러한 특성들이 그를, 기독교로 개종하기에 가장 어려운 사람 중의 하나로 만들었습니다. 왜냐하면 자신이 전적으로 흠 없는 사람이라고 확신하고 있었기 때문입니다.

바울의 놀라운 개성과 능력은 놀랍게도 하나의 목적에 의해 통일되어 있었습니다. 그의 거대한 지적 능력만으로도, 그가 비록 그리스도인이 되지 않았다 하더라도, 역사에 기억될 만한 인물이 되었을 것입니다. 모든 사도 중에서 바울만이 지식인이었으며, 이 사실은 새로운 신앙의 발전에 매우 중요한 의의를 지니게 되었습니다. 기독교가 도덕적, 영적으로뿐 아니라, 지적으로도 세계를 정복하기 위해서는, 그리스도의 죽음과 부활, 그리고 기타 관련 교리들의 의미를 설명하고 강화시킬 만한 정신 역량을 가진, 바울과 같은 인물이 필요했습니다.

대부분의 사도들이 몇 가지 두드러진 은사나 성격을 나타내 보인 반면, 바울의 성격은 매우 다양했고, 바울 안에는 이러한 다양한 성격이 조화를 이루고 있는 듯하였습니다. 예를 들면, 베드로는 아주 급한 성격의 사람이었고, 안드레는 신중한 성격의 사람이었습니다. 바울 안에는 이 두 가지 성격이 분명하게 나타나 있습니다. 바울은 때로는 베드로처럼 모험적이고 격한 성미였으나, 필요하다면 안드레처럼 주의 깊은 사람이 될 수도 있었습니다. 바울은 원칙에 대해서는 보수적이었으나, 목적을 달성하기 위해서는 새로운 방법도 채택할 준비가 되어 있었습니다.

원칙이 위험에 처한 경우에는 바울은 결코 융통성을 두지 않았고 한순간도 양보하지 않으려 했습니다. 심지어 관련된 상대방이 베드로일지라도 양보하지 않았습니다(갈라디아서 2:11-14). 왜냐하면 그리스도인의 자유라는 아주 중요한 문제가 걸려 있었기 때문입니다. 바울은 갈라디아 교인들에게 이렇게 말했습니다. "우리가 일시라도 복종치 아니하였으니, 이는 복음의 진리로 너희 가운데 항상 있게 하려 함이라"(갈라디아서 2:5). 그러나 단지 방법의 문제일 뿐이요 원칙의 문제가 걸려 있지 않은 경우에는, 바울은 크게 양보할 준비가 되어 있었습니다.

가정환경과 교육

각 사람의 성장 환경은 누구에게나 중요한 역할을 합니다. 하나님의 섭리 속에서, 한 지도자의 준비는 그의 출생 전부터 시작됩니다. 예레미야는 하나님의 이러한 주권적 섭리를 깨달았습니다. 그는 자기에게 임한 여호와의 말씀을 이렇게 기록하였습니다. "내가 너를 복중에 짓기 전에 너를 알았고, 네가 태에서 나오기 전에 너를 구별하였고, 너를 열방의 선지자로 세웠노라"(예레미야 1:5). 그는 이미 태어나기 전부터 지도자로 예정되어 있었지만, 지도자가 되기 위해서는 길고도, 때로는 고통스러운 훈련 과정을 거쳐야만 했습니다. 바울 역시 자신이 하나님의 주권적인 의지 아래 있다는 것을 알고 있었습니다. 그러나 그가 걸어가야 할 인생길은 그 앞에 천천히 펼쳐졌습니다.

우리에게는 어두움도 주님께는 낮,
주님께서는 종말을 아신다.
우리는 어디로 가야 할지 몰라 방황할 때도
주님께서는 가는 길을 아신다.

모든 운명은 견고하게 짜여진
한 폭의 아름다운 천,
거대한 오르간의 건반처럼
아름다운 음악을 낸다.

J. 휘티어

바울이 스데반에게 돌을 던지는 사람들의 옷을 맡아 지키며 서 있을 때가 A. D. 33년경이었을 것입니다. 성경은 당시의 그를 '청년'이라고 기록했는데(사도행전 7:58), 이 말은 20대에서 30대에 걸치는 연령층에 광범위하게 쓰일 수 있는 용어입니다. 바울이 만일 그 당시 명예로운 산헤드린의 회원이었다면 - 아마 거의 틀림없습니다 - 분명 30세가 넘었을 것입니다. 왜냐하면 30세가 넘어야 산헤드린의 회원이 될 수 있는 자격이 주어지기 때문입니다. 이는 그가 예수님과 거의 같은 시기에 태어났다는 것을 의미합니다. 존 크리소스톰의 것으로 추정되는 한 설교문에 의하면, 바울은 B. C. 2년에 태어난 것으로 되어 있습니다. 그가 A. D. 66년경에 죽었다고 한다면, 순교 당시 나이는 68세가량 되었을 것입니다.

바울은 퍽 부유한 가정에서 태어났을 것입니다. 다소 성의 시민이 되려면 그 자격 요건 중의 하나로 일정한 수준의 재산이 요구되었기 때문입니다. 그의 부모는 베냐민 지파였기 때문에, 아들의 이름을 그들의 훌륭한 조상 사울 왕의 이름을 따서 '사울'이라고 지었습니다. 또한 그의 부친은 로마 시민이었기 때문에, 그에게 로마식 이름인 '바울'을 더했습니다. 그리고 이 로마 시민권이 그를 다소의 귀족층에 들게 해주었습니다.

바울의 부친은 엄격한 바리새인이었기 때문에, 아들을 위해 틀림없이 세심한 주의를 기울여 유대 율법의 의무들을 충실히 준수하고 이행했을 것입니다. 바울 자신이 말했듯이 그는 최고의 바리새적 전통 속에서 철저하게 교육을 받았습니다. 그러나 슬프게도 당시의 산헤드린은 율법주의와 위선으로 물들어 있었습니다.

바울은 자신의 가문과 학식을 자랑으로 여겼습니다. "만일 누구든지 다른 이가 육체를 신뢰할 것이 있는 줄로 생각하면 나는 더욱 그러하리니, 내가 팔 일 만에 할례를 받고, 이스라엘의 족속이요, 베냐민의 지파요, 히브리인 중의 히브리인이요, 율법으로는 바리새인이요, 열심으로는 교회를 핍박하고, 율법의 의로는 흠이 없는 자로라"(빌립보서 3:4-6). "나는 유대인으로 길리기아 다소에서 났고, 이 성[예루살렘]에서 자라, 가말리엘의 문하에서 우리 조상들의 율법의 엄한 교훈을 받았고, 오늘 너희 모든 사람처럼 하나님께 대하여 열심하는 자라"(사도행전 22:3). 이처럼 어렸을 때부터, 훌륭한 스승 가말리엘처럼 훌륭한 바리새인과 랍비가 되도록 교육을 받았습니다.

바울의 가정은 헬라어를 썼기에 그는 헬라어에 능통했고, 또한 히브리어에도 능통했습니다(사도행전 22:2). 그는 어린 시절부터 헬라어로 된 70인역 구약성경을 잘 알았고, 거기에서 많은 부분을 암송하였습니다.

바울은 어린 시절 가정이나 회당에 부속된 학교에서 교육을 받았을 것입니다. 왜냐하면 엄격한 그의 부모가 아들을 이방인 교사들에게 맡겼을 리가 만무하기 때문입니다.

좋은 가정에 태어난 여느 유대 소년들처럼, 바울도 한 가지 기술을 익혔습니다. 장막[텐트] 만드는 기술이었습니다(사도행전 18:3). 가말리엘은 기술이 수반되지 않는 학문은 모두 죄로 끝날 뿐이라고 주장하였습니다. 바울은 선교 사역을 하는 동안 자기 손으로 일했으며, 모든 그리스도인 형제들이 자기 손으로 일하기를 원하였습니다(데살로니가후서 3:7-12 참조).

바울의 텐트 만드는 기술은 앞으로의 삶에 값진 재산이 되었습니다. 그의 고향 다소는 산양이 많았고, 산양의 긴 털은 길리기아산 천으로 알려진 천을 짜는 데 이용되었으며, 이 천으로 짠 외투나 텐트는 매우 튼튼하였습니다. 텐트 만드는 기술은 어디서나 이용할 수 있었고, 값비싼 장비가 전혀 필요없었습니다.

바울은 고향 다소 성을 자랑으로 여겼습니다. 그는 다소 성을 '소읍이 아닌 다소 성'(사도행전 21:39)이라 했습니다. 다소 성은 아테네, 알렉산드리아와 더불어 로마 제국의 3대 학문 도시의 하나였으며, 그 지적 탁월성에서 다른 도시들을 능가했다고 합니다. 다소의 학문적 분위기는 틀림없이 이미 어렸을 때부터 바울의 지적 욕구에 불을 붙였을 것입니다.

15세경 바울은 예루살렘으로 갔고, 거기서 누이와 함께 살았을 것입니다(사도행전 23:16). 재미있는 사실은 친척 중 몇 사람이 그보다 먼저 기독교를 믿었다는 것입니다(로마서 16:7). 예루살렘에서 그는 장엄한 성전 예배의 광경을 보았고, 성가대의 찬양을 들었을 것이며, 의식을 집행하는 제사장들과 제단에서 피어오르는 연기를 경외감을 가지고 지켜보았을 것입니다.

바울의 삶의 형성 과정에 하나님께서 섭리 가운데 역사하셨다는 분명한 증거가 많은데, 그중의 하나가 가말리엘의 문하에 들어가는 특권을 얻었다는 사실입니다. 아마도 가문의 영향으로 그런 특권을 누렸을 것입니다. 가말리엘은 당시 유명한 교법사(敎法師) 즉 율법을 가르치는 선생으로서 모든 유대인의 존경을 받는 인물이었습니다(사도행전 5:34). 가말리엘은 율법의 대가로서 유대인들로부터 '랍반'(우리의 랍비)이라는 최고의 칭호로 불리어지는 일곱 랍비 가운데 한 사람이었습니다. 바울이 이 가말리엘에게서 율법을 배웠다는 것은 그 누구 못지않게 율법에 정통하였음을 말해 줍니다. 가말리엘은 힐렐 학파에 속했는데, 힐렐 학파는 샴마이 학파보다 더 폭넓고 자유로운 견해를 취하였습니다.

그리하여 바울은 보다 폭넓은 교훈에 접하게 되었습니다. 샴마이 학파와는 달리, 가말리엘은 헬라 문헌에 흥미가 있었고, 유대인에게 이방인들과도 사회적으로 상호 교류를 하며 친분 관계를 맺을 것을 권유하였습니다. 가말리엘로부터 청년 바울은 이방인 저자들의 작품들을 기꺼이 연구하고 이용하는 자세뿐 아니라 신중하고 성식하게 판단하는 태도도 배웠을 것입니다.

다른 유대 지도자들이 베드로와 다른 사도들을 죽이려고 했을 때, 온건론을 주장하며 자제를 촉구한 것도 바로 이 가말리엘이었습니다. "바리새인 가말리엘은 교법사로 모든 백성에게 존경을 받는 자라. 공회 중에 일어나… 말하되, '이스라엘 사람들아, 너희가 이 사람들에게 대하여 어떻게 하려는 것을 조심하라.… 이제 내가 너희에게 말하노니, 이 사람들을 상관 말고 버려두라. 이 사상과 이 소행이 사람에게로서 났으면 무너질 것이요, 만일 하나님께로서 났으면 너희가 저희를 무너뜨릴 수 없겠고, 도리어 하나님을 대적하는 자가 될까 하노라' 하니"(사도행전 5:34-39).

바울은 가말리엘의 문하에서 교육을 받은 뒤 훌륭한 바리새인이 되어 고향 다소로 돌아가, 일생의 과업을 시작할 만큼 나이가 들 때까지 지냈습니다.

가말리엘은 그리스도인들에 대한 박해를 찬성하지 않았기 때문에, 그리스도인들에 대한 그의 제자 사울의 억제할 수 없는 분노는 사울 자신의 마음속에서 벌어지고 있는 치열한 싸움의 외적인 표현이었습니다. 그렇지 않다면 사울이 그토록 그리스도인들에 대하여 격분한 이유를 설명하기가 어렵습니다. 사울은 그리스도인들과 싸우고 있었지만 사실은 자기 자신과 싸우고 있었던 것입니다.

학문으로 말하자면 바울은 괄목할 만한 진보를 이룩했습니다. 학문적 성취나 열심에서 모두 동료들보다 앞섰습니다. 하나님께 대하여 열심이 있었습니다(사도행전 22:3). 같은 나이 또래의 그 어떤 유대인들보다 유대교를 신봉하는 데 앞장섰으며 조상들의 전통을 지키는 데도 누구 못지않게 열심이었습니다(갈라디아서 1:14 참조). 지도자로서 장래가 촉망되는 바울과 같은 사람을 잃어버린 데 대하여 유대 지도자들이 얼마나 격노하였을 것인가는 상상하기가 어렵지 않습니다.

이미 언급했듯이 바울은 한때 유대 최고 법정인 산헤드린의 회원이었던 것이 거의 확실합니다. 이 직분에 뽑힐 수 있었다면, 스데반을 죽이는 데 가담할 당시 30세가 넘었을 것입니다. 바울은 자신이 그리스도인들을 죽이는 데 찬성투표를 했던 판사들 중의 하나였다고 말했습니다. "대제사장들에게서 권세를 얻어 가지고 많은 성도를 옥에 가두며 또 죽일 때에 내가 가편 투표를 하였고"(사도행전 26:10).

그 당시에는 일찍 결혼하는 것이 관습이었고, 산헤드린 회원이 되려면 반드시 결혼한 사람이어야만 했습니다. 그 이유는 회원들이 자비롭게 행하도록 하기 위한 것이었는데, 남편이자

아버지인 사람은 미혼 남성보다 더 자비심을 가졌을 것이기 때문입니다. 이러한 사실로 미루어 볼 때, 바울은 결혼한 사람이었다고 보는 것이 옳을 것 같습니다. 그러나 여기에 대해서는 성경에 아무런 언급이 없습니다. 전승에 의하면, 바울은 홀아비였다고 합니다. 그가 기독교로 개종한 뒤 가족들이 그와 인연을 끊었을 것으로 추측됩니다.

개인적 이점

바울이 누렸던 환경적 혜택 속에서, 우리는 바울을 지도자로 훈련시키고 계시는 하나님의 주권적 손길을 분명히 엿볼 수 있습니다.

바울의 경우에 사실인 것은 우리 모두에게도 사실이다. 하나의 섭리가 우리의 목표를 실현 중에 있다. 하나의 계획이 우리의 삶 속에서 진행 중에 있다. 가장 지혜 있고 인자하신 분이 모든 일이 합력하여 선을 이루게 하고 계신다. 인생의 종착점에서 우리는 이전의 모든 사건 속에 의미와 필연성이 있었다는 것을 보게 될 것이다. 심지어 우리의 어리석음과 죄의 결과까지도 마지막 결과에 기여하게 되었다는 것을 알게 될 것이다.

프레더릭 마이어

바울과 같은 세계 시민으로서의 자질과 자격들을 한 몸에 지닌 그리스도인이 A. D. 1세기에 또 있었는지 의문입니다. 바울은 로마 시민권을 가지고 헬라의 도시에 살고 있었던 유대인이었습니다. 그는 유대인의 불굴의 정신, 헬라인의 교양과 로마인의 실용 정신을 소유하고 있었습니다. 그리고 이런 특성들이 그로 하여금 언어가 다른 여러 민족에게 쉽게 적응할 수 있도록 해주었습니다.

이 특성들은 또한 바울을 세계 선교 지도자가 되기에 적합하게 해주었습니다. 로마 시민에게는 외국이란 것은 없었습니다. 비자와 여권은 생각할 필요도 없었습니다. 바울은 로마 제국 내 어디에나 갈 수 있었습니다. 그리고 로마 제국 전역에 걸쳐 유사한 문명 형태가 존재했기 때문에 바울에게는 극복해야 할 문화적 장벽이 거의 없었습니다. 또한 극복해야 할 사회적, 경제적 주요 현안 문제들도 거의 없었습니다. 헬라어가 거의 보편적으로 쓰이고 있었기 때문에 언어 문제도 매우 적었습니다. 게다가 그의 로마 시민권은 여러 차례 그에게 큰 도움이 되었습니다.

바울은 유대의 가장 유명한 랍비 문하에서 신학 교육을 받았기에, 아무도 감히 바울의 학자적 자질과 율법에 대한 광범한 지식을 비난할 수 없었습니다. 그는 또한 당시의 철학 사상들에 대해서도 정통했으며, 저들의 논거를 가지고 저들과 논쟁을 할 수 있었습니다. "헬라파 유대인들과 함께 말하며 변론하니"(사도행전 9:29).

텐트 만드는 기술 덕분에 바울은 이세 막 생겨나는 교회들에게 재정적인 부담을 지우지 않을 수 있었고, 그리하여 종종 재정적인 부담으로 말미암아 야기되는 문제들이 미연에 방지되었습니다. 이것이 그로 하여금 교회에서 사람들을 자유롭게 충고하고 책망할 수 있게 해주었습니다. 만일 그들에게 재정적 부담을 지웠더라면 이렇게 하기가 훨씬 더 어려웠을 것입니다.

핸디캡

오늘날의 많은 선교 지도자들은 바울이 누렸던 것과 같은 많은 이점들을 기쁘게 받아들이려고 할 것입니다. 그러나 바울과 그의 일행에게는 이러한 이점들 못지않은 많은 핸디캡이 있었습니다. 바울과 동역자들은 이러한 핸디캡들과 싸우며 일해야 했습니다.

V. 스토리는 이렇게 말했습니다. "'어떤 고귀한 일을 하려고 하는데, 신체적 또는 정신적 핸디캡으로 인해 방해를 받고 있다고 생각하는 사람들은 바울의 핸디캡을 기억하라'고 어떤 이가 말했다. 밀턴은 소경이었으나 낙원을 보았다! 베토벤은

귀머거리였으나 광대한 하모니를 들었다! 바이런은 앉은뱅이
였으나 알프스의 하늘을 향해 올라갔다! 누가 핸디캡을 탓하
는가? 이들을 기억하라!"

바울은 복음을 전할 만한 적당한 장소가 없어 어려웠던 적
이 한두 번이 아니었습니다. 이내 바울은 위험인물로 간주되
었고, 회당들도 그에게 문을 닫았습니다.

먹고살기 위해, 때로는 다른 사람들을 부양하기 위해, 바울
은 자주 밤낮으로 일해야 했습니다. 그럼에도 불구하고 그가
여전히 시간을 내어 열심히 복음을 증거했다는 것은 놀라운
일입니다(데살로니가전서 2:9 참조).

바울은 신체적인 핸디캡으로 인해 고생을 했던 것이 분명합
니다. 그는 이렇게 썼습니다. "'바울의 편지는 무게가 있고,
힘이 있지만, 직접 대할 때에는, 그는 약하고, 말주변도 변변치
못하다' 하고 말하는 사람들이 있습니다"(고린도후서 10:10,
새번역).

바울과 헤클라 행전이라는, 2-3세기경에 쓴 소설에는, 현존
하는 유일한, 펜으로 그린 바울의 초상화가 있습니다. 거기에
보면, 바울은 "작은 키에, 두 눈썹이 서로 닿아 있으며, 약간
큰 코에다 대머리이고 안짱다리였다. 그러나 강한 인상을 풍
기며 인자함이 넘쳤다. 때로는 사람처럼 보이기도 하고 때로
는 천사의 얼굴처럼 보이기도 했다"고 묘사되어 있습니다.

바울은 비록 헤라클레스와 같은 힘을 가진 사람은 아니었지만, 믿을 수 없을 정도로 강한 체력을 나타내 보였습니다. 그의 선교 사역 전체에 걸쳐 육체적으로 고난을 받거나 불편함을 겪는 일은 항상 있는 일이었던 것을 볼 때 이것은 분명해집니다.

바울은 분명히, 아볼로와는 달리, 말을 잘하는 사람은 아니었습니다. 바울의 대적자들은 그에 대해 이렇게 말했습니다. "그 편지들은 중하고 힘이 있으나, 그 몸으로 대할 때는 약하고 말이 시원치 않다"(고린도후서 10:10).

거짓 선생들과 율법주의자들은 바울의 뒤를 따라다니며, 바울의 일을 방해하며 수고를 헛되게 하려고 애썼습니다. 그들은 바울의 사도직을 비난하고, 그의 권위를 경시하였습니다. 그리하여 바울은 마음에 내키지 않았지만, 자신을 변호하며 자신의 사도직이 하나님께로부터 온 것임을 변호하지 않으면 안 되었습니다.

바나바와의 불화, 데마의 떠남, 후메내오와 빌레도의 대적 등 사랑하는 동료들과의 문제로 인하여 바울은 격심한 심적 고통을 받았습니다. 이 사건들은 온화하고 관대한 지도자의 마음에 큰 아픔을 안겨 주었습니다. 이러한 아픔을 가지고 바울은 사랑하는 아들 디모데에게 이렇게 썼습니다. "아시아에 있는 모든 사람이 나를 버린 이 일을 네가 아나니, 그중에 부겔로와 허모게네가 있느니라"(디모데후서 1:15). 이것은 큰 어려움과 눌림 가운데 있는 지도자에게는 어마어마한 충격이었습니다. 그리고 또한 새로 주님을 믿은 사람들 중에 믿음이 견고하지 못한 이들이 있었고, 이것이 마음에 짐이 되었습니다.

마음의 짐, 격심한 신체적 고난과 난관들은 바울에게는 항상 있는 것이었습니다. "내가 수고를 넘치도록 하고, 옥에 갇히기도 더 많이 하고, 매도 수없이 맞고, 여러 번 죽을 뻔하였으니, 유대인들에게 사십에 하나 감한 매를 다섯 번 맞았으며, 세 번 태장으로 맞고, 한 번 돌로 맞고, 세 번 파선하는 데 일주야를 깊음에서 지냈으며, 여러 번 여행에 강의 위험과 강도의 위험과 동족의 위험과 이방인의 위험과 시내의 위험과 광야의 위험과 바다의 위험과 거짓 형제 중의 위험을 당하고, 또 수고하며 애쓰고 여러 번 자지 못하고 주리며 목마르고 여러 번 굶고 춥고 헐벗었노라. 이 외의 일은 고사하고 오히려 날마다 내 속에 눌리는 일이 있으니, 곧 모든 교회를 위하여 염려하는 것이라"(고린도후서 11:23-28). 이러한 것들은 그의 삶의 일부였습니다. 그는 이 모든 것을 한 문장으로 요약했습니다. "우리가 마게도냐에 이르렀을 때에도 우리 육체가 편치 못하고 사방으로 환난을 당하여 밖으로는 다툼이요 안으로는 두려움이라"(고린도후서 7:5).

바울은 끊임없이 환난을 당했지만 그로 인해 침몰되지는 않았습니다. "형제들아, 우리가 아시아에서 당한 환난을 너희가 알지 못하기를 원치 아니하노니, 힘에 지나도록 심한 고생을 받아 살 소망까지 끊어지고"(고린도후서 1:8). 그러나 이러한 환난과 고생은 바울의 삶 속에 유익한 결과를 낳았습니다. "이는 우리로 자기를 의뢰하지 말고 오직 죽은 자를 다시 살리시는 하나님만 의뢰하게 하심이라"(9절). 이런 외적 환난 이외에도, 바울에게는 그가 세운 교회들의 성장과 발전에 대한 책임감에서 오는 큰 마음의 짐이 있었습니다. "이 외의 일은 고사하고 오히려 날마다 내 속에 눌리는 일이 있으니, 곧 모든 교회를 위하여 염려하는 것이라"(고린도후서 11:28).

아마 보통 사람 같으면 그러한 무거운 짐을 견디지 못하고 쓰러졌을 것입니다. 그러나 바울은 한 손으로는 그 짐을 주님께 맡기고, 한 손으로는 주님께로부터 오는 족한 은혜를 넘치게 받는 비결을 터득한 사람이었습니다.

이 핸디캡들에 대한 바울의 태도는 가히 본받을 만하며, 지도자의 위치에 있는 모든 이에게 많은 것을 가르쳐 줍니다. 그는 그것들을 수동적으로 또는 내키지 않는 마음으로 참은 것이 아니었습니다. 실제로 그런 것들을 기쁜 마음으로 자랑하는, 높은 경지에 다다른 사람이었습니다. 이러한 핸디캡은 오히려 하나님의 넘치는 은혜가 그에게 임하는 것을 경험하는 기회가 되었습니다. 그리하여 이렇게 말할 수 있었습니다. "그러므로 내가 그리스도를 위하여 약한 것들과 능욕과 궁핍과 핍박과 곤란을 기뻐하노니, 이는 내가 약할 그때에 곧 강함이니라"(고린도후서 12:10).

바울은 이러한 시련들을 불행이라고 생각지 않고, 그를 그리스도의 형상으로 변화시키기 위한 하나님의 도구로 여겼습니다. 그리하여 오히려 그 시련들은 은혜의 통로가 되었고, 기뻐할 수 있는 기회가 되었습니다.

회심

교회사에 있어서 바울의 회심이 얼마나 큰 의의를 지니고 있는가는, 성령께서 그 사건에 대해 세 개의 상호 보완적인 기사를 성경에 기록하셨다는 사실이 증명해 줍니다. 바울이 역사에 미친 영향에 비추어 볼 때, 그의 회심은 획기적인 역사적 사건들 중 하나였다고 해도 과언이 아닙니다. 그의 회심은 하나님의 아들이 십자가에 못 박히신 사건 다음으로 성경에 자세히 기록되어 있습니다.

바울은 스데반을 돌로 쳐 죽이는 악명 높은 사건에 적극적으로 참여했습니다. "또 주의 증인 스데반의 피를 흘릴 적에 내가 곁에 서서 찬성하고, 그 죽이는 사람들의 옷을 지킨 줄 저희도 아나이다"(사도행전 22:20)라고 바울은 고백했습니다. 그리스도인을 박해하는 데 아주 적극적이었던 이러한 열심으로 인해 그는 산헤드린 회원으로 선출되고, 또 후에 그리스도인을 체포하고 심문하는 심문관으로 임명되었는지도 모릅니다.

바울 자신의 설명에 의하면, 그는 거의 광적인 열심으로 이 소름 끼치는 과업에 착수했습니다. "내가 이 도를 핍박하여 사람을 죽이기까지 하고 남녀를 결박하여 옥에 넘겼노니, 이에 대제사장과 모든 장로들이 내 증인이라. 또 내가 저희에게서 다메섹 형제들에게 가는 공문을 받아 가지고 거기 있는 자들도 결박하여 예루살렘으로 끌어다가 형벌받게 하려고 가더니"(사도행전 22:4-5). 바울은 이뿐 아니라 그리스도인들에 대하여 분노가 극도에 달하여, 그들로 하여금 강제로 그리스도를 모독하는 말을 하게 하며 배교하게 하려고 했습니다. "또 모든 회당에서 여러 번 형벌하여 강제로 모독하는 말을 하게 하고, 저희를 대하여 심히 격분하여 외국 성까지도 가서 핍박하였고"(사도행전 26:11).

그런데 그리스도인들을 핍박하기 위해 다메섹으로 가던 도중에 이 젊은 랍비는 갑자기 제자리에 멈추었습니다. 돌연 바울은 박해자에서 그리스도를 전파하는 사람으로 돌아섰습니다. 바울은 이 잊을 수 없는 경험을 아그립바 왕에게 이렇게 설명했습니다. "왕이여, 때가 정오나 되어 길에서 보니 하늘로서 해보다 더 밝은 빛이 나와 내 동행들을 둘러 비추는지라, 우리가 다 땅에 엎드러지매, 내가 소리를 들으니, 히브리 방언으로 이르되, '사울아, 사울아, 네가 어찌하여 나를 핍박하느냐? 가시채를 뒷발질하기가 네게 고생이니라'"(사도행전 26:13-14).

틀림없이 사울은 스데반이 순교할 때 보인 태도에 깊은 영향을 받았을 것입니다. 램지 경의 설명에 따르면, 바울은 사기꾼 예수가 죽었다는 것을 너무나도 확신하고 있었는데, 스데반이 보았던 예수님께서 그에게도 나타나시자 그가 가진 적대감의 모든 근거는 무너져 내렸다는 것입니다.

분명 바울에게 가장 충격을 준 것은, 그리스도께서 진노와 복수 가운데서 그에게 나타나신 것이 아니라 한없는 무조건적 사랑 가운데서 나타나신 것이었습니다. 바로 이것이 돌보다도 더 단단한 그의 강퍅한 마음을 녹인 것입니다.

자비하시고 전능하신 주님,
깊디깊고 높디높은 주님의 사랑에 감사를 드립니다.
그 사랑이 주님의 원수를
이방인의 빛으로 만드셨습니다.

그는 하나님의 사자가 되어,

유한한 것을 떠나 영원한 것을 전하기 위해,
발이 부르트고 피가 나도 지칠 줄 모르고,
산 넘고 물 건너 다녔습니다.

비커스테스

이 획기적인 사건에 대한 가장 철저한 연구 중의 하나가 18세기에 영국 하원의원 리틀턴 경에 의해 이루어졌습니다. 영국 하원의 모든 주요 정치적 논쟁마다 그의 이름이 등장했고, 그는 내각에서 재무장관을 지냈던 사람입니다. 그는 정치가일 뿐만 아니라 학자였습니다.

리틀턴 경은 그의 연구 결과를 담은 논문에서, 친구인 변호사 길버트 웨스트와 자신은 철저한 무신론자로서 성경은 사기라고 확신하고 그 사실을 폭로하기로 결심했다고 그 연구 동기를 밝히고 있습니다. 연구 주제로 리틀턴 경은 바울의 회심을 택하고 웨스트는 그리스도의 부활을 택했는데, 이 두 가지는 기독교의 가장 핵심이라고 생각되었기 때문입니다.

비록 편견으로 가득 차 있었지만, 두 사람은 각기 독자적으로 진지하게 연구에 임했습니다. 상당한 시간이 걸렸습니다. 그런데 두 사람은 성경의 사기성을 폭로하려고 했던 바로 그 연구를 통하여 그리스도를 믿게 되었습니다. 마침내 두 사람이 함께 만났을 때, 그들은 서로가 성경의 사기성을 폭로한

데 대해서 기뻐 어쩔 줄을 모른 것이 아니라, 성경이 진실로 하나님의 말씀이라는 것을 발견한 데 대해서 서로가 축하하게 되었습니다. 그리스도의 부활도, 바울의 회심도 사실이었던 것입니다.

리틀턴은 논문의 서두에서 이렇게 썼습니다. "충분히 검토해 본 결과, 바울의 회심과 사도직만으로도 기독교가 신적 계시라는 것을 입증하고도 남았다." 그의 연구는 너무도 설득력이 있었기에, 저명한 시인이자 평론가인 새뮤얼 존슨은 그 논문을 일컬어 불신자들이 도저히 반론을 제기할 수 없는 논문이라고 하였습니다.

리틀턴은 바울의 회심에 대하여 모든 가능성을 망라하여 네 가지 가정을 했습니다.

(1) 바울은 거짓말이라는 것을 알면서도 거짓말을 한 사기꾼이었다.

(2) 바울은 지나치게 상상한 나머지 실제로 일어나지도 않은 일을 실제로 일어났다고 믿어 버린 광신자였다.

(3) 바울은 다른 사람들의 사기에 속았다.

(4) 바울이 그의 회심의 원인이 되었다고 말한 사건은 실제로 일어났다. 그러므로 기독교는 신적 계시이다.

리틀턴은 바울이 사기꾼이 아니라는 것을 성경을 가지고 계속 증명해 보였습니다. '그리스도인들에 대한 비정한 증오심으로 가득 찬 마음을 가지고 다메섹으로 가던 그를 180도 돌이켜 그리스도의 제자가 되게 한 동기가 무엇인가?' 하고 그는 물었습니다. 동기는 없었습니다. 바울은 그리스도인이 됨으로써 부나 영예를 얻고자 하는 욕망을 드러낸 적이 없었습니다. 권력을 추구하지도 않았습니다. 전혀 이기심이 없는 삶을 살았습니다. 다른 어떤 욕심을 만족시키고자 하는 동기도 없었습니다. 그의 편지들은 가장 엄격한 도덕성을 촉구했습니다.

오히려 그리스도인이 되는 것은 자신을 위험에 드러내 놓는 것일 뿐 아니라 미움과 경멸을 초래하는 것이었습니다. '모든 것을 잃어버리는'(빌립보서 3:8) 것을 참고 기뻐할 사기꾼이 어디 있겠는가? 이것은 사기꾼 본인에게 아무 유익이 없는 위험천만한 사기인 것입니다. 그래서 리틀턴의 결론은 이 가정은 스스로 무너진다는 것이었습니다.

또 한 가지 흥미 있는 정보는, 바울이 자신의 회심 사건의 진실성에 대하여 아그립바 왕의 개인적인 지식에 호소한 것입니다. "바울이 가로되, '…내가 미친 것이 아니요 참되고 정신 차린 말을 하나이다. 왕께서는 이 일을 아시기로 내가 왕께 담대히 말하노니, 이 일에 하나라도 아시지 못함이 없는 줄 믿나이다. 이 일은 한편 구석에서 행한 것이 아니로소이다'" (사도행전 26:25-26).

바울이 베스도 총독, 아그립바 왕, 고급 군 지휘관, 그리고 가이사랴의 지도급 인사들 앞에서 두려움 없이 자기의 간증을 할 수 있었다고 하는 것 자체가 그의 말이 사실임을 증명해 주는 훌륭한 증거인 것입니다. 또, 바울의 회심 이야기가 조작된 것이었다면 왜 아나니아가 위험을 무릅쓰고 다메섹에서 그를 만나러 갔겠습니까(사도행전 9:10-19)?

이 외에도 여러 가지 논증을 통하여 리틀턴은 두 가지 최종적인 결론을 이끌어 냈습니다.

(1) 바울은 자기의 회심에 대해 꾸며 낸 이야기를 한 사기꾼이 아니었다.

(2) 그가 만약 사기꾼이라면 성공할 수 없었을 것이다.

바울이 설사 오래 전부터 무의식적으로 회심할 생각을 마음에 품고 있었다 할지라도, 그의 회심은 의심할 바 없이 갑작스런 것이었습니다. 그는 죽어 가던 순교자의 얼굴을 뇌리에서 지워 버릴 수가 없었습니다. "그 얼굴이 천사의 얼굴과 같더라"(사도행전 6:15).

저주와 모욕을 당하고 돌에 맞아
온몸이 상하면서도,
그는 욕하는 소리에 개의치 않았고,
목숨을 위하여 비겁하게 애걸하지도 않았다.

은혜가 충만한 얼굴로
하늘을 바라보며 기도했고,
천국으로부터 하나님의 영광이
그의 얼굴에 강하게 비치었다.
　　　　테니슨

바울은, 영혼 저 깊은 데서 나오는, 스데반의 간절한 최후의 기도를 잊을 수가 없었습니다. "주여, 이 죄를 저들에게 돌리지 마옵소서!"(사도행전 7:60).

성령께서는 바울의 회심을 위해 여러 해 동안에 걸쳐 그 무대를 만드셨습니다. 바울의 눈을 멀게 한 그 빛은 마침내 젊은 박해자의 심장에 불을 붙였습니다. 그리고 이 불은 그의 가슴 속에서 일생토록 꺼지지 않고 타올랐습니다.

기적은 이글거리는 정오의 태양 아래서 일어났습니다. 바울은 메시야적 영광과 위엄 속에 계신 예수님을 보았습니다. 이것은 단순히 바울 개인의 주관적 환상이 아니었습니다. 바울은 그 사건을 부활하신 그리스도께서 마지막으로 나타나신 것으로 생각하며, 또한 그것을 그리스도께서 다른 사도들과 제자들에게 나타나신 것과 동등하게 여겼습니다. 그의 말은 분명하고, 모호하지 않습니다. "게바에게 보이시고, 후에 열두 제자에게와 그 후에 오백여 형제에게 일시에 보이셨나니, 그중에 지금까지 태반이나 살아 있고, 어떤 이는 잠들었으며, 그 후에 야고보에게 보이셨으며, 그 후에 모든 사도에게와 맨 나중에 만삭되지 못하여 난 자 같은 내게도 보이셨느니라"(고린도전서 15:5-8).

그것은 환상이 아니었습니다. 부활 승천하신 예수님께서 실제로 나타나신 것이었습니다. 바울은 즉각 예수님께서 사기꾼이 아니라는 것을 확신하게 되었습니다. 전 사건이 에이머스 웰스의 글에 잘 나타나 있습니다.

그 빛은 정오의 해보다도 더 밝았다. 그 빛은 거룩하신 이의 타오르는 영광이었다. 그 빛은 영광과 위엄과 자비와 평화 가운데 계신, 모든 능력과 찬양의 근원이신, 십자가에 못 박히신 나사렛 사람 예수를 보여 주었다. 그 빛 앞에서 사울은 한없는 수치를 느껴 움츠러들었다. 그 빛은 그의 잔악한 마음, 그의 편협한 신앙, 그의 광기, 그의 교만을 폭로하며, 그리고 스데반이 죽을 때 보았던 그 빛나는 얼굴을 보여 주었다. 그 빛은 다른 것은 아무것도 보지 못하게 했고, 모든 외부 세계를 암흑으로 몰아넣었으며, 오직 하나님의 아들만 보게 했다. 그 빛에 의해 사울의 양심은 마침내 깨어났다. 잘못된 열심으로 기세등등하던 과거의 모든 기세는 꺾이고, 가시 채를 발길질하기가 얼마나 힘든가를 알았다. 작열하는 그 빛은 미래를 밝혀 주는 한 줄기 소망을 주었다. "주여, 무엇을 하리이까?" 새로 거듭난 사울로부터 나온 떨리는 외침을 들으라. 그 다음, 그의 소중한 시력은 회복되었고 그 빛은 계속 장엄한 빛을 발하고 있었다. 그 빛은 그를 그리스도의 증인으로서, 길을 찾아 헤매는 사람들에게로 다시 씩씩하게 나아가게 했다. 불쌍하고 어두운 모든 땅이 하나님의 밝은 빛으로 밝아 올 때까지.

심문관 사울이 생각했던 것과는 얼마나 다른 다메섹 입성입니까? "땅에 엎드러져 들으매, 소리 있어 가라사대, '…일어나 성으로 들어가라. 행할 것을 네게 이를 자가 있느니라.'…사울이 땅에서 일어나 눈은 떴으나 아무것도 보지 못하고 사람의 손에 끌려 다메섹으로 들어가서"(사도행전 9:4-8). 이제 그 눈먼 회심자는 주님께 사로잡힌 몸이 되어 미지의 길을 걷게 되었습니다. 그러나 그 길은 축복의 길이었습니다. 밖은 온통 어두웠으나, 안은 밝게 빛났습니다.

그리스도의 주재권에 대한 바울의 굴복은 즉각적이고 절대적이었습니다. 예수님이 사기꾼이 아니라 그토록 기다리던 메시야이심을 깨닫는 순간, 그는 올바른 반응은 오직 한 가지뿐이라는 것을 알았습니다. 그 모든 것이 그의 첫 두 질문 속에 담겨 있습니다. "주여, 뉘시니이까?", "주여, 무엇을 하리이까?"(사도행전 22:8,10). 참된 회심은 하나님의 뜻을 찾고, 그 다음 거기에 굴복하는 결과를 낳습니다. 왜냐하면 구원에 이르는 믿음은 반드시 순종을 포함하기 때문입니다(로마서 1:5).

멈출 줄을 모르고 뛰던, 교만하기 그지없던 심장이
드디어 내 안에서 잠잠해졌나이다.
주님을 조소하기 위해, 주님의 원수들을 돕기 위해
끊임없이 치솟던 강팍하기 한이 없던 의지가
나의 주 하나님, 주님에 의해 진정되었나이다.
W. 혼

다소 사람 바울의 생애 속에서 펼쳐지는 하나님의 전략은 너무도 놀라웠습니다!

가장 악랄한 적이 가장 큰 친구가 되었다. 박해자가 그리스도의 사랑을 전파하는 사람이 되었다. 그리스도의 제자들을 재판관 앞으로 끌고 와 감옥에 집어넣을 때 고소장을 쓰던 그 손이 이제는 하나님의 구속적 사랑의 편지를 썼다. 한때는 그리스도인이 돌에 맞아 피투성이가 되어 돌 밑에 깔려 숨질 때 기쁨으로 뛰던 그 심장이 이제는 그리스도를 위해 매를 맞고 돌에 맞는 것을 즐거워하였다. 이 예전의 적, 핍박자, 박해자에게서 신약성경의 대부분과 가장 훌륭한 신학적 진술, 그리고 기독교적 사랑을 노래한 가장 아름다운 시가 나왔다.

C. 매카트니

소명

하나님의 부르심은 아주 분명하고 구체적인 방법으로 바울에게 임하셨기 때문에 그는 잘못 생각할 수가 없었습니다. 바울이 눈이 먼 채 다메섹에 있는 동안, 아나니아가 주님께로부터 받은 메시지를 전하기 위해 바울에게 왔습니다. 바울이 시력을 회복한 직후, 아나니아가 그에게 말했습니다. "우리 조상들의 하나님이 너를 택하여 너로 하여금 자기 뜻을 알게 하시며, 저 의인을 보게 하시고 그 입에서 나오는 음성을 듣게 하셨으니, 네가 그를 위하여 모든 사람 앞에서 너의 보고 들은 것에 증인이 되리라"(사도행전 22:14-15).

그 후에 바울은 예루살렘으로 돌아와 성전에서 기도하는 가운데 비몽사몽간에 주님을 뵈었습니다. 주님께서는 바울에게 "속히 예루살렘에서 나가라. 저희는 네가 내게 대하여 증거하는 말을 듣지 아니하리라.… 떠나가라. 내가 너를 멀리 이방인에게로 보내리라"고 하셨습니다(사도행전 22:17-21). 하나님께서는 또한 아나니아를 통하여 바울이 복음을 전하여야 할 대상을 말씀하셨습니다. "가라. 이 사람은 내 이름을 이방인과 임금들과 이스라엘 자손들 앞에 전하기 위하여 택한 나의 그릇이라. 그가 내 이름을 위하여 해를 얼마나 받아야 할 것을 내가 그에게 보이리라"(사도행전 9:15-16).

바울은 아그립바 왕 앞에서 자신을 변호할 때, 자기의 부르심의 또 다른 면을 이야기했습니다. "우리가 다 땅에 엎드러지매, 내가 소리를 들으니 히브리 방언으로 이르되, '…일어나 네 발로 서라. 내가 네게 나타난 것은 곧 네가 나를 본 일과 장차 내가 네게 나타날 일에 너로 사환과 증인을 삼으려 함이니, 이스라엘과 이방인들에게서 내가 너를 구원하여 저희에게 보내어, 그 눈을 뜨게 하여 어두움에서 빛으로, 사단의 권세에서 하나님께로 돌아가게 하고…"(사도행전 26:14-18).

바울은 그리스도인의 생활을 시작할 때부터, 자신이 하나님의 계시를 전하기 위해 선택된 도구라는 것을 알고 있었을 뿐 아니라, 또한 그의 장래를 위한 하나님의 계획에 대해서도 전반적인 개념을 가지고 있었습니다. (1) 그의 사역은 그를 고향으로부터 멀리 떠나게 할 것이다. (2) 그는 이방인에게 전도하는 특수한 사역을 할 것이다. (3) 이 사역은 그로 하여금 큰 고난을 겪게 할 것이다. 이 부르심이 그의 삶을 위한 하나님의 새로운 계획이 아니라, 그가 태어나기 전부터 시작된 준비 과정의 절정이었다는 것은 점차적으로 깨닫게 되었습니다.

이것은 오늘날에도 동일합니다. 어떤 사람이 선교사로서 부르심을 받는 것은 그의 생을 위한 하나님의 새로운 계획이 아닙니다. 그것은 하나님께서 그를 세상에 태어나게 하신 본래 목적을 깨닫는 것입니다. 주님께서는 제자들에게, 주님의 나라에서 리더십의 임명은 하나님의 주권에 속한다고 말씀하셨습니다. "내 좌우편에 앉는 것은 나의 줄 것이 아니라, 누구를 위하여 예비되었든지 그들이 얻을 것이니라"(마가복음 10:40). 바울도 이것을 알고 있었습니다. 그러나 그를 위한 하나님의 계획을 구체적으로 이해하게 되는 데는 시간이 걸렸습니다.

바울이 거의 전적으로 이방인에게만 전념하게 된 것은 유대인들이 그의 메시지를 끊임없이 거부한 이후였습니다. 고린도에서의 경험이 하나의 전환점이 되었습니다. "바울이 하나님의 말씀에 붙잡혀 유대인들에게 예수는 그리스도라 밝히 증거하니, 저희가 대적하여 훼방하거늘, 바울이 옷을 떨어 가로되, '너희 피가 너희 머리로 돌아갈 것이요, 나는 깨끗하니라. 이후에는 이방인에게로 가리라' 하고"(사도행전 18:5-6).

바울의 부르심은 회심 후 여러 해가 지나, 그가 일 년 동안 봉사했던 안디옥 교회에 의해 확증되었습니다. 안디옥 교회의 지도자들이 금식하며 기도하고 있을 때에 성령께서 그들에게 말씀하셨습니다. "내가 불러 시키는 일을 위하여 바나바와 사울을 따로 세우라"(사도행전 13:2). 이로써 그 일반적인 부르심은 드디어 구체적인 것이 되었고, 사울은 '성령의 보내심을 받아' 기쁨으로 떠났습니다(4절).

그리하여 주님의 지상사명의 성취와 전 세계적인 선교 사역을 위한 중요한 첫발을 무사히 내딛게 되었습니다.

새로운 야망

지도자는 대개 야망을 가진 사람입니다. 거듭나기 전부터 사도 바울은 야망으로 불타고 있었으며, 회심한 후에도 그 야망의 불꽃은 꺼지지 않았습니다. 그는 일을 적당히 하고 마는 성미가 아니었습니다. 그에게는 집요하게 앞으로 나아가게 하는 내적 충동이 있었던 것 같습니다. 그는 현 상태로 만족하지 않고 늘 더 큰 성취를 꿈꾸었으며, 그의 시선은 항상 먼 지평선을 향해 있었습니다.

거듭나기 전 바울의 야망은, 사기꾼 예수의 이름을 이 땅에서 지워 버리고, 예수의 추종자들을 멸절시키며, 점증하는 교회의 영향력을 종식시키는 데 있었습니다. 유대교를 향한 불타는 열심은 그를 극단으로 치우치게 했습니다. 그는 유대교만이 참된 종교라고 생각했습니다. 극적으로 회심할 때까지 그는 "주의 제자들을 대하여 여전히 위협과 살기가 등등"(사도행전 9:1)하였습니다.

바울은 여러 번 회심 전의 자신의 상태를 언급했습니다. "내가 이 도를 핍박하여 사람을 죽이기까지 하고 남녀를 결박하여 옥에 넘겼노니"(사도행전 22:4). "또 모든 회당에서 여러 번 형벌하여 강제로 모독하는 말을 하게 하고, 저희를 대하여 심히 격분하여 외국 성까지도 가서 핍박하였고"(사도행전 26:11). "내가 내 동족 중 여러 연갑자보다 유대교를 지나치게 믿어 내 조상의 유전에 대하여 더욱 열심이 있었으나"(갈라디아서 1:14). 이것이 바로 한 '미치광이' 바울의 행동이었습니다.

바울의 야망은 이제 그리스도 안에서 새로운 야망으로 바뀌었습니다. 우리는 그 과정 속에서 하나님의 주권적인 섭리를 분명히 엿볼 수 있습니다. 그의 새로운 야망은 그리스도의 영광과 하나님의 나라의 확장을 향하고 있습니다. 그는 옛 야망을 십자가에 못 박고, 한때 멸절시키려고 했던 바로 그 사람들에게 축복을 가져다주기를 갈망하였습니다. "이처럼 내가 여러분을 간절히 만나려고 하는 것은 영적인 축복을 나눔으로써 여러분의 믿음을 강하게 하려는 것입니다"(로마서 1:11, 현대인의 성경).

바울은 두 가지 야망을 가지고 있었습니다. 첫째는, '주님을 기쁘시게 하는 것'이었습니다. "그런즉 우리는 거하든지 떠나든지 주를 기쁘시게 하는 자 되기를 힘쓰노라"(고린도후서 5:9). 그리스도로부터의 개인적인 인정이 모든 섬김과 고난에 대한 충분한 보상이었습니다. 이 야망이 그로 하여금 주님을 위해 희생적으로 섬기며 계속 신실하게 그 길을 달려가게 했습니다.

바울의 둘째 야망은 그의 부르심과 관계가 있었습니다. "또 내가 그리스도의 이름을 부르는 곳에는 복음을 전하지 않기로 힘썼노니, 이는 남의 터 위에 건축하지 아니하려 함이라"(로마서 15:20). 바울은 '복음의 진보'(빌립보서 1:12)에 대한, 식을 줄 모르는 열정에 사로잡혀 있었습니다. 그는 울타리 안에 갇혀 있으려 하지 않았습니다. 그는 "멀리 이방인에게로"(사도행전 22:21) 가도록 부르심을 받지 않았던가! 그는 자기의 사명에 충실한 것을 영예로 삼았습니다.

다소의 바울의 머릿속에는 저 너머에 있는 지방들이 늘 떠나지 않았습니다. 그의 시야는 지평선을 몰랐습니다. 고린도, 로마, 스페인…. 그의 눈은 늘 지평선 저 너머에 가 있었습니다. 키플링이 바울에 대해 시를 쓴다면 이렇게 썼을 것입니다.

가서 찾으라, 숨겨진 영혼들을.
가서 바라보라, 잃어버린 영혼들을.
저 산맥 너머로 가라.
잃어버린 영혼들이 기다리고 있노라.

자기 백성들이 준비되었다고 생각될 때까지,
하나님께서는 저 영혼들을 숨기신다.
하나님께서는 그분의 사랑의 음성을 전하도록 나를 택하셨다.
나는 그 음성을 들었다. 이제 저들에게 전하노라.

바울은 오는 세대의 모든 교회를 위한 하나의 모델이 되는 지도자였습니다. 그의 선교 열정은 헨리 마틴의 마음에 불을 질렀습니다. 헨리 마틴은 이런 말을 했습니다. "나는 탐욕을 위해 불타는 것도, 세속적 목표를 위해 불타는 것도, 자신을 위해 불타는 것도 원하지 않는다. 오직 저 온전한 번제물처럼, 하나님과 하나님의 일을 위해 불타기를 원한다." 이와 비슷한 야망으로 모든 위대한 선교사들의 가슴은 불탔습니다. 바울처럼 우리도 아직 그리스도가 전파되지 않은 모든 곳에 그리스도를 전파하려는 야망으로 가슴이 불타야 합니다.

바울의 야망이 사심이 없고 그리스도 중심적이라는 것은 강조할 필요도 없습니다. 바울 자신이 곧 그가 말한 비이기적인 사랑의 가장 중요한 본보기였습니다. 그는 하나님과 사람들에게 쓸모 있는 사람이 되기를 원했고, 또한 둘 다에게 빚을 갚기를 갈망했습니다. "우리는 주제넘게 다른 사람들이 수고한 일을 가지고 자랑하려는 것이 아닙니다. 다만 바라는 것은 여러분의 믿음이 자람에 따라 우리의 활동 범위가 여러분 가운데서 더 넓게 확장되는 것입니다. 우리는 여러분의 지역을 넘어서 복음을 전하려는 것이요, 남들이 자기네 지역에서 이미 이루어 놓은 일을 가지고 자랑하려는 것이 아닙니다"(고린도후서 10:15-16, 새번역).

새로운 동기

바울의 가슴속에 이러한 야망을 불러일으키고 계속 불타오르게 한 것은 강력한 동기가 있었기 때문일 것입니다. 그러면 바울의 가슴속에 이런 야망이 불타오르도록 동기를 부여해 준 것은 무엇입니까? 바울은 그의 편지들 속에서 그 동기를 몇 가지 보여 주고 있습니다.

첫째는, '예수님께서 약속된 메시야'이시며, 따라서 자신의 삶에 대한 절대주권을 가진다는, 흔들릴 수 없는 확신이었습니다. 바울이 예수님을 만난 후 즉각적으로 물은 두 질문, "주여, 뉘시니이까?"와 "주여, 무엇을 하리이까?"는 이 두 가지 사실을 중심으로 하고 있었습니다.

둘째는 '그리스도의 사랑'이었습니다. "그리스도의 사랑이 우리를 강권하시는도다"(고린도후서 5:14). 그리스도의 사랑은 우리를 강권하며 우리를 지배합니다. 우리에게 선택의 여지를 남겨 주지 않습니다. 다메섹으로 가는 대로 상에서 바울의 반항하는 마음을 깨뜨리고 그를 사로잡았던 그 사랑이 계속 그로 하여금 주님께 충성을 다하도록 붙들어 주었습니다. 그 사랑은 영광 중에 계신 그의 주님을 다시 만날 때까지 끝까지 그를 붙들어 줄 것입니다. 엄청난 시련과 환난과 고난 가운데서도 그에게 용기를 북돋아 준 것이 바로 이 사랑이었습니다. 그리고 필연적으로 그리스도를 향한 바울의 사랑은 그리스도께서 위하여 죽으신 사람들에 대한 사랑으로 표현되었습니다.

셋째는 '의무감'이었습니다. 바울에게는 피할 수 없는 의무가 있었습니다. "헬라인이나 야만이나 지혜 있는 자나 어리석은 자에게 다 내가 빚진 자라"(로마서 1:14). "나는 모든 사람에게 기쁜 소식을 전해야 될 의무가 있습니다"라고 바울은 말하고 있는 것입니다. 그는 자신이 받은 위대한 복음을 전하고자 하는 선교적 열정을 가지고 있었습니다. 복음을 전하지 않으면 안 된다는 이 의무감이 그로 하여금 모든 인종적 장벽을 뛰어넘고 모든 문화적 차이를 극복하게 했습니다. 그는 모든 사람들에게 똑같이 빚진 것으로 생각했는데, 이는 그리스도께서 모든 사람을 사랑하시고 모든 사람을 위해 자신을 내주셨기 때문입니다. 사회적 지위, 부, 지식, 모두 무관하였습니다. 어떤 값을 치르고서라도 바울은 그 빚을 갚아야 했습니다.

정복자가 되어야 하나 매여 있는 사람들,
왕이 되어야 하나 노예가 되어 있는 사람들을 나는 본다.
헛된 꿈에 부풀어 슬프게도 땅의 것들을 위해 싸우는
그들의 유일한 희망을 듣는다.
그러면 갑자기 불타는 듯하여 견딜 수 없는 열망이
긴급한 나팔 소리처럼 나의 온몸을 전율케 한다.
그들을 구하라. 그들을 구원하기 위해 썩으라.
그들의 생명을 위해 죽으라.
그들을 위해 자신을 바쳐라.

F. 마이어스

넷째는 '주님께 대한 경외심'이었습니다. '주의 두려우심'은 바울로 하여금 잃어버린 자들에게 복음을 전하도록 강한 동기를 부여해 주었습니다. "우리가 주의 두려우심을 알므로 사람을 권하노니"(고린도후서 5:11). 그는 하나님께서 사랑의 하나님이실 뿐 아니라 또한 진노의 하나님이심을 믿었습니다. "하나님의 진노가 불의로 진리를 막는 사람들의 모든 경건치 않음과 불의에 대하여 하늘로 좇아 나타나나니"(로마서 1:18).

그러나 바울은 하나님의 진노와 심판에 대해 언급할 때는 언제나 하나님의 자비를 이야기했습니다. "죄의 삯은 사망이요, 하나님의 은사는 그리스도 예수 우리 주 안에 있는 영생이니라"(로마서 6:23).

다섯째로 바울에게 강한 영적 동기를 부여해 준 원천은 '그리스도의 재림에 대한 소망'이었습니다. "오직 우리의 시민권은 하늘에 있는지라, 거기로서 구원하는 자 곧 주 예수 그리스도를 기다리노니"(빌립보서 3:20). 이 영광스런 기대가 그로 하여금 영혼을 구원하는 일에 더욱 힘쓰게 하는 하나의 자극제가 되었습니다. "우리의 소망이나 기쁨이나 자랑의 면류관이 무엇이냐? 그의 강림하실 때 우리 주 예수 앞에 너희가 아니냐?"(데살로니가전서 2:19).

새로운 훈련 과정

우리는 모두 이와 같은 교훈들을 배우기 위해 아라비아로 가야 한다. 주님께서는 광야로 이끌리어 가셨다. 그리고 이 세상에서 위대한 일을 한 사람들은 모두 이와 비슷한 기간을 거쳤다. 그들은 모두, 혹은 무명(無名)의 시절을, 혹은 고난의 시절을, 혹은 실망의 시절을, 혹은 고독의 시절을 경험한 것이다.
프레더릭 마이어

사도 바울은 비록 최고의 종교적, 학문적 훈련을 받았지만, 이방인을 위한 하나님의 영원한 목적을 성취하는 일에 가장 쓸모 있는 도구가 되기 위해서는 또 다시 새로운 훈련 과정을 거쳐야 했습니다. 그의 불같은 열정은 온화함을 겸비해야 했습니다. 그러나 반면 그 열정이 조금도 식어서는 안 되었습니다.

이를 위해서는 조용히 물러나 홀로 있는 시간이 필요했습니다. 왜냐하면 홀로 있는 시간은 성장 과정에서 중요한 요소이기 때문입니다. 세상에 널리 알려져 있는 가운데서는 영적 지도력은 최상으로 계발되지 않습니다. 뿐만 아니라, 하나님께서는 자기가 도구로 택한 사람들의 질(質)에 목표를 두시기 때문에 시간에 신경을 쓰시지 않습니다. 우리는 항상 서두릅니다. 그러나 하나님께서는 그렇지 않으십니다.

오늘날 많은 사람들과는 달리 바울은 즉각 새로운 일 속으로 뛰어들지 않았습니다. 현명하게도 홀로 있는 시간을 가졌습니다. 그는 현재와 과거를 관련시키며 묵상하기 위해 홀로 있기를 원했습니다. "내가 곧 혈육과 의논하지 아니하고, 또 나보다 먼저 사도 된 자들을 만나려고 예루살렘으로 가지 아니하고 오직 아라비아로 갔다가 다시 다메섹으로 돌아갔노라"(갈라디아서 1:16-17). 이상하게도 사도행전의 누가의 기록에는 바울이 아라비아에 머문 것에 대한 언급이 전혀 없습니다.

오늘날 새로운 그리스도인들이 그 기초를 다지기도 전에 그들에게 위대한 주님의 일꾼이 되기를 강요하는 건전치 못한 경향이 있습니다. 바울은 이러한 함정에 빠지지 않았습니다.

지도자의 준비 57

회심한 이후 불타는 선교 사역을 시작하기까지는 무려 약 12년이라는 세월이 경과했습니다. 그 기간 동안 조용히 자신을 훈련하며 전도하는 일에 힘썼을 것입니다.

그가 아라비아의 어디로 갔는지는 분명하지 않습니다. 어떤 사람은 시내산으로 갔다고 하는데 일리가 있는 추측입니다. 그러나 램지 경의 견해는 그가 다메섹 동부에 있는 인접 지방으로 갔다는 것입니다.

바울의 삶 속에서 일어난 영적인 혁명은 너무도 강력한 것이어서 그는 생각을 정리할 시간이 필요했습니다. 선생 한 명에 학생 한 명인 성령의 학교에서 하나님께서는 무한한 여유를 가지고, 세상에 복음을 전하기 위해 택한 그분의 종을 가르치고 훈련시키셨습니다. 바울은 새로운 계시의 빛에 비추어 구약성경의 모든 진리를 검토해야 했습니다. 이것은 많은 주의와 수고를 필요로 하는 대작업이었습니다.

바울은 메시야의 고난과 죽음 속에 함축된 의미들을 철저하게 고찰해야 했습니다. 이것은 꿈에도 생각지 못한 너무나도 심오한 것이었습니다. 이제 근본적으로 다른 바탕 위에서 자신의 신학을 재정립해야 했습니다. 이 시간을 통하여 그는 성령의 지도 아래서 자기도 모르는 사이에, 앞으로 사람들과 논쟁하거나 그들의 반대에 부딪힐 때 그를 굳게 세워 줄 사실들과 논거들에 대한 지식을 마음속에 쌓아 가고 있었습니다. 또한 거기에서, 바리새적인 율법 준수의 무거운 짐을 떨쳐버리고, '값없는 그러나 값비싼' 은혜의 교리를 받아들였습니다.

주님의 택하심을 받아
주님의 은밀한 학교에서 훈련받은,
속인들이 바보로 여기는 사람들을 통해
주님의 영원한 계획은 추진되나이다.

우리 눈에는 숨겨져 있지만,
미디안의 광야, 시내산에서,
주님께서는 주님의 뜻을 행하기 위해
주님의 때를 기다리고 있는,
주님의 사람들을 예비하고 계시나이다.

어느 날 밤
오순절의 불꽃이 활활 타오를 때,
주님의 이름을 높이려는 열심으로
내 마음이 불타오르게 하소서.
                    프랭크 휴턴

아라비아로 물러가 홀로 있는 시간을 가진 뒤 바울은 다메섹으로 돌아왔습니다(갈라디아서 1:17). 그리고 삼 년 후 '거룩한 도시' 예루살렘으로 갔습니다. 그는 우선적으로 베드로와의 교제를 통하여 주님에 대한 보다 직접적인 지식을 얻기를 원했습니다. 그리고 이차적으로는 랍비들을 이 새로운 신앙 운동에 끌어들이고 싶었습니다. 그러나 이 점에서 쓰디쓴 실망을 경험했습니다.

바울은 예루살렘에서의 이 경험을 이렇게 말했습니다.

후에 내가 예루살렘으로 돌아와서 성전에서 기도할 때에 비몽사몽간에 보매, 주께서 내게 말씀하시되, 속히 예루살렘에서 나가라. 저희는 네가 내게 대하여 증거하는 말을 듣지 아니하리라" 하시거늘, 내가 말하기를, "주여, 내가 주 믿는 사람들을 가두고, 또 각 회당에서 때리고, 또 주의 증인 스데반의 피를 흘릴 적에 내가 곁에 서서 찬성하고, 그 죽이는 사람들의 옷을 지킨 줄 저희도 아나이다." 나더러 또 이르시되, "떠나가라. 내가 너를 멀리 이방인에게로 보내리라" 하셨느니라. (사도행전 22:17-21)

다메섹과 예루살렘에서 단기간 사역을 한 후, 바울은 고향 다소로 돌아가 약 8년 동안 머물렀습니다. 그가 그 8년 동안 무엇을 했는지는 명확하지 않습니다. 그러나 우리는 그가 자신의 새로운 신앙을 열심히 전파했으리라고 확신할 수 있습니다. 선교사로서의 그의 준비는 바나바의 지도하에 안디옥 교회에서 1년간의 봉사를 통하여 절정에 달했습니다.

이 안디옥 교회에서부터 바울은 이방인의 사도로서의 사명을 수행하기 시작했습니다. 안디옥에서의 1년간은 바울에게는 중요한 기간이었는데, 그동안에 인격적으로 더욱 깊이를 더하고 성숙해졌습니다. 바울이 영적 개척자로서 더 넓은 섬김의 영역으로 나아가기 전에, 모교회와 고향에서 자신을 입증하고 인정을 받았다는 것은 오늘날 큰 포부를 품은 지도자들이 주목해야 할 사실입니다.

이 무명의 세월을 거친 후 바울이 그의 일을 착수했을 때는, 남의 것을 모방한 것이 아닌, 하나님께로부터 직접 받은, 독창적이고 새로운 메시지를 가지고 있었습니다.

3
지도자의 인격

> 우리는 부모와 친구와 스승에게 빚을 지고 있을 뿐 아니라,
> 하나님께도 빚을 지고 있습니다. 하나님께서는
> 우리를 지으사 우리에게 어떤 일을 맡기시고,
> 그에 알맞은 재능과 은사를 주셨습니다.
>
> 존 스토트

바울은 어디에 가든지 비범한 인격적 권위와 힘을 가진 사람으로 사람들에게 나타났습니다. 그는 어느 모로 보나 지도자였습니다. 오래 전 상하이에서 있었던 선교 지도자 모임에서, 허드슨 테일러의 뒤를 이어 중국 내지 선교회의 책임자가 된 D. 호스트는 훌륭한 지도자의 표지가 무엇이라고 생각하느냐는 질문을 받고, 늘 하듯이 특유의 유머로 이렇게 대답했습니다. "저는 제가 지도자인가 아닌가를 알고 싶으면, 누가 저를 따라오고 있는지 제 뒤를 돌아보겠습니다."

바울에게는 늘 그를 따르고 있는 사람들이 있었습니다. 그의 인격이 자연스레 그를 동료들 위에 두드러지게 만들었습니다. 예를 들어, 바울과 바나바가 첫 선교 여행을 떠날 때는

순서가 '바나바와 바울'이었으나, 연장자인 바나바를 능가하는 바울의 강한 인격적 힘으로 말미암아 오래지 않아 그 순서가 '바울과 바나바'로 바뀌었습니다. 그러나 넓은 마음의 소유자인 바나바는 자기보다 연하인 바울이 리더십을 행사하는 것을 불쾌하게 생각하지 않았던 것 같습니다.

바울과 바나바가 루스드라에서 헤르메스(허메)와 제우스(쓰스)로 오인받은 사건은 한 가지 재미있는 사실을 알려 줍니다(사도행전 14:11-20). 그 지방에는 제우스와 헤르메스와 연관된 전설이 전해져 내려오고 있었습니다. 제우스와 헤르메스가 그곳 사람들 몇을 방문했었는데, 두 신은 그들의 대접에 대한 보답으로 그들의 누추한 오두막 같은 집을 궁궐 같은 집으로 변하게 해주었다는 것입니다. 그들은 제우스를 키 크고 위엄이 있는 신으로 생각했고, 헤르메스를 제우스의 사자(使者)요 대변인으로 생각했습니다. 그래서 그들은 키 크고 위엄이 있는 바나바를 제우스로, 겉모습이 별로 볼품이 없는 바울을 헤르메스라고 결론지었습니다.

그들의 결론은 동양적 사고방식과 서양적 사고방식 간의 차이를 나타내 줍니다. 서구 문화권 사람들은 으레 활동적이고 정력적인 사람을 지도자로 생각합니다. 그러나 동양 문화권에서는 가만히 앉아서 아랫사람들을 부리는 사람을 지도자로 생각하는 것 같습니다. 바울과 바나바에게 붙여진 이름들은 바로 이런 사고방식을 반영하고 있습니다. 동시에, 그들이 바울을 헤르메스로 보았다는 것은 그의 말이 권위가 있고 설득력이 있었다는 것을 보여 주는 좋은 증거입니다. 그는 약하고 두려워 몹시 떨었음에도 불구하고(고린도전서 2:3), 그의 말은 힘이 있었습니다. 이 힘은 하나님께로부터 온 것이었습니다.

군중은 얼마나 마음이 잘 변하는지 모릅니다! 하루는 신이라고 경배하더니, 그 다음 날에는 돌을 던졌습니다! "무리가… 가로되, '신들이 사람의 형상으로 우리 가운데 내려오셨다.'… 성 밖 쓰스 신당의 제사장이… 무리와 함께 제사하고자 하니,… 바나바와 바울이 듣고… 겨우 무리를 말려 자기들에게 제사를 못하게 하니라. 유대인들이 안디옥과 이고니온에서 와서 무리를 초인하여 돌로 바울을 쳐서 죽은 줄로 알고 성 밖에 끌어 내치니라"(사도행전 14:11-19).

다차원의 사람

로마로 가는 도중 배가 파선하여 모든 사람이 목숨을 잃을 수밖에 없는 것처럼 보일 때에도 끝까지 영웅적인 모습을 잃지 않은 사람이 바울이었습니다. 죄수가 선장에게 명령했습니다! 그의 당당한 모습과 정신적 권위로 인하여 전 선원이 아무 이의 없이 그의 명령에 순종하였습니다. 그가 아그립바 왕 앞에서 재판을 받을 때도, 재판관이 죄수에게 판결을 내렸다기보다는 죄수가 재판관에게 판결을 내렸다고 하는 편이 옳을 것입니다(사도행전 26장).

바울은 그의 권위를 거칠거나 독단적으로 행사하지 않았으며, 그렇다고 교회에 문제를 일으킨 자들을 그저 마음 좋게 내버려 두지도 않았습니다. 그는 사리에 맞게 행동했고, 강압적인 자세로 군림하려 하지 않았습니다. 고린도 교인들에게 쓴 편지에서 권위에 대한 자신의 태도를 다음과 같이 표명했습니다. "이를 인하여 내가 떠나 있을 때에 이렇게 쓰는 것은, 대면할 때에 주께서 너희를 파하려 하지 않고 세우려 하여 내게 주신 그 권세를 따라 엄하지 않게 하려 함이니라"(고린도후서 13:10).

물론 바울의 리더십은 완벽하지 않았습니다. 그러나 바로 그것이 리더십은 끊임없이 성장해야 한다는 좋은 본보기를 우리에게 보여 주며, 그러한 본보기는 우리에게 크나큰 격려와 자극을 줍니다. 지도자의 위치에 있는 사람은 일정한 목적과 목표를 가지고 여러 영역에서 자신을 끊임없이 계발시켜 나가야 합니다.

영적 지도자에 대한 바울의 개념은 그가 지도자의 역할을 묘사한 단어들 속에 반영되어 있습니다. 그는 자신을 '그리스도의 일꾼(종)'이요 '하나님의 비밀을 맡은 자(청지기)'라고 합니다(고린도전서 4:1). 청지기는 한 집안의 재산을 관리하는 사람입니다. 지도자는 이와 같이 '청지기(관리자)'입니다. 지도자는 또한 일을 지휘하며 앞장서서 사람들을 이끄는 사람 곧 '다스리는 자'입니다(고린도전서 12:28, 로마서 12:8). 지도자는 성도들을 지켜 보호하는 '감독자'입니다(사도행전 20:28). 지도자는 성숙한 신앙을 지닌 '장로'입니다(사도행전 20:17).

물론 지도자라고 해서 누구나 이 모든 역할을 다 할 수는 없습니다. 그러나 바울이 이러한 단어들을 사용하여 리더십의 역할을 설명한 것은, 지도자의 임무가 복합적 성격을 띠고 있다는 것과 아울러 리더십을 행사하는 데 있어 융통성과 적응성이 필요하다는 것을 나타내 줍니다. 융통성과 적응성은 바울의 리더십의 특징이었으며, 이것은 그가 서로 다른 사람과 교회의 문제들을 다루는 과정에서 사용한 방법의 다양성 속에 잘 나타나 있습니다.

때로 바울은 인자한 부모와 같았습니다. "오직 우리가 너희 가운데서 유순한 자 되어 유모가 자기 자녀를 기름과 같이 하였으니, 우리가 이같이 너희를 사모하여 하나님의 복음으로만 아니라 우리 목숨까지 너희에게 주기를 즐겨함은 너희가 우리의 사랑하는 자 됨이니라.… 너희도 아는 바와 같이 우리가 너희 각 사람에게 아비가 자기 자녀에게 하듯 권면하고 위로하고 경계하노니, 이는 너희를 부르사 자기 나라와 영광에 이르게 하시는 하나님께 합당히 행하게 하려 함이니라"(데살로니가전서 2:7-8,11-12). 그러나 필요한 경우에는 바울은 엄하게 대했습니다. "내가 이미 말하였거니와 지금 떠나 있으나 두 번째 대면하였을 때와 같이 전에 죄 지은 자들과 그 남은 모든 사람에게 미리 말하노니, 내가 다시 가면 용서하지 아니하리라"(고린도후서 13:2).

때로는 형제와 같았습니다. "형제들아, 우리가 잠시 너희를 떠난 것은 얼굴이요 마음은 아니니 너희 얼굴 보기를 열정으로 더욱 힘썼노라. 그러므로 나 바울은 한 번 두 번 너희에게 가고자 하였으나"(데살로니가전서 2:17-18). 때로는 성도들이 올바른 마음을 갖기를 바라면서 신랄하고 풍자적인 어조로 책망하기도 했습니다. "너희가 이미 배부르며 이미 부요하며 우리 없이 왕 노릇 하였도다.… 우리는 그리스도의 연고로 미련하되 너희는 그리스도 안에서 지혜롭고, 우리는 약하되 너희는 강하고, 너희는 존귀하되 우리는 비천하여"(고린도전서 4:8-10).

또 어떤 때는 후한 칭찬을 하였습니다. "형제들아, 너희가 그리스도 예수 안에서 유대에 있는 하나님의 교회들을 본받은 자 되었으니, 저희가 유대인들에게 고난을 받음과 같이 너희도 너희 나라 사람들에게 동일한 것을 받았느니라"(데살로니가전서 2:14). 어떤 교회에는 다른 교회의 후히 드리는 삶을 본받으라고 권고했습니다. "형제들아, 하나님께서 마게도냐 교회들에게 주신 은혜를 우리가 너희에게 알게 하노니, 환난의 많은 시련 가운데서 저희 넘치는 기쁨과 극한 가난이 저희로 풍성한 연보를 넘치도록 하게 하였느니라.… 오직 너희는 믿음과 말과 지식과 모든 간절함과 우리를 사랑하는 이 모든 일에 풍성한 것같이 이 은혜에도 풍성하게 할지니라. 내가 명령으로 하는 말이 아니요, 오직 다른 이들의 간절함을 가지고 너희의 사랑의 진실함을 증명코자 함이로라"(고린도후서 8:1-2,7-8).

바울이 리더십을 행사하는 방법은 획일적으로 고정되어 있지 않았습니다. 그가 사용한 융통성 있는 접근 방식은 대개 훨씬 더 받아들일 만하고 성공적인 것이었습니다.

사람들을 지도자로 훈련시킬 때, 바울은 주님처럼 무리뿐 아니라 개인에게도 집중했습니다. 그는 리더십의 잠재력을 가진 소수의 사람들에게 그의 삶을 쏟아 부었습니다. 그는 그들에게 우상적인 존재가 되어 그들의 마음을 강력하게 사로잡으려고 하지 않았으며, 유창한 설교나 정교한 자기선전에 의존하지도 않았습니다. 궁극적으로 성령의 능력과 도우심을 의지하였습니다.

사도 바울의 다이내믹한 리더십은 전 서구 세계에 깊은 영향을 끼쳤습니다. R. 화이트는 바울의 영향을 이렇게 말했습니다. "바울이 끼친 영향은 자기 자신뿐 아니라 동시대인들의 상상과 이해를 훨씬 초월하는 것이었다. 바울은 유럽과 그리고 진실로 서구 세계 전체를 만든 사람들 중의 하나로서 그 이름을 인류사에 깊이 새겼다. 왜냐하면 그가 쓰고 주장한 것들은 중세의 모든 생활 방식의 불문의 전제가 되었고, 바로 그 위에 근대 서구 문명이 세워졌기 때문이다."

바울의 리더십의 두드러진 특징은, 세월이 지나가도 약해지지 않고 감옥도 그것을 제한할 수 없었다는 점입니다. '노인'이 되어서도 여전히 일단의 다이내믹한 젊은이들의 모델과 지도자가 되었습니다. 바울을 따르는 사람들의 마음속에 끼친 그의 영향은, 그가 그들에게 다시는 자기를 보지 못하리라고 말했을 때 흘린, 그들의 눈물 속에 드러나 있었습니다(사도행전 20:36-38).

다른 사람에게 민감함

바울이 소유했던 것과 같은 재능과 인격적 힘을 가진 지도자들은 자주 자기보다 못한 사람들을 누르거나 무시하며, 또 다른 사람들의 권리와 확신에 대해서 덜 민감한 경향이 있습니다. 바울은 다른 사람들과의 관계에서 매우 주의가 깊었고, 보기 드문 재치와 세심한 배려로써 어려운 상황들을 잘 타개해 나갔습니다.

재치란 어떤 상황에서 무엇이 알맞고 적당하며 옳은지에 대하여 직관적으로 신속하고 명확하게 아는 것입니다. 그것은 서로의 권리를 인정하는 가운데 상호간의 미묘한 문제들을 다룸으로써 화목한 해결로 이끄는 능력입니다.

바울은 다른 사람들의 권리와 감정에 대해 생각이 깊고 민감했으며, 오해를 일으키지 않으려고 조심했습니다. 다른 사람들의 권한을 침해하는 것을 피하려고 힘썼습니다. 다음 말씀은 그 한 예입니다.

> 우리는 갖고 있지도 않은 권위를 자랑하지는 않습니다.… 우리는 다른 사람들이 여러분에게 이룩해 놓은 업적을 우리 것이라고 주장하려는 게 아닙니다. 다만 허락된 범위 내에서라도 열심히 일하여 여러분의 믿음이 성장하고 여러분 속에 우리가 일한 것이 커가기를 바라고 있을 뿐입니다. 그러면 우리는 여러분이 사는 고장을 떠나 아직 아무도 가서 일하지 않은 곳을 찾아다니며 복음을 전할 수 있어 다른 사람의 영역을 침범하는 문제는 생기지 않을 것입니다. (고린도후서 10:13-16, 현대어 성경)

바울의 민감성은 오네시모에 대하여 빌레몬과 상의하는 말

속에 잘 나타나 있습니다. 그는 정말 지혜롭게 이 문제를 다루었습니다. "다만 네 승낙이 없이는 내가 아무것도 하기를 원치 아니하노니, 이는 너의 선한 일이 억지같이 되지 아니하고 자의로 되게 하려 함이로라"(빌레몬서 1:14).

사자와 같은 용기

지도자는 어떤 행동이 비록 인기가 없는 것일지라도 필요하다면 기꺼이 그 행동을 용감하게 취하려는 자세가 되어 있어야 하며, 또한 달갑지 않거나 또는 심지어 무서운 사실과 상황도 두려워하거나 당황하지 않고 맞이할 수 있는 용기가 있어야 합니다. 옳은 것은 어디까지나 옳기 때문에, 옳은 것을 따르는 것은 결과를 두려워하는 지혜입니다.

바울은 매우 뛰어난 정신적 용기의 소유자였습니다. 자신이 가는 길에 고난이나 위험이 늘 기다리고 있다는 것을 잘 알고 있었습니다. 그러나 장차의 고난과 현재의 위험이 그를 방해하거나 가던 길을 단념하게 하지 못했습니다. 그의 불굴의 용기는 자신의 말 속에 명확하게 나타나 있습니다. "보라. 이제 나는 심령에 매임을 받아 예루살렘으로 가는데 저기서 무슨 일을 만날는지 알지 못하노라. 오직 성령이 각 성에서 내게 증거하여 결박과 환난이 나를 기다린다 하시나"(사도행전 20:22-23).

이 용감한 사도는 그의 주님을 위하여 사자와 같이, 사납게 날뛰는 군중들과 직접 맞부딪치려고까지 했습니다. "바울이 백성 가운데로 들어가고자 하나 제자들이 말리고, 또 아시아 관원 중에 바울의 친구 된 어떤 이들이 그에게 통지하여 연극장에 들어가지 말라 권하더라"(사도행전 19:30-31). 그는 항상 위험을 피하기만 하는 것은 우리의 취할 태도가 아님을 깨달았습니다.

그러나 바울의 용기는 두려움을 전혀 모르는 그런 용기가 아니었습니다. "내가 너희 가운데 거할 때에 약하며 두려워하며 심히 떨었노라"(고린도전서 2:3). 위험에 대해 무감각하고 무관심한 것은 참된 용기의 표시가 아닙니다. 두려움을 모르는 사람은 용기를 알 수 없습니다. 바울은 두려움을 알았습니다. 그러나 또한 하나님께서 그에게 두려워하는 마음이 아니라 능력의 마음을 주셨다는 것도 알고 있었습니다(디모데후서 1:7).

바울은 정신적으로 좌로도 우로도 치우치지 않는 놀라운 이상적 균형을 나타내 보였습니다. 이것을 헬라인들은 매우 높이 평가하였습니다. 그는 무모하게 돌진하지 않았고, 그렇다고 소심하게 움츠러들지도 않았습니다. 그는 쓰기 어려운 편지를 쓰기도 하고, 마땅한 책망을 하기도 했습니다. 그의 편지들은 그가 얼마나 두려움 없이 그러나 부드럽게 중대한 상황과 자진하여 싸웠는가를 나타내 줍니다.

바울은 태만하게 어떤 일들을 그냥 내버려 두는 일이 없었습니다. 마땅히 필요한 징계를 해야 하는데도, 거기에 따르는 아픔과 수고를 면하기 위해 징계하지 않고 내버려 두는 일이 없었습니다. 신참으로서 감히 면전에서 고참인 베드로를 꾸짖었습니다. 여기에는 엄청난 용기가 필요했습니다. "게바가 안디옥에 이르렀을 때에 책망할 일이 있기로 내가 저를 면책하였노라"(갈라디아서 2:11).

야전 지휘관의 결단력

몽고메리 원수가 든 훌륭한 지휘관의 7가지 필수 요소 중 하나가 '지휘관은 분명한 결단력을 가지고 있어야 한다'는 것이었습니다. 사도 바울은 영적 야전 지휘관으로서 이 면의 리더십을 완전히 갖추고 있었습니다. 진실로 이것은 그가 회심 때에 나타내 보였던 중요한 성품의 일면이었습니다.

하늘이 열리고 존귀하신 그리스도를 보았을 때, 바울의 첫 질문은 "주여, 뉘시니이까?"였습니다(사도행전 22:8). 예수님의 대답은 "나는 네가 핍박하는 나사렛 예수라"(8절)였습니다. 이 대답은 바울의 신학 세계를 뿌리째 뒤흔들었습니다. 그러나 그는 즉각 거기에 담겨 있는 의미들을 받아들였습니다. 오직 하나님의 아들에 대한 절대적 굴복만이 가능한 응답이었습니다. 그리하여 그 순간 완전히 새로워진 심령으로 무조건적인 충성과 순종을 하기로 결심했습니다. 이것이 두 번째 질문으로 이끌었습니다. "주여, 무엇을 하리이까?"(10절).

동요와 우유부단은 바울과는 무관하였습니다. 그는 한번 확신했으면 결심을 바꾸지 않았습니다. 일단 어떤 것이 진리라고 인정했으면 그것을 따랐습니다. 자신의 의무를 알았으면 그것을 이행했습니다. 효과적인 지도자는 일단 하나님의 뜻을 확신하면 결과에 구애되지 않고 행동으로 옮깁니다. 기꺼이 뒤에 있는 다리를 태워 버리며, 성공뿐 아니라 실패에 대한 책임도 받아들입니다.

결단력이 없이 우유부단한 것은 지도자에게는 치명적입니다. 아무 결정도 하지 않는 것도 현 상황이 받아들일 만하다는 하나의 결정이기는 하지만, 비록 나중에 잘못된 것임이 드러날지라도 진지하게 결정하는 것이 아무 결정도 하지 않는 것보다는 낫습니다. 대부분의 결정에서 어려운 것은, 우리가 무엇을 해야만 하는가를 아는 데 있는 것이 아니라 그 결정에 대한 도덕적 근거를 제시하는 데 있습니다. 그러나 이것은 바울에게는 아무 문제가 되지 않았습니다.

격려를 주고받음

처음에 바나바(바나바란 '위로의 아들'이란 뜻으로, 사도들에 의해 그렇게 불리어졌다)와 함께 일했기 때문인지는 몰라도, 바울은 이 면에서 전문가가 되었습니다. 격려는 그가 교회들, 특히 불같은 시련을 겪고 있던 교회들에게 보낸 편지들에서 끊임없이 나타나는 주제입니다. 그는 아주 강인한 성품과 신앙의 소유자였음에도 불구하고 그 역시 실망이나 침체에 빠지기도 했습니다. 그는 그리스도인의 생활에서 높은 승리의 경지에 도달했으나, 그것은 하룻밤 사이에 얻은 것이 아니었습니다. "그러나 비천한 자들을 위로하시는 하나님이 디도의 옴으로 우리를 위로하셨으니"(고린도후서 7:6)라고 바울은 간증했습니다. 나아가, "어떠한 형편에든지 내가 자족하기를 배웠노니"(빌립보서 4:11)라고 했습니다. 이 말의 속뜻은, 실은 그가 항상 자족했던 것이 아니라 실망케 하는 환경에도 불구하고 그것을 딛고 일어서는 비결을 마침내 터득했다는 것입니다. 그것은 배움의 과정이었습니다. 그러므로 우리도 용기를 가질 수 있습니다.

한순간에 갑자기
모든 일이 이루어진다고 생각지 말라.

가장 이른 새벽에 시작하여도
해질 때까지도 끝나기가 쉽지 않도다.
          F. 마이어스

 고린도 교회에 보내는 두 번째 편지에서 바울은 그의 엄한 첫 번째 편지가 고린도 교회에서 그 목적을 달성했다는 것을 알고 기뻐했습니다. 그러면서 그로 하여금 실망을 딛고 일어날 수 있게 한, 그가 배운 몇 가지 비결을 나누고 있습니다. 그는 두 번이나 '우리가 낙심하지 아니한다'는 말을 했습니다(고린도후서 4:1,16). 그리고 전후 문맥에서 우리는 그 이유를 알아볼 수 있습니다. 고린도후서 3장에서 그는 율법의 옛 언약과 비교하여 은혜의 새 언약의 빛나는 영광을 묘사하고 있습니다. 그리고 3:18에서 그 영광을 받아 반사하는 비결을 보여주었습니다.
 그리하여 우리는 4장에서 바울이 영적 체력에 대해서 한 말을 이해할 수 있습니다. '우리는 낙심하지 않는다'라는 말은 강한 표현입니다. '우리는 결코 포기하지 않는다', '우리는 결코 쓰러지지 않는다'라는 의미입니다. 이러한 목표를 성취하기 위해서는 항상 강한 동기 부여가 있어야만 합니다.
 바울이 결코 낙심하지 않았던 한 가지 이유는 자신이 영광스러운 직분을 맡았다는 것을 알고 있었기 때문입니다. "이러하므로 우리가 이 직분을 받아 긍휼하심을 입은 대로 낙심하지 아니하고"(고린도후서 4:1).

바울은 처음에는 틀림없이, 그리스도인들을 열심히 핍박했던 자신이 어떻게 하나님을 섬기는 일에 자격이 있을까 하고 의아하게 생각했을 것입니다. 그러나 그가 긍휼하심을 입어 이 직분을 받았다는 것을 깨닫고 다시금 확신하게 되었습니다. 그는 자신이 넘치는 사람도, 자기 힘으로 출세한 사람도 아니었습니다. "우리가 이런 일을 할 수 있는 자격이 우리에게서 났다고 생각하지 않습니다. 우리의 자격은 하나님에게서 납니다. 하나님께서 우리에게 새 언약의 일꾼이 되는 자격을 주셨습니다"(고린도후서 3:5-6, 새번역)라고 고백하였습니다. 그는 하나님께서 '그를' 그토록 신뢰하셨다는 놀라운 사실을 결코 잊지 못했습니다.

그것은 참으로 혁명적인 메시지였습니다. 우리가 이해하기는 어렵지만, 그것은 유대인에게는 틀림없이 너무나도 믿을 수 없는 것으로 보였을 것입니다. 왜냐하면 그것은 유대인의 종교 생활 전체가 기초하고 있던 구약적 개념의 완전한 반전이었기 때문입니다. "너희는… 할지니라, 너희는… 하지 말지니라"는 차디찬 계명이 "내가… 하리라, 내가… 하리라"는 하나님의 약속으로 대체되었습니다. 새 언약은 하나님께서 힘을 주시겠다는 보장과 더불어 주어졌습니다(예레미야 31:31-34,

에스겔 36:24-28, 히브리서 8:8-13). 이것은 영적 엘리트들을 위한 메시지가 아니라 특별히 실패자들을 위한 메시지로서, 실패한 사람들의 필요를 채우기 위해 특별히 마련된 것이었습니다.

"이렇게 영광스러운 메시지를 가지고 있으니, 내가 낙심하지 않는 것은 당연하다!"라고 바울은 말했습니다. 우리가 맡은 이 메시지에 대한 경이감을 잃어버릴 때 우리는 실망하게 된다는 사실을 알아야 합니다.

바울은 또한 매일 하나님께로부터 새로운 힘을 공급받고 있다는 확신을 가지고 있었습니다. "그러므로 우리가 낙심하지 아니하노니 겉사람은 후패하나 우리의 속은 날로 새롭도다"(고린도후서 4:16). 계속되는 환난과 핍박 속에서 실로 그의 육체는 지치고 상하고 야위고 쇠약해져 가고 있었습니다. 그러나 그것이 전부는 아니었습니다. 동시에 그 반대 과정이 일어나고 있었습니다. 그의 속사람은 영적 새로움을 경험하고 있었던 것입니다. 하나님께로부터 신선한 힘을 새로 받았습니다. 그의 겉사람은 낡아져 가고 있었으나 그의 속사람은 나날이 새로워지고 있었습니다. 그래서 바울은 외칩니다. "우리가 포기하지 않는 것은 당연합니다!"

하나님 아버지께서는 우리가 그분을 섬기는 과정에서 겪는 긴장과 스트레스를 잘 알고 계십니다. 그분은 우리가 치르는 값에 둔감하시지 않습니다. 그분은 어느 지점에 가면 우리가 힘이 다하여 쓰러질 것인가를 잘 알고 계십니다. 그리하여 하나님께서는 우리가 쓰러지지 않도록 날마다 우리에게 새로운 힘을 주시겠다고 약속하십니다. 우리는 이토록 풍부한 하나님의 자원을 두고도 왜 하나님께로부터 더 많이 얻어 쓰지 않습니까?

바울은 외부의 영향들에 매우 민감했고, 심한 고독을 느꼈습니다. 그러나 개인들이나 교회들이 영적으로 성장해 가고 있다는 소식은 큰 기쁨과 격려를 주었습니다. "이러므로 형제들아, 우리가 모든 궁핍과 환난 가운데서 너희 믿음으로 말미암아 너희에게 위로를 받았노라"(데살로니가전서 3:7). 그는 격려가 일방적인 것이 아니라 주고받는 것임을 발견했습니다.

믿음과 비전

자기를 따르는 사람들에게 자신의 믿음과 비전을 전달하는 것은 영적 지도자의 가장 중요한 기능 중의 하나입니다. 바울은 하나님을 깊이 신뢰했습니다. 바울은 이렇게 말했습니다. "나는 내게 말씀하신 그대로 되리라고 하나님을 믿노라"(사도행전 27:25). 제임스 다이트는 다음과 같이 말했습니다.

> 바울은 하나님을 온전히 신뢰하였다. 하나님께서는 약속하신 것을 반드시 행하시는 분이라고 믿었다. 풍랑이 이는 바다 한 가운데서 그에게 하신 하나님의 말씀에 대한 믿음은 그 전형적인 예다.

바울은 정말로 믿음의 사람이었습니다. 그리스도께 대한 그의 믿음은 절대적이었습니다. 그는 어디를 가든지 사람들의 믿음을 자극하여 활기를 띠게 하고 새롭게 해주었습니다. 그는 믿음을 그리스도인 생활의 추진 원리로 보았습니다. "이는 우리가 믿음으로 행하고 보는 것으로 하지 아니함이로라"(고린도후서 5:7). 우리는 믿음을 바탕으로 삼아 살아가는 것이지, 보는 것을 바탕으로 삼아 살아가는 것이 아닙니다.

바울은 믿음을 강화하기 위해 외적인 표적이나 기적, 또는 내적인 감정적 체험들을 갈망하는 것을 영적 미성숙의 표시로 생각했습니다. '믿음'은 눈에 보이지 않는 영적인 것들과 관계가 있습니다. '보는 것'이란 눈에 보이고 만질 수 있는 것들과 관계가 있습니다. 보는 것은 현재 보이는 것들에게만 실체를 인정합니다. 그러나 '믿음은 바라는 것들의 실상이요 보지 못하는 것들의 증거'(히브리서 11:1)입니다.

믿음은 확신이요, 신뢰요, 의뢰이며, 하나님과 직접적인 관계가 있습니다. 진실로 믿음이 없이는 하나님을 기쁘시게 할 수 없습니다(히브리서 11:6). 하나님께 대한 바울의 믿음은 어린아이와 같이 순수하고 온전하였으며, 하나님께서는 바울의 그러한 믿음을 결코 저버리지 않으셨습니다. 성경에 계시되어 있는 하나님을, 그는 가능해 보이는 영역에서뿐 아니라 불가능해 보이는 영역에서도 온전히 신뢰하였습니다. 그의 하나님은 전지전능하신 분이셨으며, 그는 그 하나님을 무한히 신뢰하였습니다.

"그러므로 믿음은 들음에서 나며, 들음은 그리스도의 말씀으로 말미암았느니라"(로마서 10:17)고 말한 사람이 바로 바울이었습니다. 참믿음은 내적 자기반성과 성찰을 통하여 오는 것이 아니라, 하나님의 말씀을 진지하게 연구함으로써 오는 것입니다.

믿음은 감정이 아니라 사실에 기초를 두어야 합니다. 그러므로 믿음을 갖기를 원한다면 먼저 믿음이 기초할 수 있는 진리의 사실을 찾아야 합니다. 이 사실은 곧 하나님의 말씀입니다. 아브라함은 하나님의 약속의 말씀을 굳게 믿었습니다. 바울은 이것이 믿음의 조상 아브라함의 비밀이라고 했습니다. 아브라함은 "믿음이 없어 하나님의 약속을 의심치 않고 믿음에 견고하여져서 하나님께 영광을 돌렸습니다"(로마서 4:20). 믿음은 하나님의 말씀에 의해 견고해지고 유지되며 성장합니다.

믿음은 비전입니다. 믿음은 육의 눈으로는 볼 수 없는 것을 볼 수 있게 합니다. 바울은 다른 사람들에게는 보이지 않는 것들을 볼 수 있었습니다. 엘리사의 종은 수많은 적군이 포위하고 있는 것을 분명히 보았습니다. 그러나 엘리사의 믿음은 그 종으로 하여금 수많은 무적의 하늘의 군대가 둘러싸고 있는 것을 볼 수 있도록 해주었습니다(열왕기하 6장). 그의 믿음은 비전을 주었습니다.

다른 사람들이 어려움을 본 곳에서 바울은 기회를 보았습니다. "내가 오순절까지 에베소에 유하려 함은 내게 광대하고 공효를 이루는 문이 열리고 대적하는 자가 많음이니라"(고린도전서 16:8-9). 바울은 오순절까지는 그냥 에베소에 있겠다고 했습니다. 그 이유가 거기에는 대적자들도 많지만 또한 복음을 전하고 가르칠 수 있는 문이 활짝 열려 있기 때문이라고 했습니다. 그러므로 큰 반대는 바울로 하여금 선교를 하지 못하게 한 것이 아니라, 다만 열린 문으로 들어가는 자극제로서만 작용을 했을 뿐입니다.

비록 근본적으로는 현실주의자였음에도 불구하고 바울은 낙관주의자였습니다. 비관주의자는 다른 사람들을 고무시키는 지도자가 될 수 없습니다. '어려움'만 보고 '가능성'을 보지 못하는 사람은 결코 다른 사람들을 고무시키지 못할 것입니다. 다음과 같은 브라우닝의 묘사는 바울과 같은 사람에게 잘 어울릴 것입니다.

절대로 뒤돌아서지 않고
앞만 향해 나아가는 사람은,
구름이 걷힐 것을 결코 의심하지 않으며,
선이 지고 악이 이기는 것을
결코 꿈에도 상상치 못하리라.

우정의 가치

'사람을 알려면 그의 친구를 보라'는 말이 있습니다. 이 말 속에는 한 가지 이상의 진리가 담겨 있습니다. 우정의 관계를 형성하고 그것을 계속 유지하는 능력은 일반적으로 그 사람의 지도력을 잴 수 있는 척도가 될 것입니다. 많은 다른 위인들과는 달리, 바울은 사람들로부터 떠나 혼자 있기를 좋아하지 않았습니다. 본질적으로 사람들과 함께 있기를 좋아했고, 또한 타의 추종을 불허할 정도로 친구들의 강한 사랑과 충성을 얻고 유지하는 능력이 있었습니다. 그들에 대한 그의 사랑은 참되고 깊었습니다.

바울은 좀처럼 혼자 일하지 않았습니다. 혼자 있게 될 때에는 매우 외로움을 느꼈습니다. 해링턴 리스는 이렇게 썼습니다. "바울은 우정의 관계에서 천재적인 재능을 지니고 있었다. 신약에서 그보다 더 강한 적을 만든 사람은 아무도 없었다.

그러나 세상에서 그보다 더 좋은 친구들을 가진 사람도 거의 없었다. 그의 주위에는 항상 많은 친구들이 있었다. 이들은 그에게 헌신한 사람들이었다. 우리는 자칫 이 사람들의 존재를 잊어버리기가 쉽다."

바울은 친구들과 함께 있을 때 늘 더 즐거워했습니다. 신뢰하는 동역자들과 함께 있을 때 일을 가장 잘했습니다.

그리하여 어쩔 수 없이, 바울은 그리스도를 위해 겪는 온갖 위험에 친구들을 끌어들일 수밖에 없었습니다. 그러나 그들은 즐겁게 그를 따랐습니다. 왜냐하면 그들은 자신들에 대한 그의 사랑과 관심을 확신했기 때문입니다. 바울의 편지에는 동역자들에 대한 따뜻한 사랑과 감사의 정이 넘치고 있습니다.

존 모트는 이렇게 말했습니다. "마음으로 다스리라. 논리적인 설득이 실패할 때에는 일단 후퇴하여 마음 곧 진정한 우정에 호소하라." 개인적인 우정은 장시간의 토론보다, 설사 그것이 성공적이었다 해도, 다른 사람들로부터 최상의 것을 이끌어내는 데 더 큰 역할을 합니다. 바울은 이 방면의 대가였습니다.

"아무것도 사랑을 대신할 수는 없다"고 R. 재프리의 전기에서 A. 토저는 썼습니다. "가슴 가득 사랑을 지니고 있는 자들은 사람들에 대하여 신비한 힘을 가지고 사람들을 끈다."

나는 형제 자매들의 마음을 얻었다.
그중에는 지금 이 땅에 살아 있는 이도 있고
이미 잠들어 묻힌 이도 있다.
보라. 하나님의 부끄럼 없는 가족이 된
또 하나의 친구인 나를
모든 사람들이 기다리고 있다.
　　　　　　　　F. 마이어스

   바울의 우정의 한 가지 큰 비결은, 되돌아오는 게 아무것도 없을지라도 사심 없이 사랑할 수 있었다는 것입니다. "내가 너희 영혼을 위하여 크게 기뻐함으로 재물을 허비하고 또 내 자신까지 허비하리니, 너희를 더욱 사랑할수록 나는 덜 사랑을 받겠느냐?"(고린도후서 12:15).
   사랑하는 의원 누가, 그는 친구인 바울에게 자신의 인생을 걸었던 사람입니다. 바울과 누가의 우정은 비슷한 나이와 기호를 가진 사람들 간의 우정의 본보기입니다. 바나바와 바울의 우정 또한 매우 따뜻했고, 마가의 이탈에 대한 의견 차이로 서로 심히 다툰 이후에도 오래 계속되었습니다.
   디모데와 바울의 우정은 연장자와 연하자와의 우정의 본보기입니다. 많은 여자들 또한 바울이 사랑을 가지고 기억하던 친구들 중에 들어 있었습니다(로마서 16장). 친구 관계를 형성하고 그것을 유지하는 바울의 능력은 그가 영적 지도자들을 재생산하는 데 매우 중요한 요소가 되었습니다.

확신을 겸비한 겸양

바울은 설교와 글에서 부끄럼 없이 자신의 경험들을 예로 들었으며, 자신의 내적 싸움, 좌절, 실패 등을 나누었습니다. 그는 하나님 앞에서 늘 양심을 깨끗하게 유지했으며(고린도후서 1:23, 로마서 9:1-2), 부당하게 자신을 높이지도 않았습니다. "내게 주신 은혜로 말미암아 너희 중 각 사람에게 말하노니, 마땅히 생각할 그 이상의 생각을 품지 말고, 오직 하나님께서 각 사람에게 나눠 주신 믿음의 분량대로 지혜롭게 생각하라"(로마서 12:3).

바울은 자신의 부족과 단점을 잘 알고 있었습니다. 그의 성장의 목표는 '그리스도의 장성한 분량이 충만한 데까지 이르는 것'(에베소서 4:13)이었습니다. 그는 자신의 한계성을 고백했습니다. "내가 이미 얻었다 함도 아니요, 온전히 이루었다 함도 아니라. 오직 내가 그리스도 예수께 잡힌 바 된 그것을 잡으려고 좇아가노라"(빌립보서 3:12). 그러나 그의 부족이나 한계가 그를 실망케 하여 더 이상의 노력을 포기하게 한 것이 아니라, 오히려 그로 하여금 '앞에 있는 것을 잡으려고 좇아가게'했습니다.

다음 말들은 바울의 자아상을 반영하고 있습니다.

그런즉 아볼로는 무엇이며 바울은 무엇이뇨? 저희는 주께서 각각 주신 대로 너희로 하여금 믿게 한 사역자들이니라. (고린도전서 3:5)

내가 너희 가운데 거할 때에 약하며 두려워하며 심히 떨었노라. (고린도전서 2:3)

내가 복음을 전할지라도 자랑할 것이 없음은 내가 부득불 할 일임이라.… 나는 직분을 맡았노라. (고린도전서 9:16-17)

우리가 무슨 일이든지 우리에게서 난 것같이 생각하여 스스로 만족할 것이 아니니, 우리의 만족은 오직 하나님께로서 났느니라. (고린도후서 3:5)

그러나 결코 병적인 자기 비하가 아닌 이처럼 매우 겸손한 자기 평가와 더불어, 바울은 담대하게 고린도 교인들에게 권면합니다. "그러므로 내가 너희에게 권하노니, 너희는 나를 본받는 자 되라"(고린도전서 4:16). 그러나 그 편지의 뒷부분에서 중요한 말을 첨가했습니다. "내가 그리스도를 본받는 자 된 것같이 너희는 나를 본받는 자 되라"(고린도전서 11:1). 그가 자신의 삶을 본으로 제시한 것은 교만이 아니었습니다. 왜냐하면 그가 현재의 그가 된 것과 또 그가 이룩한 모든 것이 그리스도로 말미암아 되었기 때문입니다. "그리스도께서… 나로 말미암아… 역사하신 것 외에는 내가 감히 말하지 아니하노라"(로마서 15:18).

> 이 바울로 말하면,
> 사람들에게 웃음거리요
> 경멸당하는 사람이었다.
> 사람들이 알기에는 약하고,
> 사람들이 보기에는 초라했지만,
> 이 사람들의 눈에도 그리스도가
> 높임을 받는 것이 보일 것이다.
> 내 안에 계신 그리스도는
> 약함 중에 강함이로다.
> 　　　　F. 마이어스

바울은 자신의 가치를 알았기에, 그를 모독하는 자들이 그를 과소평가하는 것을 허락지 않았습니다. "내가 비록 말에는 졸 하나 지식에는 그렇지 아니하니, 이것을 우리가 모든 사람 가운데서 모든 일로 너희에게 나타내었노라"(고린도후서 11:6).

때로 바울은 마음에는 내키지 않았지만 자신의 사도직을 변호하기 위하여 자신을 '자랑'하지 않을 수 없음을 느꼈습니다. 그러나 그 뒤에 변명하는 말을 덧붙이는 것이 보통이었습니다. "우리가 약한 것같이 내가 욕되게 말하노라. 그러나 누가 무슨 일에 담대하면 어리석은 말이나마 나도 담대하리라. 내가 부득불 자랑할진대 나의 약한 것을 자랑하리라.… 내가 만일 자랑하고자 하여도 어리석은 자가 되지 아니할 것은 내가 참말을 함이라. 그러나 누가 나를 보는 바와 내게 듣는 바에 지나치게 생각할까 두려워하여 그만두노라"(고린도후서 11:21,30, 12:6). 자신이 겪은 많은 고난들을 말할 때 내키지 않는 마음으로 마지못해 했을 뿐입니다(고린도후서 11:21-33). 지나치게 자기를 낮추거나 높이지 않았고, 둘 사이에서 놀라운 균형을 유지했습니다. 이것은 영적 지도자들에게 훌륭한 본보기가 됩니다.

바울은 다른 사람들을 칭찬하는 일에 매우 후했습니다. 그리고 그들의 영적인 성공이나 은사에 대하여 결코 시기하는 일이 없었습니다. 자기나 동역자들이나 똑같이 하나님의 일꾼이라 생각했고, 그들을 자기의 일에 참여시키기를 기뻐했습니다. "우리는 하나님의 동역자들이요"(고린도전서 3:9).

바울은 디모데에 대해 이렇게 썼습니다. "디모데가 이르거든 너희는 조심하여 저로 두려움이 없이 너희 가운데 있게 하라. 이는 저도 나와 같이 주의 일을 힘쓰는 자임이니라"(고린도전서 16:10). 또한 디도를 '나의 동무요 너희를 위한 나의 동역자'(고린도후서 8:23)라고 했습니다. 바울은 이 젊은 동역자들에게 기꺼이 책임을 맡겼고, 그들은 바울을 위해 맡은 일을 잘 해냈습니다.

깊어지는 겸손

겸손은 이 세상의 리더십 안내서에는 들어 있지 않습니다. 거기에서는 '남보다 뛰어날 것', '자기를 널리 알릴 것'을 크게 강조합니다. 예수님의 말씀에 의하면, 우리 그리스도인은 그래서는 안 됩니다. "너희 중에는 그렇지 아니하니 너희 중에 누구든지 크고자 하는 자는 너희를 섬기는 자가 되고"(마가복음 10:43). 바울은 이러한 주님의 발자취를 따랐습니다. 결코 자신을 위대한 사람이라고 한 적이 없었습니다.

사도 바울은 다른 사람들에 의해 높임을 받았지만, 자신의 과거를 크게 뉘우치는 겸손한 자세로 살았습니다. 그렇다고 병적으로 과거에 집착하지는 않았습니다. 하지만 자신이 하나님의 교회를 무자비하게 박해했었다는 사실을 결코 잊지 않았습니다. 그리고 대적자들이 그를 살려 둘 수 없다고 했을 때에도 그들의 말을 무시하지 않았습니다. 하나님과 사람에게 영원히 빚을 지고 있다는 의식이 그로 하여금 겸손한 자아상을 갖게 했습니다. 그는 자신이 현재 얻은 것보다 더 높은 명성을 얻으려는 욕망이 조금도 없었습니다. "내가 만일 자랑하고자 하여도 어리석은 자가 되지 아니할 것은 내가 참말을 함이라. 그러나 누가 나를 보는 바와 내게 듣는 바에 지나치게 생각할까 두려워하여 그만두노라"(고린도후서 12:6).

바울은 골로새의 그리스도인들에게 거짓된 겸손을 주의하라고 했습니다(골로새서 2:18,23). 이것은 정말로 가장 교묘한 형태의 교만이기 때문입니다. "누구든지 일부러 겸손함과 천사 숭배함을 인하여 너희 상을 빼앗지 못하게 하라. 저가 그 본 것을 의지하여 그 육체의 마음을 좇아 헛되이 과장하고 머리를 붙들지 아니하는지라"(골로새서 2:18-19).

바울의 겸손은 계속 발전하고 있었다는 것이 그 특징입니다. 세월이 감에 따라 그의 겸손은 더욱 깊어졌습니다. 바울 자신의 말을 들어 봅시다.

> 나는 사도 중에 지극히 작은 자라. 내가 하나님의 교회를 핍박하였으므로 사도라 칭함을 받기에 감당치 못할 자로라. (고린도전서 15:9)

모든 성도 중에 지극히 작은 자보다 더 작은 나에게 이 은혜를 주신 것은 측량할 수 없는 그리스도의 풍성을 이방인에게 전하게 하시고. (에베소서 3:8)

미쁘다, 모든 사람이 받을 만한 이 말이여. 그리스도 예수께서 죄인을 구원하시려고 세상에 임하셨다 하였도다. 죄인 중에 내가 괴수니라. (디모데전서 1:15)

이것은 거짓된 겸손이 아니었습니다. 그는 참으로 겸손하였지만 자신의 사도직과 권위를 변호하게 될 때는 조금도 뒤로 물러서지 않았습니다. "뱀이 그 간계로 이와를 미혹케 한 것같이 너희 마음이 그리스도를 향하는 진실함과 깨끗함에서 떠나 부패할까 두려워하노라. 만일 누가 가서 우리의 전파하지 아니한 다른 예수를 전파하거나, 혹 너희의 받지 아니한 다른 영을 받게 하거나, 혹 너희의 받지 아니한 다른 복음을 받게 할 때에는 너희가 잘 용납하는구나. 내가 지극히 큰 사도들보다 부족한 것이 조금도 없는 줄 생각하노라"(고린도후서 11:3-5). 바울이 매우 민감한 영역에서 발휘한 이 건전한 균형에 대해 사람들은 계속 놀라움을 금치 못합니다.

글로 의사를 전달함

편지로든 다른 글로든, 분명하고 효과적으로 의사를 전달하는 능력은 어떤 리더십의 위치에 있든 대단히 요구되는 자질입니다. 그것이 결여되어 있으면 오해가 생기기가 아주 쉽습니다. 바울은 다른 많은 영역에서와 마찬가지로 이 방면에서도 대가였습니다. 바삐 여행하는 도중에 쓴 것이든 아니면 고독한 감옥에서 쓴 것이든, 바울의 편지 속에는 그의 개성이 잘 반영되어 있습니다.

우리는 자연스런 편지 속에서 자신의 참모습을 나타내 보이게 됩니다. 바울의 편지들 속에는 바울의 참모습이 매 페이지마다 나타나 있습니다. 우리는 다른 어떤 역사적 자료보다 그의 편지들을 통해 그에 대하여 더 많이 알게 됩니다. 그의 편지들을 보면 전달하고자 하는 내용이 명료하며 표현도 적절합니다. 이것은 모든 영적 지도자를 위한 좋은 본보기입니다. 그의 편지들 속에는 건전한 상식과 따뜻한 관심, 예리한 영적 통찰력 등이 잘 나타나 있습니다.

때로는 전달하려고 하는 사상과 진리가 너무나 풍부하고 또 그것에 대하여 격앙된 나머지 바울은 그의 생각의 흐름을 중단하거나 말을 끝맺지 못한 채로 남겨두기도 하였습니다. 초대교회 당시 이레니우스는 바울을 이렇게 변호했습니다. "바울은 빈번히 문장에서 도치법을 사용하는데, 이것은 이야기 전개의 신속성과 그의 안에 계신 성령의 자극에 기인한다."

바울의 모든 편지가 쓰기 즐겁고 쉬웠던 것은 아닙니다. 고린도 교회에 보내는 둘째 편지에서, 훈계와 아주 엄한 책망을 담고 있는 첫째 편지에 대하여 언급하고 있습니다. "내가 큰 환난과 애통한 마음이 있어 많은 눈물로 너희에게 썼노니, 이는 너희로 근심하게 하려 한 것이 아니요, 오직 내가 너희를 향하여 넘치는 사랑이 있음을 너희로 알게 하려 함이라"(고린도후서 2:4).

바울은 어려운 편지를 써야 할 때에는, 펜을 잉크가 아니라 눈물에 담갔습니다. 잘못을 범한 고린도 교인들에게 엄한 편지를 쓴 후에 부드러운 목자의 심정으로 자기가 너무 심하지는 않았나 하는 생각에 걱정하였습니다. 그들이 자기 편지를 오해하지는 않을지 염려스러워 편안히 쉴 수가 없었습니다. "그러므로 내가 편지로 너희를 근심하게 한 것을 후회하였으나, 지금은 후회하지 아니함은 그 편지가 너희로 잠시만 근심하게 한 줄을 앎이라. 내가 지금 기뻐함은 너희로 근심하게 한 까닭이 아니요, 도리어 너희가 근심함으로 회개함에 이른 까닭이라. 너희가 하나님의 뜻대로 근심하게 된 것은 우리에게서 아무 해도 받지 않게 하려 함이라"(고린도후서 7:8-9).

이러한 성격의 편지를 쓸 때 바울의 목표는 논쟁에서 이기는 것이 아니라, 영적인 문제를 해결하고 조화와 연합을 회복하며 그들로 하여금 더욱 성숙하게 하려는 것이었습니다. 우리는 여기에서, 편지를 쓸 때는 의미가 모호하지 않도록 분명하게 표현하는 것도 중요하지만, 그 편지가 사랑의 마음과 관심으로 숨쉬는 것이 훨씬 더 중요하다는 것을 배울 수 있습니다.

편지는 비교적 만족스럽지 못한 의사 전달 수단입니다. 편지는 웃을 수 없습니다. 그리고 말하기 곤란한 것을 말하고 있을 때 사랑을 표현할 눈도 없습니다. 그러므로 우리는 편지를 쓸 때 그 어조에 특별한 관심을 기울여야 합니다. 나의 한 친구는 상대방의 감정을 상하게 할 수 있는 편지를 썼을 때는, 그것을 밤새도록 가지고 있다가 아침에 다시 읽어 보고 그 어조와 태도가 바른지를 확인하는 습관이 있습니다.

바울의 편지 속에는 격려와 자극이 가득 차 있었습니다. 항상 그 편지를 받는 사람들을 영적으로 부요케 하는 데 목표를 두었습니다. 그렇다고 하여 책망과 바로잡아 주는 일이 필요한데도 그것을 삼가는 일은 없었습니다. 바울은 갈라디아 교인들에게 이렇게 말했습니다. "그런즉 내가 너희에게 참된 말을 하므로 원수가 되었느냐? 나의 자녀들아, 너희 속에 그리스도의 형상이 이루기까지 다시 너희를 위하여 해산하는 수고를 하노니, 내가 이제라도 너희와 함께 있어 내 음성을 변하려 함은 너희를 대하여 의심이 있음이라"(갈라디아서 4:16,19-20).

편지는 바울의 양육 프로그램의 중요한 일부로서 교회의 성장과 발전에 크게 기여했습니다. 웅변의 전도자인 조지 휫필드는 이 방면에서 바울에 필적한 사람이었습니다. 그는 많은 군중에게 복음을 전한 후, 자주 새벽 3시까지 자지 않고 새로이 결신한 사람들에게 교훈과 격려의 편지를 썼다고 합니다.

어떤 사람이 만일 바울에게, 그의 편지들이 세계의 종교 및 지성사에 가장 큰 영향을 미친 것 중에 하나라고 한다면, 아마 바울보다 더 깜짝 놀랄 사람은 없을 것입니다. 그 편지들은 그의 평범한 일과의 일부로서, '명성이나 후세를 전혀 의식하지 않고' 쓴 것입니다. 그 편지들은 비록 형식을 갖춘 논문이 아니요, 때로는 문학적으로 표현이 세련되어 있지 않았을지라도, 읽는 이의 마음을 움직이는 힘과 호소력을 지니고 있었습니다. 오늘에 이르기까지 그의 편지가 끼친 영향은 가히 측량할 수 없을 정도입니다.

톨스토이는 이런 말을 했습니다.

한 떠돌아다니는 유대인이 친구들과 제자들에게 보낸 편지들이 그 당시 작가들의 시, 부(賦), 애가(哀歌), 우아한 서간들보다 수백, 수천, 수만 번이나 더 읽히고 인구에 회자했으니, 이것이 1세기의 교양 있는 로마인들에게 얼마나 기이하게 보였을까? 그런데 이 일은 지금도 계속 일어나고 있다.

경청함

한 야심에 찬 정치가가 올리버 홈스에게 다가와 어떻게 하면 공직에 선출될 수 있느냐고 물었습니다. 홈스는 이렇게 대답했습니다. "상대방의 말에 공감하며 이해하려는 자세로 상대방의 말을 경청하는 것입니다. 이것이 아마도 사람들과 조화를 이루고 그들의 우정을 얻고 돈독히 하는 데 가장 효과적인 방법일 것입니다. 잘 듣는 사람이 되십시오. 그런데 이 비법을 사용하는 사람이 너무도 적습니다."

어느 사람이 한번은 자신의 윗사람에 대하여 한 가지 아쉬운 점을 토로했습니다. "그는 내 말을 듣지 않습니다. 내가 어떤 문제에 대하여 미처 다 이야기도 하기 전에 답을 제시합니다." 이것이 바로 강박 충동에 의해 말하는 사람의 결점입니다. 즉 그 사람은 한순간의 침묵도 두려워하고 있는 것입니다. 그러나 동료들의 말을 경청하는 기술은, 지도자가 해결해야 할 문제의 근원을 알아내려면 반드시 터득해야 할 기술입니다. 그렇지 않으면 그는 단지 징후만 다루고 근본적인 원인은 다루지 않은 채 남겨 두는 격이 될 것입니다.

싱가포르의 총리를 지낸 리콴유의 이야기입니다. 그는 싱가포르가 독립을 향해 박차를 가하고 있을 당시 선거 유세를 하고 있었는데, 매 토요일 오후와 저녁은 51개 선거구를 돌면서 보냈습니다. 그는 자기를 만나 문제를 이야기하려는 주민들을 초대하여 그들의 불만 사항을 인내로 들었습니다. 그리고 가능한 한 어디서든지 시정을 약속하려고 노력했습니다. 그 결과 모든 선거구에서 승리하였습니다. 그는 문제 해결에서 상대방의 말을 잘 듣는 것이 중요하다는 것을 믿었고 그것을 실천했으며 그 결실을 거두었습니다. 상대방의 말에 공감하려는 자세로 귀를 기울이는 태도는 지도자에게 값진 재산입니다.

경청한다는 것은 상대방이 털어놓으려 하는 것을 아무 선입견 없이 진정으로 이해하려고 하는 것입니다. 완전히 마음을 열어 놓고 공감하려는 태도로 들어 주는 사람과 함께 이야기를 나눌 때 문제란 흔히 반은 해결된 거나 다름없습니다. 선교에 실패한 한 선교사가 이런 한탄을 했습니다. "그가 내 말을 들어 주기만 했더라도…. 나는 내 문제를 나눌 사람이 필요했습니다."

말을 많이 하기보다는 잘 듣는 사람이 다른 사람의 필요에 더 민감합니다. 너무도 흔히 지도자는 의식적으로 또는 무의식적으로, '그는 너무도 바빠서 다른 사람의 말을 들어 줄 시간이 없다'는 인상을 줍니다. 이러한 경우에, 지도자와 동료들 모두에게 손해입니다. 바쁜 가운데서도 '그는 언제나 함께 이야기를 나눌 시간이 충분히 있다'는 인상을 주는 지도자는 행복합니다. 그는 해결책을 제공한 것이나 거의 다름이 없습니다. 듣는 데 보낸 시간은 결코 낭비된 시간이 아닙니다.

D. 호스트는 나폴레옹에 대하여 이런 말을 했습니다. "그는 다른 사람들의 말을 경청하는 사람이었고, 그들의 전문 지식을 특수한 상황에 이끌어다 쓸 줄 아는 능력을 지니고 있었다. 진실로 위대한 사람은 모두 대개 이러하다는 것을 역사는 보여 주고 있다."

우리는 바울의 편지에서, 그가 듣는 일의 가치를 안 사람이었다는 것을 어렵지 않게 짐작할 수 있습니다. 고린도 교인들은 여러 가지 문제로 인하여 어려움을 겪고 있었습니다. 그러나 그들에게는 해결책이 없었습니다. 그때 그들은 바울이 그들의 문제를 이해하고 들어 주리라는 것을 알았고, 그에게 그들의 문제를 이야기했습니다. 바울이 고린도 교회에 보낸 첫 번째 편지는 바로 그들의 이야기에 대한 바울의 대답이었습니다.

관대하고 마음이 넓은 사람

회심은 하나의 기적입니다. 예수 그리스도를 마음에 모실 때 우리는 새사람으로 변화됩니다. 바울의 예는 이것을 아주 잘 보여 주고 있습니다. 무시무시한 사명을 띠고 다메섹으로 가던 바울, 그는 닫힌 마음을 가진 광신적인 고집쟁이였습니다. 그러던 그가 장님이 되어 남의 손에 이끌려 다메섹으로 들어갔습니다. 마침내 그는 관대하고 마음이 넓은 성도로 변화되었습니다. 만일 그렇지 않았다면 마음이 좁은 그 바리새인은 교회를 철저하게 파괴했을 것입니다. 그는 교회를 파괴하는 일에 어떤 짓도 서슴지 않던 인물이었습니다. 그러던 그가 이제 넓은 마음을 가진 그리스도인이 되어 교회를 철저히 옹호하고 확장시키는 인물이 되었습니다.

어떻게 이런 변화가 일어났습니까? 바로 그리스도 때문이었습니다. 바울은 살아 계신 그리스도를 보았습니다. 뿐만 아니라 그리스도께서 그의 마음속에 살아 계셔서 그의 마음을 측량할 수 없을 정도로 크게 하여 주시고 넓혀 주셨습니다. 하나님의 성령이 그의 마음속에 한량없는 하나님의 사랑을 부어 주셨습니다(로마서 5:5). 그리하여 이 고집쟁이가 관대한 마음을 소유하게 된 것입니다.

어떤 이들이 바울에게 괴로움을 더하게 할 줄로 생각하여 '투기와 분쟁으로 그리스도를 전파하고'(빌립보서 1:15-18) 있었을 때, 예전의 바울 같았으면 십중팔구 벌써 위협적인 독설을 퍼부었을 것입니다. 그러나 새사람이 된 바울은 이렇게 말했습니다. "그러면 무엇이뇨? 외모로 하나 참으로 하나 무슨 방도로 하든지 전파되는 것은 그리스도니, 이로써 내가 기뻐하고 또한 기뻐하리라"(18절). 그러나 한 가지 강조해 두고 싶은 것은, 바울은 매우 관대하고 융통성이 있는 사람이었지만 신앙의 근본 진리에 대해서는 절대로 타협하거나 관대하지 않았으며, 또 깊이는 없이 그저 마음이 관대하고 넓기만 한 사람이 아니었다는 것입니다.

인내의 필요성

존 크리소스톰은 인내를 모든 덕의 여왕이라고 불렀습니다. 그런데 우리는 이 단어를 너무 부정적이고 수동적인 의미로 사용하기 때문에, 바울이 매우 자주 사용한 이 단어의 풍부한 의미를 제대로 전달할 수 없는 실정입니다.

윌리엄 바클레이는 매우 중요한 의미를 지닌 이 '인내'라는 단어에 대해 연구했습니다. 그는 베드로후서 1:5-7에 사용된 인내에 대하여 이렇게 설명했습니다. "이러므로 너희가 더욱 힘써 너희 믿음에 덕을, 덕에 지식을, 지식에 절제를, 절제에 인내를… 공급하라."

인내라고 하는 단어는 결코 가만히 팔짱 끼고 앉아서 그저 참는 것을 의미하지는 않는다. 그것은 시련 속에서도 패배하지 않고 견디는 것이요, 남자답게 뜻을 변치 않는 것이다. 그것은 삶에서 일어나는 모든 것에 대하여 굳세고 담대하고 용감하게 받아들이는 것이요, 가장 나쁜 것까지도 저 높은 곳을 향한 또 하나의 발걸음으로 변화시키는 것이다. 그것은 또한 모든 것을 참으며, 한계점을 지나서도 무너지지 않으며, 보이지 않는 것을 기쁨으로 맞이할 수 있게 하는 능력이다.

바클레이 교수는 바울이 사용하고 있는 인내라는 단어의 의미를 잘 설명하고 있는 것 같습니다.

인내는 사람들과의 관계에서 특히 필수적인 것입니다. 우리 대부분이 바로 여기에서 실패합니다. 바울은 바나바와 의견이 달랐을 때, 바로 이 점에서 실패했습니다(사도행전 15:36-40). 그리고 그가 대제사장에게 불손하게 말했을 때도 이 점에서 실패했던 것입니다(사도행전 23:1-5). 그러나 이것은 보기 드문 예외이지 항상 그랬던 것은 아닙니다.

다른 사람들의 약점과 실패에 대하여 참지 못하는 사람은 리더십으로서는 결함이 있습니다. "우리 강한 자가 마땅히 연약한 자의 약점을 담당하고 자기를 기쁘게 하지 아니할 것이라"(로마서 15:1). 훌륭한 지도자는 자기보다 걸음이 느린 형제의 걸음에 자기의 걸음을 맞추는 법을 압니다.

특히 인내는 지도자가 명령에 의해서보다는 설득에 의해 사람들을 이끌려고 할 때 필수적입니다. 상대방으로 하여금 지도자인 자신의 견해를 알고 거기에 따라 행동하게 이끄는 것은 항상 쉬운 것은 아닙니다. 그러나 개인으로 하여금 스스로 결정을 하도록 설득하는 기술을 계발하는 것은 매우 가치가 있습니다.

우리의 인생은 시계의 숫자판.
바늘은 우리와 함께하시는 하나님의 손.
작은 바늘은 연단의 손이요,
큰 바늘은 자비의 손이다.

천천히, 그리고 확실히 연단의 손은 지나가야 한다.
그리고 매 시간 하나님께서는
은혜의 말씀을 들려주신다.
그러나 자비의 손이 항상 움직인다,
연단의 손보다 12배의 속도로.

매 순간은 하나님께로부터 오는 축복.
매 시간은 사랑의 학교에서의 수업.
두 바늘은 견고한 축에 고정되어 있다.
축은 위에 계신 하나님의 불변의 마음.

S. 젬머

절제의 훈련

지도자는 오직 자기 자신을 훈련하고 있기 때문에 다른 사람들을 이끌 수 있습니다. 외부로부터 부과된 훈련에 자신을 굴복시킬 줄 모르는 사람, 순종하는 법을 모르는 사람은 훌륭한 지도자가 될 수 없습니다. 또한 스스로 자신을 훈련하는 것을 배우지 못한 사람도 마찬가지입니다. 성서적으로나 법적으로 인정된 권위를 비웃거나 거기에 반항하는 사람들은 훌륭한 지도자로서의 자격이 결여되어 있습니다.

신앙의 위인들이 도달하고 유지한 높은 경지는
한순간의 비약으로 얻어진 것이 아닙니다.
그들은 자기의 동료들이 잠자는 동안
밤에도 앞을 향해 애써 전진했던 것입니다.

바울은 스스로 두 영역에서 자신을 엄하게 훈련했습니다. 첫째, 자신의 육체와 싸움을 했습니다. "그러므로 내가 달음질하기를 향방 없는 것같이 아니하고 싸우기를 허공을 치는 것같이 아니하여, 내가 내 몸을 쳐 복종하게 함은 내가 남에게 전파한 후에 자기가 도리어 버림이 될까 두려워함이로라"(고린도전서 9:26-27).

여기에서 바울은 하나의 진정한 두려움, 실제로 일어날 수 있는 일을 이야기하고 있습니다. 그는 아직 자신의 경주를 마치지 않았습니다. 그의 많은 경험과 위대한 성공조차도 그를 육체의 교묘한 유혹에서 면제시켜 주지는 못했습니다. 지금까지의 경주가 수포로 돌아가지 않도록 하기 위해 그는 기꺼이, 경기장에서 선수들이 열심히 자신을 훈련하듯이, 엄격하게 자신의 육체적 욕구들을 훈련하였습니다.

범죄하지 않을 수 없사오나,
알고는 범하지 말게 하소서.
나를 죽이되, 온전히 죽이게 하소서.
주여, 나를 안일에 빠지지 않게 하시고,
육체와 영혼 사이에 결코 휴전이 없게 하소서.
                    F. 마이어스

영적 지도자는 신체적 욕구를 방임하거나 게으름으로 말미암아 실패할 위험에 늘 개방되어 있습니다. 이러한 심각한 위험으로 인해 자기 훈련이 요구되는 것입니다. 또 하나의 위험은 과도한 신체 활동입니다. 이것은 우리를 피로로 이끌고, 심하면 탈진 상태로 이끕니다. 지도자는 동료들보다 훨씬 더 열심히 일할 준비가 되어 있어야만 하지만, 힘이 다한 사람은 쉽사리 적의 희생물이 되고 맙니다. 그러므로 우리는 깨어 이 양자의 위험을 경계해야 합니다.

둘째로, 자신의 생각과 싸웠습니다. "우리의 싸우는 병기는 육체에 속한 것이 아니요, 오직 하나님 앞에서 견고한 진을 파하는 강력이라. 모든 이론을 파하며 하나님 아는 것을 대적하여 높아진 것을 다 파하고, 모든 생각을 사로잡아 그리스도에게 복종케 하니"(고린도후서 10:4-5).

바울은 죄가 그의 생각으로부터 시작되는 것을 알고, 그의 생각이 방황하지 않도록 주의하며, 그것을 그리스도의 지배 아래 굴복시키기를 끊임없이 힘썼습니다.

몸과 마음을 하나님의 지배 아래 두려면 강한 의지력 이상의 것이 필요합니다. 그러나 하나님께서는 그 힘을 이미 공급해 주셨습니다. "오직 성령의 열매는… 절제니…"(갈라디아서 5:22-23). 바울이 자신을 절제할 수 있었던 비결은 '성령으로 충만'한 것이었습니다. 이로써 그의 삶 속에는 절제라는 성령의 열매가 풍성하게 맺혔던 것입니다.

진실과 성실

바울은 그의 편지들 속에서 자신을 적나라하게 드러내 놓습니다. 사실 기꺼이 이렇게 하는 사람이 거의 없습니다. 바울은 자신을 있는 그대로 나타냄으로써 온전히 진실한 사람이라는 인상을 남겼습니다. 제2차 세계 대전 중, 젊은 빌리 그래함은 윈스턴 처칠 경의 초대를 받아 런던의 하원 의사당에서 그를 만났습니다. 그 젊은 설교자는 어느 큰 방으로 안내되었는데, 방 안에 들어서자 크게 당황했습니다. 영국의 전 각료가 다 모여 있었던 것입니다. 처칠은 그에게 자리를 권했고, 빌리 그래함은 여기서 자신의 믿음을 나눌 기회를 가졌습니다. 빌리 그래함이 방을 떠난 후, 처칠은 각료들에게 "정말 진실한 사람이다"라고 말했습니다. 진실하다는 것은 자기를 꾸밈없이 그대로 나타내는 무의식적인 특성입니다.

바울은 회심 전에도 이 면에 있어서는 두드러졌습니다. "청결한 양심으로 조상 적부터 섬겨 오는 하나님께 감사하고"(디모데후서 1:3). 삶 전체를 통하여 바울은 자신의 양심이 깨끗하다는 것을 알았고, 이것을 유지하는 일에 부지런히 힘썼습니다. "이것을 인하여 나도 하나님과 사람을 대하여 항상 양심에 거리낌이 없기를 힘쓰노라"(사도행전 24:16). 그는 교회를 파괴하려 했던 것만큼 교회를 세우는 일에도 성실하였습니다. 그가 교회를 열심히 박해하고 있었을 때에도, 물론 이것이 매우 잘못된 것이었고 비록 그의 양심이 잘못된 길로 가고 있긴 했지만, 그의 양심은 타협하는 일이 없었습니다.

바울은 하나님 앞에서도 움츠러들지 않았습니다. 그래서 이렇게 말할 수 있었습니다. "내가 자책할 아무것도 깨닫지 못하나." 그의 양심은 깨끗하다는 것입니다. 그러나 급히 다음과 같이 덧붙였습니다. "그러나 이를 인하여 의롭다 함을 얻지 못하노라. 다만 나를 판단하실 이는 주시니라"(고린도전서 4:4). 바울은 그의 진실함을 증언해 주시도록 하나님께 호소했습니다. "우리는 수다한 사람과 같이 하나님의 말씀을 혼잡하게 하지 아니하고 곧 순전함으로 하나님께 받은 것같이 하나님 앞에서와 그리스도 안에서 말하노라"(고린도후서 2:17).

영적 지혜

초대교회에서 집사를 선출할 때 두 가지 자질이 꼭 필요하였는데, 그중 하나가 '지혜'였습니다. 지혜는 훌륭한 지도력의 필수 요소입니다. "형제들아, 너희 가운데서 성령과 지혜가 충만하여 칭찬 듣는 사람 일곱을 택하라"(사도행전 6:3).

참지혜는 지식 이상의 것입니다. 지식은 기본적으로 사실의 축적입니다. 지혜는 단순한 지적 총명 이상의 것입니다. 지혜는 하늘에 속한 통찰력입니다. 영적 지혜는 하나님에 대한 지식과 인간에 대한 지식을 모두 포함합니다. 그것은 도덕적, 영적 문제들에서 어려운 경우를 만났을 때 지식을 올바로 적용하는 것도 포함합니다. 지혜는 지도자로 하여금 분별없거나 상도를 벗어난 행동을 하지 못하게 막아 주며, 삶에 필요한 균형을 제공해 줍니다.

지식과 지혜는 전혀 다른 것으로 때로는 아무런 연관도 없다.
지식은 머릿속에 있고, 지혜는 마음속에 있다.
지식은 자기가 아주 많이 아는 것을 자랑하고,
지혜는 자기가 모르는 것이 더 많음을 인하여 겸손하다.

바울이 영적 지혜를 세상의 지혜와 대비시키는 부분에서, 우리는 바울이 영적 지혜에 높은 가치를 부여하는 것을 볼 수 있습니다. "아무도 자기를 속이지 말라. 너희 중에 누구든지 이 세상에서 지혜 있는 줄로 생각하거든 미련한 자가 되어라. 그리하여야 지혜로운 자가 되리라. 이 세상 지혜는 하나님께 미련한 것이니 기록된 바, '지혜 있는 자들로 하여금 자기 궤계에 빠지게 하시는 이'라 하였고"(고린도전서 3:18-19).

'지혜'는 또한 바울이 성도들과 교회들을 위해 기도한 내용 가운데 자주 나오는 말입니다. "이로써 우리도 듣던 날부터 너희를 위하여 기도하기를 그치지 아니하고 구하노니, 너희로 하여금 모든 신령한 지혜와 총명에 하나님의 뜻을 아는 것으로 채우게 하시고"(골로새서 1:9).

지혜는 바울의 가르침의 특징이기도 하였습니다. "우리가 그를 전파하여 각 사람을 권하고 모든 지혜로 각 사람을 가르침은 각 사람을 그리스도 안에서 완전한 자로 세우려 함이니"(골로새서 1:28). 지혜는 이 성령 충만한 지도자 바울의 사역의 특징이었습니다. "그리스도의 말씀이 너희 속에 풍성히 거하여 모든 지혜로 피차 가르치며 권면하고"(골로새서 3:16).

예수님께서는 하나님께로부터 나오셔서 우리에게 지혜가 되셨다고 바울은 말했습니다(고린도전서 1:30).

열심과 전심

바울은 그의 주님과 같이 하나님을 위한 모든 일에 전심이었고 열심이었습니다. 예수님의 가족들은 예수님의 강렬한 열심을 보고 미쳤다고 생각했습니다. "예수의 친속들이 듣고 붙들러 나오니, 이는 그가 미쳤다 함일러라"(마가복음 3:21).

베스도 총독은 바울에 대하여 같은 말을 했습니다. "바울이 이같이 변명하매 베스도가 크게 소리하여 가로되, '바울아, 네가 미쳤도다. 네 많은 학문이 너를 미치게 한다' 하니"(사도행전 26:24). 세상에 속한 사람은 하나님을 향한 열심을 미쳤다고 생각합니다. 그러나 하나님의 시야에서 그것은 최고의 지혜입니다.

> 주님께서는 한 줄기 빛을
> 바울의 마음에 비추심으로써
> 영원히 시들지 않는 열심을
> 그의 마음에 불붙이셨습니다.
> 　　　　존 케블

　바울은 성난 군중 앞에서, 거듭나기 전의 자신에 대하여 이렇게 말했습니다. "나는 유대인으로 길리기아 다소에서 났고, 이 성에서 자라 가말리엘의 문하에서 우리 조상들의 엄한 교훈을 받았고, 오늘 너희 모든 사람처럼 하나님께 대하여 열심하는 자라"(사도행전 22:3). 그러나 믿기 전의 이러한 열심은 너무나 잘못된 방향으로 치우친 것이었으며, 훗날 그에게 가장 큰 슬픔이 되었습니다.

　믿기 전의 바울의 이러한 열심은 회심한 후에도 계속되었습니다. 그러나 성령께서 열심의 방향을 새로운 곳으로 틀어 주셨습니다.

　제자들은 성전에서 예수님께서 거룩한 열심과 죄 없는 분노로 불타오르는 것을 보고 깜짝 놀랐습니다. 그리고 그들은 성경 말씀에 "주의 전을 사모하는 열심이 나를 삼키리라" 한 것을 기억하였습니다(요한복음 2:17, 시편 69:9).

　이 열심에서 바울은 그의 주님을 본받으려고 애썼습니다.

그의 편지와 말을 깊이 연구해 보면, 그가 새 신자들에게 대하여 마음에 품었던 이상은, '하나님의 진리로 불타는 머리와, 하나님의 사랑으로 불타는 가슴과, 하나님의 영광을 위해 살려는 열정으로 불타오르는 의지'였다는 것을 알 수 있습니다.

주님께서 라오디게아 교회를 엄하게 꾸중하신 것도 바로 이 열심이 없었기 때문입니다(요한계시록 3:14-22). 이러한 책망은 바울에게는 해당될 수 없었습니다. 바로 이 열심과 정열이 그를 따르는 사람들에게 깊은 영향을 주었던 것입니다.

바울은 로마서 12:11에서 "부지런하여 게으르지 말고 열심을 품고 주를 섬기라"고 했습니다. 우리는 끓어오르는 열정으로 주님을 섬겨야 합니다. 성령께서는 우리 안에서 주님을 향한 열심이 계속 끓어오르도록 해주십니다. 성령께서는 우리의 열심을 유지시켜 주는 '난로'이십니다. 우리 안에는 '식어지려는' 경향이 있습니다. 그래서 우리에게는 우리를 끊임없이 뜨겁게 해주시는 성령의 사역이 필요한 것입니다. 우리는 성령으로 말미암아 항상 뜨겁게 끓고 있어야 합니다.

존 번연의 '천로역정'에 나오는 그리스도인은 해석자의 집에 들어갔을 때, 어떤 사람이 활활 타고 있는 벽난로에 자꾸 찬물을 끼얹는 것을 보았습니다. 그런데 이상하게도 그럴수록 불길은 더욱 크게 치솟았습니다. 그의 의문은 그 벽난로 뒤에서 또 한 사람이 계속 기름을 붓고 있는 것을 보았을 때 사라졌습니다. 사탄은 우리의 난로에 계속 찬물을 끼얹으나, 그리스도께서는 거기에 계속 기름을 붓고 계십니다. 우리의 열심에 찬물을 끼얹으려고 하는 사람이 너무도 많은 이 세상에서, 우리의 열심에 계속 기름을 붓는 일은 정말로 은혜스러운 사역입니다. 영적 지도자는 끓어오르는 열정과 불타오르는 열심으로 주님을 섬겨야 합니다.

나는 하나님을 위해 불타오르는 한 사람을 보았고,
신령한 힘을 느꼈다.
그 순간 나는 부서지기 쉬운 질그릇을 통해,
하나님의 영광이 빛나는 것을 보았다.
그러고선 꿈에서 깨어나 큰 소리로 외쳤다.
나의 아버지시여, 내게도 주소서.
주님을 위해 내 인생을 불태울 수 있는 축복을.

4
하나님을 높임

> 하나님을 생각할 때 우리 마음에 떠오르는 것이
> 우리에게 가장 중요한 것이다.
> A. 토저

하나님에 대한 사도 바울의 개념은 그의 신학을 형성하고 그의 봉사에 동기를 부여하는 데 중요한 역할을 했습니다. 그것은 그의 리더십의 근본이 되는 것이었습니다. J. 필립스가 그의 저서 당신의 하나님은 너무 작다에서 말했듯이, 하나님에 대한 잘못된 개념은 우리가 하려고 하는 모든 것을 제한하고 부정적인 영향을 미칠 것입니다.

바울의 신앙은 삼위일체 교리 위에 세워져 있었습니다. 사도신경은 그의 신앙의 중요한 교리를 요약한 것으로 생각되는데, 그것은 근본적으로 삼위일체 신앙을 고백하고 있습니다. "전능하사 천지를 만드신 하나님 아버지를 내가 믿사오며, 그 외아들 우리 주 예수 그리스도를 믿사오니… 성령을 믿사오며." 바울은 전능하신 하나님 아버지를 믿었습니다. 그는 그 외아들 우리 주 예수 그리스도를 믿었습니다. 그는 성령을 믿었습니다. 그의 하나님은 세 인격으로 존재하시나 거룩한 위엄과 영광 중에 계신, 오직 하나이신 하나님이셨습니다. 하나님께서는 자신을 아버지로서, 아들로서, 성령으로서 우리에게 알리셨습니다.

바울에게 하나님은 진실로 살아 계시는 분이셨습니다. 그는 하나님의 존재에 대해 논할 필요성을 전혀 느끼지 못했습니다. 그의 하나님은 능력으로 천지 만물을 다스리시나 인간의 연약함에 대하여 동정하시며 인간의 행복을 간절히 원하시는 그런 하나님이셨습니다. 그는 하나님 없는 인생은 상상조차 할 수 없었습니다.

하나님에 대한 바울의 개념은, 하나님께서 자기 백성을 다루신 것을 기록한 구약성경에 의해 형성되었습니다. 그리하여 그는 초자연적인 것을 믿는 데 아무런 문제가 없었습니다. 왜냐하면 구약성경에는 기적적인 사건들에 대한 기록이 대단히 많기 때문입니다.

하나님에 대한 바울의 개념을 알아내는 한 가지 길은 그의 제자 디모데와 디도에게 쓴 편지들을 살펴보는 것입니다. 그들이 맡은 일은 많은 수고를 필요로 하였기에, 바울은 그들을 강하게 하고 격려해 주어야 할 필요성을 느꼈습니다. 그래서 그의 영적 제자들에게 크고 위대하신 하나님을 보여 주려고 했습니다. 그들이 섬길 특권을 받은 그 유일하신 분의 위대하심과 위엄을 그들의 마음속에 심어 주고자 했던 것입니다.

바울이 목회서신에서 사용한 하나님에 대한 여러 가지 칭호들은 하나님의 위대하심과 영광에 대해 새로운 면들을 보여 주었습니다. 그러면 이 칭호들을 몇 가지 살펴보기로 하겠습니다.

바울은 예수 그리스도의 복음을 '복되신 하나님의 영광의 복음'(디모데전서 1:11)이라고 했습니다. '복되신 하나님'이라는 이 아름다운 칭호는 스스로 충만한 기쁨을 누리고 계시는 분으로 하나님을 묘사합니다. 하나님께서는 영원한 복락 가운데 살고 계십니다. 예수님께서는 그분의 기쁨을 우리에게 주셔서 우리도 기쁨으로 충만하게 해주십니다. 하나님께서는 모든 복의 근원이시며 날마다 우리에게 복을 넘치도록 주십니다.

'복되신'이라는 말은 두 가지 이유에서 하나님께 적용됩니다. (1) 하나님께서는 '부족한 것이 전혀 없는' 분이십니다. 우리는 현재 우리에게 없는 것을 채우려고 끊임없이 애쓰고 있습니다. 그러나 하나님께서는 아무것도 필요로 하지 않으십니다. (2) 하나님께서는 '절대적으로 완전한' 분이십니다. 모든 덕이 그분 안에 있습니다. 그분은 만복의 근원이 되시기 때문에 그분 안에는 모자라거나 남는 것이 아무것도 없습니다. 그리하여 바울은 디모데에게, 그가 전파해야 할 복음은 만복의 근원이 되시는 하나님의 영광의 복음이라는 것을 믿으라고 격려했습니다. 진실로 복음을 전파하는 일은 영원토록 샘솟는 기쁨을 우리에게 주는 것입니다.

'만세의 왕, 곧 썩지 아니하고 보이지 아니하고 홀로 하나이신 하나님'

바울은 '죄인 중의 괴수'인 자신에게 임한 하나님의 놀라운 은혜를 말한 후 이어 하나님을 찬양했습니다. "만세의 왕, 곧 썩지 아니하고 보이지 아니하고 홀로 하나이신 하나님께 존귀와 영광이 세세토록 있어지이다. 아멘"(디모데전서 1:17). 이 찬양 속에서 바울은 하나님의 고유한 속성을 몇 가지 보여 줍니다. 바울이 그의 사랑하는 하나님을 묘사하기 위해 사용한 이 말들을 하나씩 자세히 살펴보기로 합시다.

'만세의 왕.' 인간은 시간의 지배를 받고 있는 피조물로서 시계와 달력에 매여 있습니다. 그러나 하나님께서는 모든 세상과 모든 세대의 왕이십니다. 그분의 권세와 주권은 모든 시대에 나타나 있습니다. 그분은 시간의 절대적인 지배자이십니다.

하나님께서는 그분의 교회를 파괴하려는 자들을 사용하셔서 오히려 그분의 교회를 세우십니다. 악을 지배하사 선을 이루십니다. 모든 세대를 통하여 그분의 영원한 목적을 성취해 나가십니다. 바울은 모든 인류의 삶 속에서 역사하시는 하나님의 섭리를 이렇게 묘사했습니다. "인류의 모든 족속을 한 혈통으로 만드사 온 땅에 거하게 하시고, 저희의 연대를 정하시며 거주의 경계를 한하셨으니"(사도행전 17:26). 하나님께서는 어떤 정해진 목표를 향하여 세계 역사를 이끌어 가십니다. 외견상 모순처럼 보이는 사건들을 한데 엮어서 자신의 완전성을 반영하는, 하나의 조화 있고 아름다운 무늬를 만들어 내시는 것입니다.

'썩지 아니하고.' 오직 하나님만이 부패하지 않고, 불멸하며, 시간과 변화, 쇠약과 죽음이라고 하는 노화 과정에 종속되어 있지 않습니다. 영원성은 하나님의 본질의 일부로서, 그것은 하나님께로부터 오직 선물로서만 우리에게 주어지며, 그리스도를 믿는 자는 누구나 이 영원한 생명을 선물로 받습니다. 또한 하나님께서는 결코 변치 아니하십니다(말라기 3:6).

'보이지 아니하고.' 하나님을 직접 완전히 본다는 것은 인간에게 불가능합니다. 왜냐하면 하나님께서는 그리스도 안에서만 자신을 보이시기로 하셨기 때문입니다. 예수님께서는 "나를 본 자는 아버지를 보았다"(요한복음 14:9)고 하셨습니다.

그리고 그때조차도 우리는 오직 믿음으로만 하나님을 볼 수 있습니다. 그리스도 안에서 우리는 본질적으로 보이지 아니하시는 분을 볼 수 있습니다(요한복음 1:18). 유한한 인간이 무한한 하나님을 결코 완전히 이해할 수는 없습니다. 하나님의 사람 모세까지도 하나님께서 앞에 지나가실 때 그 등만을 보았습니다(출애굽기 33:22-23).

'홀로 하나이신 하나님.' 우리 하나님께서는 진실로 유일하신 하나님이십니다. 하나님께서는 여럿이 아니라 오직 한 분이십니다. 그분과 비길 만한 다른 존재는 없습니다. "너희가 나를 누구에게 비기며 나로 그와 동등이 되게 하겠느냐?"(이사야 40:25) 하고 그분은 물으십니다. 그분은 홀로 계시지만, 헬라의 신들처럼 우리에게 무관심하거나 초연하지 않으십니다.

'만왕의 왕, 만주의 주'

'살아 계신 하나님'(디모데전서 3:15). 이것이 바로 이스라엘의 하나님을 이방신들과 구별해 주는 특성입니다. 교회는 죽은 우상들의 신전이 아니라, 살아 계시고 활동하시며 자비로우신 하나님의 전입니다. "무릇 육신을 가진 자가 우리처럼 사시는 하나님의 음성이 불 가운데서 발함을 듣고 생존한 자가 누구니이까?"(신명기 5:26)

하나님의 능력과 신성에 대한 바울의 다양한 묘사를 주목하십시오! "하나님은 복되시고 홀로 한 분이신 능하신 자이며, 만왕의 왕이시며 만주의 주시요, 오직 그에게만 죽지 아니함이 있고, 가까이 가지 못할 빛에 거하시고, 아무 사람도 보지 못하였고 또 볼 수 없는 자시니, 그에게 존귀와 영원한 능력을 돌릴지어다. 아멘"(디모데전서 6:15-16).

바울의 입에서는 아주 자연스럽게 이 찬양이 흘러나왔습니다. 이것은 성경에 나오는 가장 아름다운 송영 중의 하나로서, 다른 무엇과도 결코 비교할 수 없는 하나님의 위대하심과 뛰어나심을 찬양하고 있습니다. 이 존귀한 칭호 중 몇을 살펴봅시다.

'능하신 자, 만왕의 왕, 만주의 주.' 이것은 온 우주와 세상 통치자들과 하나님의 관계를 나타내는 말입니다. 하나님께서는 만물을 다스리시는 분이십니다. 그분의 통치권은 전 우주에 미칩니다. 그분은 복되시고 홀로 한 분이신 통치자로서, 그분의 뜻대로 행할 권리를 가지고 계십니다. 그분의 주권은 누구로부터 위임받은 것이 아니라 그분의 고유의 속성입니다. 오직 하나님만이 만왕의 왕이시요 만주의 주이십니다. 이 세상의 모든 지배자가 다 하나님의 지배하에 있습니다. 그분은 모든 정사와 권세의 머리이십니다.

'가까이 가지 못할 빛에 거하시고.' 이 말은, 하나님께서 우리로 하여금 자신을 가까이할 수 있도록 허락하실 때를 제외하고는, 우리가 그분을 가까이할 수 없다는 것을 보여 주고 있습니다. 하나님께서는 근본적으로 인간의 감각의 범위를 초월하시는 분이십니다. 하나님께서는 거룩하시기 때문에 죄악 된 인간은 아무도 위엄과 영광 중에 계신 하나님을 보고 살 자가 없습니다(출애굽기 33:20). 그러나 우리가 비록 태양에는 가까이 갈 수 없어도 햇빛 가운데서 기쁘게 걸어 다닐 수는 있듯이, 하나님께 나아갈 수 있는 길이 전혀 없는 것은 아닙니다. 진실로 하나님께 나아갈 수 있는 길이 하나 있기 때문입니다. 그런데 그 길은 핏자국이 있는 길입니다. 우리는 그리스도의 보배로운 피를 힘입어 하나님 앞에 담대히 나아갈 수 있는 것입니다.

저 높고 거룩한 곳으로
인간이 올라갈 수 있는 길이 하나 있다.
그 길은 우리를 위해 화목제물이 되사
한 영원한 제사를 드리시고,
성령의 능력으로 우리를 거듭나게 하시며,
하나님 앞에서 우리의 대언자가 되시는 그리스도이시다.
　　　　　　　　　　　　　　T. 비니

'우리 구주 하나님'

'구주'라는 단어는 풍부한 의미를 지니고 있습니다. '우리 구주 하나님'이라는 이 칭호는 바울의 목회 서신에 나타나는 독특한 표현이지만, 그러나 그 사상은 성경 전체에 스며 있습니다. 바울은 이렇게 말했습니다. "우리 구주 하나님과 우리 소망이신 그리스도 예수의 명령을 따라 그리스도 예수의 사도 된 바울은 믿음 안에서 참아들 된 디모데에게 편지하노니, 하나님 아버지와 그리스도 예수 우리 주께로부터 은혜와 긍휼과 평강이 네게 있을지어다"(디모데전서 1:1). "종들로는… 오직 선한 충성을 다하게 하라. 이는 범사에 우리 구주 하나님의 교훈을 빛나게 하려 함이라"(디도서 2:9-10).

헬라어에서 '구원자'라는 단어는 백성들을 재난으로부터 구하거나 큰 은혜를 베푼 왕이나 정복자들에게 사용되었습니다. 하나님께서는 진실로 죄, 죽음, 지옥으로부터 우리를 구원해 주신 분이십니다. 그분은 '모든 사람 특히 믿는 자들의 구주'(디모데전서 4:10)이십니다. 바울은 여기에서 우리에게 모든 사람의 '구원 가능성'을 이야기합니다. 그러나 모든 사람이 '구원'을 받는 것은 아닙니다. 구원을 받기 위해서는 예수 그리스도를 구주로 영접하는 개인적인 믿음이 요구됩니다. 하나님께서는 어떤 의미에서, 모든 사람을 위해 구원을 제공하

하나님을 높임 123

셨기 때문에 '잠재적으로' 모든 사람의 구주이십니다. 그러나 그분은 실제적으로는 오직 믿는 자들의 구주이십니다.

우리는 '우리에게 모든 것을 후히 주사 누리게 하시는 하나님'(디모데전서 6:17)을 모시고 있습니다. 우리의 하나님께서는 은혜를 주시되 후히 주시는 하나님이십니다. "하나님이 능히 모든 은혜를 너희에게 넘치게 하시나니, 이는 너희로 모든 일에 항상 모든 것이 넉넉하여 모든 착한 일을 넘치게 하게 하려 하심이라"(고린도후서 9:8). 그분은 우리에게 필요한 것을 주시되 최소한만 주시는 것이 아니라, 우리에게 필요한 '모든 것'을 풍성히 주사 누리게 하십니다.

바울이 디모데전서 4:3에서 언급한 내용은 그 당시의 영지주의자들의 가르침과는 반대입니다. "혼인을 금하고 식물을 폐하라 할 터이나, 식물은 하나님이 지으신 바니 믿는 자들과 진리를 아는 자들이 감사함으로 받을 것이니라." 우리는 이 모든 것을 받을 뿐만 아니라, 그것들을 주신 하나님께 감사하면서 그것들을 누려야 합니다. 오직 죄만이 우리가 하나님의 풍성한 공급을 누리는 것을 방해할 수 있습니다. 바울과 디모데와 디도의 하나님께서는 복되시고, 온 세상을 다스리시고, 영원하시고, 보이지 아니하시고, 초월적이실 뿐 아니라, 모든 좋은 것들을 풍성히 주시는 하나님이십니다.

사실상 바울은 각처에 있는 젊은 지도자들에게 다음과 같이 말하고 있는 것입니다. "여러분이 믿는 하나님이 바로 이런 분이십니다. 그러므로 여러분은 여러분이 하는 모든 일에서 그분을 믿고 의지할 수 있습니다. 우리 하나님께서는 여러분이 하나님을 섬겨 일을 할 때 생기는 모든 필요를 풍성하게 채워 주십니다."

성자 하나님

예수 그리스도의 인격과 사역은 바울의 신앙의 핵심이었습니다. 그에게 있어서, 기독교란 바로 그리스도였던 것입니다. 바울이 "내게 사는 것이 그리스도니"(빌립보서 1:21)라고 했을 때, 그는 시적인 표현을 사용하고 있는 것이 아니라 문자 그대로의 사실을 이야기하고 있었습니다. 그리스도를 만난 후 그의 삶의 중심은 완전히 바뀌었습니다. 전에는 삶의 중심이 자기 자신이었으나 이제는 그리스도였습니다. 마르틴 루터는 이렇게 말했습니다. "어떤 사람이 내 마음 문을 두드리며, '여기에 누가 살고 있나요?' 하고 묻는다면, 나는 '마르틴 루터가 아니라 주 예수 그리스도요'라고 대답할 것이다."

바울은 그것을 이런 식으로 표현했습니다. "내가 그리스도와 함께 십자가에 못 박혔나니, 그런즉 이제는 내가 산 것이 아니요 오직 내 안에 그리스도께서 사신 것이라. 이제 내가 육체 가운데 사는 것은 나를 사랑하사 나를 위하여 자기 몸을 버리신 하나님의 아들을 믿는 믿음 안에서 사는 것이라"(갈라디아서 2:20). 바울의 전 인격과 삶은 그리스도의 지배하에 있었습니다. 바울은 죽었고 그리스도께서 그 안에 살고 계셨습니다. 바울의 모든 희생적인 사역과 봉사는 이 영광스러운 사실에 그 근원을 두고 있었습니다. 바울의 삶은 그의 매일의 모든 필요를 채우기 위해 끊임없이 그리스도를 온전히 소유하는 것이었습니다.

디모데에게 보낸 편지에서 바울은 이렇게 권고했습니다. "죽은 자 가운데서 다시 살으신 예수 그리스도를 기억하라"(디모데후서 2:8). 바울은 단순히 디모데에게 그리스도의 부활에 관심을 집중시키라고 말하고 있는 것이 아닙니다. 부활하신 그리스도, 그분을 결코 잊지 말라고 지시하고 있는 것입니다. 왜냐하면 그리스도께서는 모든 것의 중심이시기 때문입니다. 기독교는 바로 그리스도입니다. 그리스도를 만난 후부터 바울의 삶은 모든 것이 그리스도를 중심으로 하여 전개되고 있었습니다. 그의 입과 마음에는 언제나 그리스도가 있었습니다.

바울의 복음 전파는 '그리스도 중심'이었습니다. 고린도 교인들에게 그는 이렇게 말했습니다. "내가 너희 중에서 예수 그리스도와 그의 십자가에 못 박히신 것 외에는 아무것도 알지 아니하기로 작정하였음이라"(고린도전서 2:2). 고린도에서의 사역에 관하여 사도행전은 이렇게 기록하고 있습니다. "바울이 하나님의 말씀에 붙잡혀 유대인들에게 예수는 그리스도라 밝히 증거하니"(사도행전 18:5). 또 데살로니가에서의 사역에 대해서는 이렇게 기록합니다. "바울이 자기의 규례대로 저희에게로 들어가서 세 안식일에 성경을 가지고 강론하며 뜻을 풀어 그리스도가 해를 받고 죽은 자 가운데서 다시 살아야 할 것을 증명하고 이르되, '내가 너희에게 전하는 이 예수가 곧 그리스도라' 하니"(사도행전 17:2-3). 이러한 구절들은 바울이 삶과 사역에서 그리스도를 중심에 모셨다는 것을 보여 줍니다.

바울은 끊임없이 '그리스도의 주재권'을 강조했습니다. 바울의 글에서 '주님'이라는 칭호는 한결같이 그리스도를 의미했습니다. 다메섹 도상에서 그리스도를 만난 그 자리에서 바울은 무조건 그의 삶에 대한 그리스도의 절대적인 주재권을 인정하였습니다. 그 모든 내용이 두 번째 질문 속에 함축되어 있었습니다. "주여, 내가 무엇을 하리이까?" 재빠른 영적 통찰력으로, 그는 그리스도의 죽음과 부활의 목적이 단순히 신자들을 심판으로부터 구원하는 것을 훨씬 넘어서서, 나아가 그리스도의 주재권을 확증하는 데 있다는 것을 깨달았습니다.

바울은 후에 다음과 같은 말로 그리스도의 주재권의 중요성을 표현했습니다. "이를 위하여 그리스도께서 죽었다가 다시 살으셨으니, 곧 죽은 자와 산 자의 주가 되려 하심이니라"(로마서 14:9). 구속자이신 그리스도의 왕권을 인정하기 위해 노력하는 것은 바울의 끊임없는 기쁨이었습니다.

바울의 편지 속에서 아주 자주 나타나는 말이 있는데, 그것은 '그리스도 안에(서)'라는 말입니다. 이 말은 특별한 의미를 지니고 있습니다. 물고기가 물속에서 살듯이, 그리스도인은 그리스도 안에서 산다는 것입니다. 물고기가 물을 떠나서는 살 수 없듯이, 그리스도인도 그리스도를 떠나서는 살 수 없습니다. 그리스도인은, 보이지는 않으나 끊어질 수 없는 끈으로 그리스도와 결합되어 있습니다. 우리가 '그리스도 안에', 즉 그리스도와 살아 있고 생명적인 연합 가운데 있기 때문에 하늘에 속한 모든 신령한 복이 우리의 것입니다(에베소서 1:3). '그리스도 안에(서)'라는 말 속에는 많은 진리가 들어 있으므로 더 자세히 연구해 보기 바랍니다.

신약성경에서 그리스도에 관한 가장 위대한 구절이 바울의 편지에 있습니다. 빌립보서 2:5-11입니다. 이 구절에서 그는 먼저 그리스도의 선재(先在), 성육신, 십자가에 못 박혀 죽으심 등 '하나님의 아들의 낮아지심'을 이야기합니다. 그 다음 '인자(人子)의 높아지심'을 이야기합니다. 그리스도께서는 궁극적으로 모든 피조물에 의해 영광과 예배를 받으실 것입니다.

이 영광스러운 진리를 두고 바울은 이렇게 권고합니다. "너희 안에 이 마음을 품으라. 곧 그리스도 예수의 마음이니."

성령 하나님

예수님께서는 돌아가시기 전 다락방에서 식사하시던 도중에 그 어느 때보다도 더 많이 성령의 인격과 사역에 대하여 제자들에게 말씀하셨습니다. 말씀 도중 주님께서는 성령에 대하여 이렇게 말씀하셨습니다. "내가 아직도 너희에게 이를 것이 많으나 지금은 너희가 감당치 못하리라. 그러하나 진리의 성령이 오시면 그가 너희를 모든 진리 가운데로 인도하시리니"(요한복음 16:12-13). 이 진리의 성령께서는 주로 바울을 통하여 자신에 대하여 더 자세히 계시해 주셨습니다. 그러므로 바울의 편지 속에는 성령에 대한 언급이 산재해 있는 것입니다. 바울은 분명히 초대교회의 최고의 신학자였기 때문입니다.

바울 자신의 삶 속에서 성령께서는 매우 중요한 역할을 하셨습니다. 회심 직후 바울은 성령으로 충만했습니다(사도행전 9:17). 그래서 그는 에베소의 그리스도인들에게 "성령의 충만을 받으라"(에베소서 5:18)고 권면할 수 있었습니다. 선교를 위해 그를 불러 세우시고 보내신 분도 바로 성령이셨습니다

(사도행전 13:1-4). 때로는 성령께서 그의 선교 사역을 막기도 하셨습니다(사도행전 16:6-7). 바울은 복음을 전파할 때 성령의 능력을 의지했습니다(고린도전서 2:4). 그리고 성령께서는 앞으로 겪을 고난과 위험에 대해 그에게 알려 주시기도 했습니다(사도행전 21:4,11-14). 이와 같이 여러 가지 방법을 통하여 성령께서는 그를 인도하셨습니다.

바울은 설교와 가르침에서 성령의 사역을 계속 강조했습니다. 성령께서는 교회 지도자들을 선택하는 데 주도권을 가지고 계셨으며(사도행전 20:28), 성령께서는 최초의 교회 회의에서 교회 지도자들의 결정에 권위를 부여하셨습니다(사도행전 15:28). 바울이 에베소에서 어떤 신자들을 만났을 때 그의 첫 질문이 "너희가 믿을 때에 성령을 받았느냐?"였습니다(사도행전 19:2). 그 다음 그는 그들도 성령을 받게 했습니다(사도행전 19:1-7).

바울이 성령 하나님에 대하여 사용한 다양한 이름들은 성령의 사역의 새로운 면들을 잘 보여 줍니다. '지혜와 계시의 정신[영]'(에베소서 1:17), '성결의 영'(로마서 1:4), '양자의 영'(로마서 8:15), '생명의 성령'(로마서 8:2) 등.

바울은 칭의와 성화 모두 성령의 역사의 결과라고 가르쳤습니다(고린도전서 6:11). 성령께서는 우리로 하여금 봉사하게 하시며(빌립보서 3:3), 우리 안에 내주하시며(고린도전서 3:16),

우리를 굳게 하시며(로마서 14:17, 15:13), 기도로 우리를 도우시며(로마서 8:26-27), 우리에게 기쁨을 주십니다(데살로니가전서 1:6). 성령께서는 교회의 일치를 증진시키고 유지시키는 분이십니다(에베소서 4:3-4).

바울에게 '육신'을 이길 수 있게 해주신 분도 성령이십니다. 여기서 육신이란 우리가 아담으로부터 받은 타락한 본성을 가리킵니다. 우리는 오직 성령에 의해서만 육신의 행실을 죽일 수 있습니다(로마서 8:13). 또한 성령께서는 순종하는 신자의 삶 속에서 풍성한 '영적 열매'를 맺게 하시는데(갈라디아서 5:22-23), 이것은 성령의 기쁨이기도 합니다.

성령께서는 또한 교회를 세우고 확장하고 지도하는 데 필요한 여러 가지 영적 '은사들'을 나누어 주신다고 바울은 가르쳤습니다. 은사란 하나님께서 그리스도의 몸을 섬기는 데 쓰도록 하기 위해 주시는 특별한 능력입니다. 모든 사역은 성령의 능력을 힘입을 때 비로소 효과적이 되며, 이 목적을 위해 하나님께서는 이 은사들을 주시는 것입니다. 우리는 초자연적인 적과 싸우고 있기 때문에 그 적을 이기려면 초자연적인 무기라야만 합니다.

은사는 성령께서 주시는 은혜의 선물입니다(고린도전서 12:1-4). 성령께서는 교회에서의 봉사를 위해 자기 뜻대로 각 사람에게 이 특별한 능력을 선물로 주십니다(고린도전서 12:11).

비록 그것이 흔히 자연적 재능들을 통하여 작용하기도 하지만, 자연적 재능과는 분명히 구별됩니다. 모든 신자에게는 적어도 한 가지의 은사가 있습니다(고린도전서 12:7). 은사는 영적 엘리트들에게만 있는 것이 아닙니다. 은사는 우리의 영적 권리로서 주장될 수 없습니다(고린도전서 12:11). 은사를 주시는 것은 전적으로 성령의 권한입니다. 은사가 교회 안에서 유익을 끼치는 것이 되려면 사랑 안에서 사용되어야만 합니다(고린도전서 13:1-2). 은사는 또한 성도들을 준비시켜 섬기는 일을 하게 하고 그리스도의 몸을 세우기 위한 것입니다(에베소서 4:11-12).

어떤 영적 은사도 경시해서는 안 됩니다. 그러나 어떤 은사는 다른 은사보다 더 중요하기도 합니다(고린도전서 12:31, 14:5). 바울은 방언에 대한 예언의 우위성을 주장합니다. 왜냐하면 하나님의 말씀을 전파하는 능력은 가장 가치 있는 은사이기 때문입니다. 지도자들은 영적 은사는 소홀히 여길 때 위축될 수가 있으므로(디모데전서 4:14), 계속 고무시켜야 할 필요가 있다는 것을 깨달아야 합니다(디모데후서 1:6).

은사는 단순히 받은 사람의 기쁨이나 자랑, 또는 영적 생활을 위해서 주어진 것이 아니라, 다른 사람들을 섬기며(고린도전서 14:12), 성도들의 영적 성장을 돕도록 하기 위해 주어진 것입니다(에베소서 4:12-13). 중요한 것은, 어떤 은사도 자기 자신과는 직접적인 연관이 없다는 것입니다. 모든 은사는 자기만족에 목적이 있는 것이 아니라 섬김에 그 목적이 있습니다.

신앙생활의 초기에 자신의 은사를 발견하는 사람은 거의 없습니다. 은사는 대개 기회가 올 때까지 잠재해 있습니다. 그리고 흔히 자신에게보다는 다른 사람들에게 더 분명하게 보입니다. 그러나 우리는 하나님께서 우리에게 맡기신 그리스도의 몸 안에서의 사역을 위해 필요한 은사를 올바른 때에 나타내 주실 것을 확신할 수 있습니다. 고린도전서 12-14장에서, 바울은 고린도 교인들에게 은사의 부당한 사용에 대하여 경고하며, 교회에서의 은사의 사용을 위한 지침을 제시합니다.

5
십자가를 자랑함

> 내가 너희 중에서 예수 그리스도와 그의 십자가에 못 박히신 것
> 외에는 아무것도 알지 아니하기로 작정하였음이라.
>
> 고린도전서 2:2

바울에 의하면, 기독교 신앙은 타원처럼 두 개의 중심을 가지고 있습니다. 그것은 곧 갈보리와 오순절이라고 하는 두 개의 역사적 사건입니다. 바울은 회심 시에 십자가의 참의미를 깨닫기 시작하여, 그 이후 성령의 가르침을 통해 그 의미를 더욱 깊이 깨닫게 되었습니다. 그 후의 그의 일관된 태도가 다음 말 속에 표현되어 있습니다. "내게는 우리 주 예수 그리스도의 십자가 외에 결코 자랑할 것이 없으니, 그리스도로 말미암아 세상이 나를 대하여 십자가에 못 박히고 내가 또한 세상을 대하여 그러하니라"(갈라디아서 6:14).

갈보리의 십자가는 희생적인 사랑의 놀라운 표현이었습니다. 그러나 오순절의 성령 강림이 없었다면 그것은 미완성으

로 끝나고 말았을 것입니다. 갈보리는 오순절로 말미암아 완성되었습니다. 그리스도의 죽음과 부활로 말미암아 가능하게 된 것들이 성령의 강림으로 신자들의 삶 속에 실제로 이루어지게 된 것입니다.

우리 주님의 죽음은 많은 의미를 지니고 있는데, 이 장에서는 그중에서 바울이 강조한 몇 가지 영적 의미를 살펴보기로 하겠습니다.

그리스도의 죽음은 우리의 죄를 위한 화목제가 되었다

우리는 그리스도 예수 안에 있는 구속으로 말미암아 하나님의 은혜로 값없이 의롭다 하심을 얻은 자 되었습니다(로마서 3:24). 이 예수님에 대하여 바울은 이렇게 말했습니다. "이 예수를 하나님이 그의 피로 인하여 믿음으로 말미암는 화목제물로 세우셨으니…"(25절). 또 요한은 이렇게 증거했습니다. "저는 우리 죄를 위한 화목제물이니, 우리만 위할 뿐 아니요 온 세상의 죄를 위하심이라"(요한일서 2:2).

이 사상은 기독교의 근본 진리이며, 바울의 설교와 가르침에서 크게 부각되었던 내용이었습니다. 하나님께서는 죄에 대하여 무서운 진노를 선언하셨고, 그분의 공의는 모든 죄에 대하여 그에 마땅한 형벌을 요구하십니다. 바울은 그리스도의 죽음을 화목제로 보았습니다. 그리스도께서 우리의 죄를 친히 담당하심으로써 하나님의 진노를 쉬게 했으며, 그리하여 이제는 그 죄가 더 이상 우리와 하나님 사이를 가로막지 못하는 것입니다.

그리스도의 죽음은 죄의 지배로부터 우리를 해방시켰다

그리스도의 죽음이 우리에게 모든 죄로부터의 완전한 칭의를 보장한다 할지라도, 만일 여전히 우리를 죄의 지배 아래 남겨 두었다면, 십자가는 전체적인 목적에서 볼 때 실패했을 것입니다. 외부의 아픈 상처만 피상적으로 치료하는 것으로는 불충분합니다. 내부에 있는 병의 근본 원인을 치료하지 않으면 병원균은 계속 핏줄 속을 돌며 흐를 것입니다. 우리 주님께서는 자신을 희생하심으로써 완전한 속죄를 이루어 주셨으며, 우리를 그러한 비극적인 상태에 남겨 두시지 않습니다.

그러므로 그리스도께서는 우리를 위한 화목제물이 되실 뿐 아니라, 우리를 구속하사 죄의 지배에서 해방시키기 위해 죽으셨다고 바울은 주장합니다. "그가 우리를 대신하여 자신을 주심은 모든 불법에서 우리를 구속하시고 우리를 깨끗하게 하사 선한 일에 열심하는 친백성이 되게 하려 하심이니라"(디도서 2:14).

그리스도께서는 우리를 사셔서 죄의 노예 상태에서 해방시키셨습니다(로마서 6:17-18,22). 그분은 자신의 보배로운 피로 값비싼 속전을 지불하셨습니다(베드로전서 1:18-19). 그분은 마귀와 죄와 사망을 이기심으로 말미암아, 우리에게 모든 죄 - 의식적으로 범한 것이든 무의식적으로 범한 것이든, 몸으로 범한 것이든 마음으로 범한 것이든, 남 보기에 좋은 것이든 나쁜 것이든 - 로부터의 잠재적인 해방을 가져다주셨습니다.

'죄의 지배로부터의 해방은 한순간에 일어나는 것인가, 아니면 일정한 기간에 걸쳐 일어나는 것인가?' 하고 묻는다면, 역설적이게도 대답은 '둘 다'입니다! 바울의 가르침에 의하면, 죄의 지배로부터의 해방은 우리에게는 자기 자신을 죄로부터 해방시킬 능력이 없음을 알고 그리스도의 십자가를 받아들일 때 일어납니다. 이것은 순간적인 사건입니다. 그리고 그 다음 평생에 걸친 성화의 과정이 따릅니다. 이 성화의 과정을 통하여 성령께서는 잠재적인 해방을 '실제적인' 해방으로 만들어 주십니다. "우리가 알거니와 우리 옛사람이 예수와 함께 십자가에 못 박힌 것은 죄의 몸이 멸하여 다시는 우리가 죄에게 종노릇하지 아니하려 함이니"(로마서 6:6).

죄에서 해방된 다음, 우리가 그리스도의 주재권을 실생활에서 인정할 때 성화의 과정은 점점 가속되어 갑니다. 이 과정에서 성령께서는 점진적으로 우리를 그리스도의 형상으로 변화시켜 나가며, 이 일을 방해하는 것은 무엇이든지 제거하여,

우리로 하여금 로마서 6:18 말씀을 경험하게 하십니다. "죄에게서 해방되어 의에게 종이 되었느니라."

그리스도의 죽음은 우리에게 그리스도께 대한 헌신을 요구한다

십자가에서 보여 주신 놀라운 사랑과 은혜는 그 응답으로 우리의 삶의 중심을 자신으로부터 그리스도께로 옮기는 것을 요구합니다. 그리스도의 화목제를 받아들이는 것은 곧 필연적으로, 자기만족을 추구하던 옛 생활을 마치고 그리스도 중심의 새 생활을 시작하는 것을 의미합니다. 그리스도께서 베풀어 주신 귀중한 구원을 얻은 후에도 자신을 위해 사는 것은 그분의 고난을 헛되게 하는 것입니다. "저가 모든 사람을 위하여 죽으심은 산 자들로 하여금 다시는 저희 자신을 위하여 살지 않고, 오직 저희를 대신하여 죽었다가 다시 사신 자를 위하여 살게 하려 함이니라"(고린도후서 5:15).

바울에 따르면, 그리스도인의 삶은 두 가지 차원에서 생각할 수 있는데, '그리스도 전(B. C.)'과 '그리스도 후(A. D.)'입니다. 회심 전까지는 자아가 우리 삶의 중심이었습니다. 그러나 그리스도께서 우리의 삶 속에 들어오신 후, 우리의 시간, 재능, 친구, 소유, 오락 등 모든 것은 그리스도의 지배 아래 있습니다.

이와 같이 그리스도의 십자가를 받아들이고 그분을 주님으

로 모시며 그분에게 온전히 굴복하는 것은, 세상의 생각과는 반대로, 다른 어떤 방법으로도 경험할 수 없는 자유를 가져다 줍니다. "이는 그리스도 예수 안에 있는 생명의 성령의 법이 죄와 사망의 법에서 너를 해방하였음이라"(로마서 8:2). 그리스도께 굴복하는 것은 무거운 짐이 아닙니다. 그것은 새에게 날개와 같은 것입니다. 새뮤얼 러더포드는 이렇게 말했습니다. "그리스도의 십자가를 바라보고 그것을 꼭 붙잡는 사람은 누구나 그 십자가가 짐이 아니라 새에게 날개와 같은 것임을 알게 될 것이다."

그리스도의 죽음은 우리에게 이 세상으로부터 우리 자신을 분리시킬 것을 요구한다

그리스도의 죽음은 단지 영웅주의의 한 고상한 본보기나 사랑의 표현이 아니라 – 물론 이 둘 다이기도 하지만 – 본질적으로 죄를 위한 화목제라고 바울은 말했습니다. 그러나 그것은 또한 우리를 이 세상의 권세와 영향으로부터 구하는 부차적인 목적을 가지고 있습니다. "그리스도께서… 이 악한 세대에서 우리를 건지시려고 우리 죄를 위하여 자기 몸을 드리셨으니"(갈라디아서 1:4).

여기서 '세대'라는 용어는 시간과 변화의 관점에서 본 죄악된 현 세상을 가리킵니다. 이 세상은 그 종말을 향하여 서둘러 가고 있으며, 그 내부에는 본디 영원한 가치라고는 아무것도 없습니다. 바울은 단지 그의 주님의 견해를 이야기하고 있을 뿐입니다. 예수님께서 다음과 같이 말씀하셨기 때문입니다. "세상이 너희를 미워하면 너희보다 먼저 나를 미워한 줄을 알라. 너희가 세상에 속하였으면 세상이 자기의 것을 사랑할 터이나, 너희는 세상에 속한 자가 아니요 도리어 세상에서 나의 택함을 입은 자인 고로 세상이 너희를 미워하느니라"(요한복음 15:18-19).

예수님께서는 세상으로부터의 신체적인 격리 이상의 것을 염두에 두고 계셨습니다. 왜냐하면 예수님께서는 아버지께 이렇게 말씀드렸기 때문입니다. "내가 비옵는 것은 저희를 세상에서 데려가시기를 위함이 아니요, 오직 악에 빠지지 않게 보전하시기를 위함이니이다"(요한복음 17:15). 우리는 신체적으로 이 세상을 떠나 살 수는 없습니다. 우리는 이 세상에서 살고 있지만, 세상으로부터 우리 자신을 도덕적으로, 영적으로 분리시켜야 합니다. "너희는 이 세대를 본받지 말라"(로마서 12:2). 이것은 세상으로부터 격리되어 사는 것이 아닙니다. 우리 그리스도인들은 세상의 소금입니다. 소금은 함께 섞여 있을 때에만 방부제로서의 영향력을 발휘할 수 있습니다. 우리가 바울처럼, "그리스도로 말미암아 세상이 나를 대하여 십자가에 못 박히고, 내가 또한 세상을 대하여 그러하니라"(갈라디아서 6:14)고 말할 수 있을 때, 우리는 비로소 우리가 살고 있는 이 악한 세상에 최대의 영향을 줄 수 있는 것입니다. 세상과의 타협은 영원하신 성령의 능력을 가로막고, 그리하여 우리의 영적인 영향력을 무력하게 만들어 버립니다.

그리스도의 죽음은 만유의 주님으로서의 보좌를 획득하기 위한 필연적 수단이었다

"이를 위하여 그리스도께서 죽었다가 다시 살으셨으니 곧 죽은 자와 산 자의 주가 되려 하심이니라"(로마서 14:9). 이 말보다 더 십자가의 궁극적인 목적을 간결하고 명확하게 진술할 수는 없을 것입니다. 앞에서 우리는 그리스도의 죽음 속에서 우리를 위한 십자가의 목적을 생각해 보았습니다. 여기서는 그 초점이 그리스도 자신을 위한 십자가의 목적에 있습니다. 그것은 곧 현재와 영원에 있어서, 그분이 위하여 죽으신 사람들의 삶에 대한 완전한 주권을 획득하는 것입니다.

베드로는 "예수 그리스도는 만유의 주이시다"(사도행전 10:36)라는 명백한 사실을 선포했습니다. 만유의 주님께서는 우리가 그 사실을 자발적으로 인정하기를 갈망하십니다. 그러나 너무도 많은 그리스도인들이 그분의 구주 되심과 그에 따른 모든 은혜는 기꺼이 받아들이지만, 그분의 주재권에 온전히 굴복하는 것은 꺼립니다. 바울은 모든 사람들이 그리스도의 주재권을 인정하게 될 날을 기대했습니다. "하늘에 있는 자들과 땅에 있는 자들과 땅 아래 있는 자들로 모든 무릎을 예수의 이름에 꿇게 하시고, 모든 입으로 예수 그리스도를 주라 시인하여 하나님 아버지께 영광을 돌리게 하셨느니라"(빌립보서 2:10-11). 그러나 우리 주님께서는 그날이 오기 전에 우리에게서 그러한 찬양을 받기를 원하십니다. 그분은 강제적인 인정보다는 자발적인 인정을 훨씬 좋아하십니다.

이상적으로는 그리스도를 온전히 우리의 주님으로 모시는 것은 회심할 때 일어나야만 합니다. 그러나 그때에 그리스도를 온전히 자신의 주님으로 모시지 않았다면, 그 다음 언제든지 그분의 절대주권을 깨닫는 순간 그분을 주님으로 모셔야만 합니다. 미국의 백만장자로서 선교지로 가는 도중 죽은 윌리엄 보든은 그것을 다음과 같이 묘사했습니다.

주 예수님,
제 삶에 관한 한 제 손을 놓습니다.
제 마음의 보좌에 주님을 모십니다.
저를 변화시키소서.
저를 깨끗하게 하소서.
저를 사용하소서.

6
기도의 용사

바울은 임명에 의하여 지도자가 되었을 뿐 아니라, 또한 지도자로서 널리 인정되고 받아들여졌다. 그가 영적 지도자로서의 역할을 감당할 때, 그에게 큰 힘을 준 것들이 많이 있었는데, 그중에 매우 중요한 것이 회심과 사도직에의 부르심이었다. 그의 회심과 부르심은 너무도 분명하고 획기적인 것이었으며, 그의 영적 전쟁에서 아주 훌륭한 공격 및 방어 무기가 되었다. 그러나 이것이 그의 사역에 최대의 결과를 낳게 한 최대의 힘은 아니었다. 그의 사역에 최대의 힘을 제공한 것은 기도였다. 그에게 나아가야 할 길을 명확하게 보여 주고 사역을 성공으로 이끈 것은 다른 어떤 힘보다도 기도의 힘이었다.

E. 바운즈

바울의 편지들을 읽어 보면, 영적 지도자의 삶 속에서 기도가 가장 중요한 위치를 차지함을 발견하게 됩니다. 지도자가 그의 기도에서보다 자신의 영적 삶의 질을 더 분명하게 드러내는 곳은 없습니다. 그러므로 우리는 바울의 편지들 속에 있는 여러 기도 가운데 바울의 모습이 꾸밈없이 나타나 있는 데 대해 깊이 감사해야만 합니다. 그는 그 기도들 속에서 자신의 모습을 아주 잘 보여 주고 있습니다.

바울은 기도를 부수적인 것이 아니라 근본적인 것으로 간주했음이 분명합니다. 그는 기도를 그의 일에 첨가되어야 할 어떤 것으로 생각하지 않았습니다. 기도는 그의 일이 잉태된 바로 그 모태였습니다. 그가 행동의 사람이었던 이유는 바로 기도의 사람이었기 때문입니다. 우리가 그의 편지들 속에서 만나는 훌륭한 영적 지도자들을 낳은 것은 그의 설교보다는 아마 그의 기도였을 것입니다.

의미심장한 것은 바울이 아무데서도 기도의 합리성이나 가능성을 논하지 않았다는 것입니다. 기도를 설명하려는 시도조차 하지 않았습니다. 그는 기도를 영적인 삶의 자연스럽고 정상적인 표현으로 여겼습니다. 바울은, 우리가 흔히 그러는 것과는 달리, 기도의 의무를 다하지 못하고 안달하거나 초조해하는 것 같지 않았습니다.

바울은 또한 자신을 정죄함으로 말미암아 확신을 잃고 괴로워하지도 않았던 것 같습니다. 기도의 힘이 미치지 못하는 것은 아무것도 없다고 생각했습니다.

기도는 그리스도인에게는 호흡,
그는 천국의 공기를 마시며 산다.
기도는 죽을 지경에 이르렀을 때의 구조 신호,

그는 기도로써 천국에 들어간다.
J. 몽고메리

참된 기도의 요소

서신서에 기록되어 있는 바울의 기도들은 그리 짜임새는 없는 것처럼 보이지만, 그렇다고 되는대로 아무렇게나 쓴 것이 결코 아닙니다. 그의 기도는 우연히 생각나는 것을 적은 것이 아니라 주의 깊은 생각의 산물인 것이 분명합니다. 자세히 연구해 보면 바울의 기도는 그 깊이와 높이와 넓이에서 우리를 놀라게 합니다.

때로 바울은 영혼 깊은 곳에서부터 뜨겁게 하나님을 찬양했습니다. 때로는 그의 기도는 조용하고 관조적이었습니다. 한 옛 성도는, 우리의 기도가 흔히 냉랭하고 메마르고 중언부언하는 것은 그곳에 그리스도가 빠져 있기 때문이라고 했습니다. 이것은 바울에게는 해당될 수 없을 것입니다. 그가 갇힌 감옥문에 서서 거기서 들려오는 그의 기도를 들어 볼 것 같으면, 요한복음 17장에 있는 주님의 기도가 연상될 것입니다.

기도를 분석한다는 것이 일면 바람직하지 못한 것이기도 하지만, 참된 기도를 구성하는 몇 가지 요소를 찾아봄으로써 기도생활에 큰 도움을 얻을 수 있습니다. 바울의 기도에는 각 요소들이 놀라운 균형을 이루고 있습니다. 균형 있는 기도 생활을 구성하는 요소들을 찾아보는 것은 그리 어렵지 않습니다.

먼저, 첫 번째 요소로서 '찬양과 경배'를 들 수 있습니다. 찬양과 경배의 기도는 기도의 가장 높은 차원입니다. 이것은 고요한 중에 하나님 앞에 엎드려 하나님을 기다리며, 하나님께 자신을 굴복시키며, 하나님께 합당한 경외와 존귀와 영광을 돌리는 것입니다. 바울은 하나님의 속성과 하나님께서 행하신 위대한 일에 대해 하나님을 찬양합니다.

그 다음, 바울의 기도는 '감사'로 가득 차 있습니다. 이것은 하나님께서 주신 은택과 축복에 대해 감사하는 것입니다.

그 다음, '죄의 자백'이 있습니다. 죄의 자백은 주님의 기도에는 없었습니다. 그러나 바울의 경우에는 그렇지 않았습니다. 그의 편지에서 자신의 죄를 분명하게 고백했습니다. "내 속 곧 내 육신에 선한 것이 거하지 아니하는 줄을 아노니, 원함은 내게 있으나 선을 행하는 것은 없노라. 내가 원하는 바 선은 하지 아니하고, 도리어 원치 아니하는 바 악은 행하는도다"(로마서 7:18-19).

오, 후회와 투쟁과 실패!
황폐한 나날들, 무익한 세월들이여!
그토록 간절했지만 헛수고가 되어 버린 그 밤의 서원들!

고통스러운 수치와 북받치는 뜨거운 눈물이여!
F. 마이어스

　참된 기도의 그 다음 요소는 '간구'입니다. 이것은 날마다 생기는 자신의 필요들을 하나님 아버지 앞에 가지고 나아가 아뢰는 것입니다. 하나님께서는 우리가 구하기 전에 우리에게 있어야 할 것을 아시는 분이십니다(마태복음 6:8). 주기도문에서 주님께서 정하신 기도의 우선순위를 주목해 보십시오(마태복음 6:9-13). 놀랍게도 중간까지는 개인적 필요에 대한 언급이 전혀 없습니다. 첫 부분에서는 하나님을 찬양하며 하나님께 대한 순종을 고백하고 있습니다.
　이와 비슷한 것을 바울의 기도에서도 볼 수 있습니다. 그는 아무 필요도 가지고 있지 않은 은둔자가 아니었습니다. 그러나 그의 필요들이 그의 기도에서 첫 번째 우선순위를 차지하지는 않았습니다. 그의 기도는 대부분 다른 사람들의 필요에 관심이 가 있었습니다. 그러나 하나님께서 채워 주실 것이라는 확신 속에서 자신의 매일의 필요들을 주님 앞에 아뢰는 것을 소홀히 하지 않았습니다.
　바울의 기도는 '중보 기도'가 큰 부분을 차지하고 있었습니다. 중보 기도란 은혜의 보좌 앞에 다른 사람들의 필요를 가지고 나아가 아뢰는 것입니다. 이것은 자신을 위한 기도가 아니라 다른 사람을 위한 기도입니다. 바울은 끊임없이 성도들과 교회들을 위해 기도했습니다. 우리가 그의 중보 기도에서 보아 알 수 있듯이, 그의 양떼의 영적 성장은 바울의 삶에 큰 활력을 주는 것이었습니다.

주여, 다른 사람들을 위해 살게 하소서.
이것이 나의 기도의 전부이옵니다.
주여, 나를 도우사
주님처럼 다른 사람들을 위해 살게 하소서.

우리는 영적으로 메마르고 침체된 시기 동안에, 다른 사람들을 위해 기도함으로써 - 예를 들어, 그들이 구원을 받을 수 있도록 기도한다거나, 또는 그들이 영적으로 성장하며 그리스도를 닮아 가도록 기도한다거나, 또는 그들이 주님의 일에서 형통하도록 기도한다거나 함으로써 - 우리의 영혼이 다시 기쁨과 힘을 회복하는 것을 경험합니다. 이러한 경험은 누구에게나 있을 것입니다.

참된 기도의 특성

복음 전파와 교회 부흥에 선구자적 역할을 담당했던 사람들에 대해 언급하면서, E. 바운즈는 이렇게 말했습니다. "그들이 이와 같이 훌륭한 영적 지도자가 될 수 있었던 것은, 그들이 무한한 자원을 소유하고 있었기 때문도, 그들의 생각이 훌륭했기 때문도, 그들이 훌륭한 교양과 천부적 재능을 가지고 있었기 때문도 아니다. 그것은 오직 그들이 하나님의 능력을 구할 수 있었던 기도의 능력 때문이다."

여기에서 우리는 바울의 놀라운 리더십의 첫째가는 비밀을 알게 됩니다. 그는 개인적으로 위대한 자질들을 많이 소유하고 있었지만 그것들을 의지하지 않고, 대신 하나님의 능력을 덧입기 위한 일차적인 통로로서 '기도'를 사용했습니다.

바울의 기도들은 영적 지도자들을 위한 모델입니다. 우리는 그의 기도에서 인내라는 특징을 찾아볼 수 있습니다. 그는 '쉬지 않고' 기도했습니다. "나의 밤낮 간구하는 가운데 쉬지 않고 너를 생각하여"(디모데후서 1:3).

이것은 바울이 그 밖에 다른 일은 아무것도 하지 않았다는 것이 아닙니다. 마치 나침반의 바늘이 외부의 자극이 없어지면 늘 다시 양극을 향하듯이, 그의 마음이 자유로울 때는 언제나, 밤이든 낮이든, 그의 마음은 다시 기도로 향했다는 것입니다.

바울은 결코 과장된 표현을 하고 있지 않습니다. 어쩌면 우리는 우리의 마음이 너무나 세상을 향해 있고 하나님께로부터 떠나 이 세상의 것들에 사로잡혀 있기 때문에, 쉬지 않고 기도

한다는 것을 이해하기가 어려울지도 모르겠습니다. 그러나 기도의 용사인 바울에게는 '모든 것'이 그로 하여금 하나님께 기도하고 하나님께 찬양을 돌리게 하였습니다.

바울에게 기도란 '땀흘리는' 수고와 싸움이었습니다. "내가 너희와 라오디게아에 있는 자들과 무릇 내 육신의 얼굴을 보지 못한 자들을 위하여 어떻게 **힘쓰는** 것을 너희가 알기를 원하노니"(골로새서 2:1). 이것은 많은 사람들이 좀처럼 경험하지 못하는 기도의 일면입니다. 기도는 안일하고 꿈같은 공상이어서는 안 됩니다. 물론 기도를 통하여 풍성한 쉼을 누리는 것은 분명합니다. 그러나 기도가 현실 도피나 책임 회피의 수단이 되어서는 안 됩니다. 기도는 결코 '안일과 게으름'의 수단이 되어서는 안 됩니다.

바울은 참된 기도는 보이지 않는 영역에서 강한 저항을 불러일으킨다는 것을 알았습니다. 기도는 보이지 않는 적과의 영적 싸움입니다. 바울은 디모데에게 "믿음의 선한 **싸움을** 싸우라"(디모데전서 6:12)고 하였습니다. 바울은 그리스도인을 필사적으로 싸우는 '군인'으로 묘사했습니다. 바울은 다른 곳에서도 이런 표현을 사용하고 있습니다. 운동장에서 열심히 경기하고 있는 '운동선수'(고린도전서 9:25), 힘을 다하여 수고하는 '일꾼'(골로새서 1:29). 이와 비교할 때 우리의 기도는 얼마나 활기가 없고 미지근합니까? 바울은 때로 깊은 탄식에서 우러나오는 간절한 기도를 하기도 했습니다(고린도후서 5:2-4). 바울은 진실로 불굴의, 기도의 용사였습니다.

밤새도록 무릎 꿇고 두 손을 높이 들고
얼마나 주님께 부르짖었던고!
너무나도 많은 소원에 스스로 놀라 멍해져 버리고,
너무도 간절한 기도에 내 마음 고통으로 텅 비어 버렸다.

꺼져 가는 불꽃을 부끄럽게 여기라.
너무나도 쉽게 꺾이는 갈대를 부끄럽게 여기라.
그렇다. 나는 주님을 보았는데, 어찌 잊을 수 있으랴?
그렇다. 나는 주님을 알고 있는데, 어찌 잊을 수 있으랴?
F. 마이어스

바울의 기도 속에는 하나님의 뜻에 대한 '순종'이 들어 있었습니다. 그는 일단 하나님의 뜻을 발견하면 기쁜 마음으로 순종했습니다. 기도 가운데 '만일 하나님의 뜻이면'이라는 말은 믿음이 없는 데서 나온 것이라고 강력히 주장하는 이들이 있습니다. 이것이 때로는 맞을 수도 있지만 모든 경우에 반드시 맞는 것은 아닙니다. 예수님께서는 "아버지여, 만일 아버지의 뜻이어든 이 잔을 내게서 옮기시옵소서. 그러나 내 원대로 마옵시고 아버지의 원대로 되기를 원하나이다"(누가복음 22:42) 하고 기도하셨습니다. 바울은 자신의 지혜를 초월하는 하나님의 지혜와 뜻을 믿었습니다. 그리고 하나님의 뜻이 자기 뜻과는 다르더라도 그것이 하나님의 뜻임이 분명할 때는, 진심으로 하나님의 뜻을 받아들였고, 하나님께서 그에게 은혜를 넘치도록 주셔서 승리할 수 있게 해주실 것을 믿었습니다.

"이것이 내게서 떠나기 위하여 내가 세 번 주께 간구하였더니, 내게 이르시기를, '내 은혜가 네게 족하도다. 이는 내 능력이 약한 데서 온전하여짐이라' 하신지라, 이러므로 도리어 **크게 기뻐함으로** 나의 여러 약한 것들에 대하여 자랑하리니, 이는 그리스도의 능력으로 내게 머물게 하려 함이라"(고린도후서 12:8-9).

바울의 기도에는 또한 '확신'이 있었습니다. 겉으로 보기에 불가능하게 보이는 상황에서도 결코 뒤로 물러서거나 기도를 쉬지 않았습니다. 늘 초자연적인 영역에서 살며 전능하신 하나님과 더불어 끊임없이 교제하는 사람에게는, 하나님의 뜻이 아닌 것을 제외하고는 불가능한 것이란 아무것도 없었습니다. 바울은 기도할 때, 진실로 하나님의 초자연적인 개입이 필요하다면 초자연적으로 개입하시리라는 것을 굳게 믿었습니다. 그는 기도의 능력이 미치지 못하는 상황은 없다는 것을 알았습니다.

이러한 확신의 전형적인 예가 사도행전 27:23-26에 기록되어 있습니다. "나의 속한 바 곧 나의 섬기는 하나님의 사자가 어젯밤에 내 곁에 서서 말하되, '바울아, 두려워 말라. 네가 가이사 앞에 서야 하겠고, 또 하나님께서 너와 함께 행선하는 자를 다 네게 주셨다' 하였으니, 그러므로 여러분이여, 안심하라. 나는 내게 말씀하신 그대로 되리라고 하나님을 믿노라."

바울은 또한 기도에 대하여 '욕심'이 많았습니다. 우리는 이 위대한 사도조차도 스스로 만족하지 않았다는 사실에서 격려를 얻을 수 있습니다. 그는 때로 많은 영역에서 자신의 부족함을 의식했고, 성령의 도우심이 필요함을 절실히 느꼈습니다. "이와 같이 성령도 우리 연약함을 도우시나니, 우리가 마땅히 빌 바를 알지 못하나, 오직 성령이 말할 수 없는 탄식으로 우리를 위하여 친히 간구하시느니라"(로마서 8:26).

바울은 또한 성도들이 그를 위해 기도해 주기를 몹시 원했습니다. 실로 그는 그를 위한 그들의 기도를, 해주었으면 좋은 정도로 생각하지 않고, 그의 사역에서 중요하고도 결정적인 요소로 여겼습니다. 그의 편지들에는 기도를 부탁하는 내용이 많이 있습니다. 바울은 빌립보에 있는 영적 가족들에게 이렇게 썼습니다. "이것이 너희 간구와 예수 그리스도의 성령의 도우심으로 내 구원에 이르게 할 줄 아는 고로"(빌립보서 1:19). 바울과 성도들은 서로를 위해 열심히 기도했습니다.

그리하여 우리는 바울이 기도를 성도간의 '공동 노력'으로 여겼음을 알게 됩니다. 그는 데살로니가 성도들에게 "형제들아, 우리를 위하여 기도하라"(데살로니가전서 5:25)고 요청했습니다. 또 고린도 교인들에게 이렇게 썼습니다. "그가 이같이 큰 사망에서 우리를 건지셨고 또 건지시리라. 또한 이후에라도 건지시기를 그를 의지하여 바라노라. 너희도 우리를 위하여 간구함으로 도우라"(고린도후서 1:10-11).

바울은 복음을 담대하게 전할 수 있는 것과 같은 문제들을 위해서도 다른 사람들의 기도를 간절히 원했습니다. "또 나를 위하여 구할 것은, 내게 말씀을 주사 나로 입을 벌려 복음의 비밀을 담대히 알리게 하옵소서 할 것이니"(에베소서 6:19). 하나님께서 그의 입을 열어 주실 뿐 아니라 전도의 문을 열어 주시도록 기도해 달라고 성도들에게 부탁했습니다. "또한 우리를 위하여 기도하되, 하나님이 전도할 문을 우리에게 열어 주사 그리스도의 비밀을 말하게 하시기를 구하라"(골로새서 4:3).

바울의 기도는 항상 '전략적'이었던 것 같습니다. 그는 시시한 것을 구하지 않았습니다. 큰 것을 구했습니다. 하나님의 목적의 성취와 교회의 성장과 성숙에 핵심이 되는 것들을 위해 기도했습니다. 그의 기도는 그가 가장 중요하게 여긴 것들이 무엇인지를 보여 줍니다.

골로새서 2:1-3에서 바울은 새 신자들과 새로 생긴 교회들의 가장 큰 필요를 몇 가지로 요약했습니다. 그는 자기가 본 적이 없는 사람들을 위해 기도하고 있었습니다. 이 사실은 우리가 선교 상황을 위해 기도할 때 큰 격려를 줍니다. 그는 그들이 낙심하기 쉬운 환경 속에서도 '용기'를 잃지 않도록 기도했습니다. "이는 저희로 마음에 위안을 받고." 그는 분열을 일으키는 사탄의 유혹 가운데서 그들이 서로 하나가 되도록 기도했습니다. "사랑 안에서 연합하여."

바울은 나아가 그들이 '확신'을 가질 수 있도록 기도했습니다. "원만한 이해의 모든 부요에 이르러." 그리고 마지막으로, 그들이 '그리스도를 더욱 깊이 알아 가도록' 기도했습니다. "하나님의 비밀인 그리스도를 깨닫게 하려 함이라." 이 능력 있는 기도는 모든 영적 지도자들을 위한 실제적인 모델을 제공합니다.

바울의 기도는 항상 '성령에 감동'되어 있었습니다. 그는 자신의 연약함과 부족함을 도와주시고 채워 주시는 성령에 대해 이야기했습니다(로마서 8:26-27). 그리고 영적 지도자들이 약할 때에 그들을 도와주시는 것은 진실로 성령의 기쁨이십니다.

우리의 기도를 방해하는 것으로 세 가지 요소를 들 수 있는데, 성령께서는 각 영역에서 우리를 도와주십니다. 첫째로, '우리의 마음의 죄'를 들 수 있습니다. 죄는 우리의 기도를 방해하며 우리를 정죄합니다. 그러나 성령께서는 우리가 그리스도의 보혈의 능력으로 말미암아 깨끗하게 되도록 하여 주십니다. 둘째는, '우리의 무지'입니다. 그러나 이것도 성령으로 말미암아 쉽게 극복할 수 있습니다. 하나님의 마음과 뜻을 아시는 성령께서는 순종하고 잘 받아들이는 사람에게 기꺼이 하나님의 뜻을 알려 주십니다. 성령께서는 우리의 기도 내용이 하나님의 뜻인지 아닌지를 알게 하여 주십니다. 셋째는, '우리의 육체의 연약함'을 들 수 있습니다. 성령께서는 우리가 어려운 신체 조건이나 환경 조건을 이기도록 도와주십니다.

기도할 때 우리는 의식적이든 무의식적이든 성령으로부터 떠나지 않도록 깨어 있는 것이 중요합니다. 왜냐하면 바울이 에베소서 6:18에서 권면하듯이, 우리는 항상 성령 안에서 기도해야만 하기 때문입니다. "모든 기도와 간구로 하되 무시로 성령 안에서 기도하고, 이를 위하여 깨어 구하기를 항상 힘쓰며."

7
하나님의 대변인

우리가 주의 두려우심을 알므로 사람을 권하노니.

고린도후서 5:11

의심할 여지 없이 바울의 리더십에서 가장 유력한 요소 중의 하나는 하나님의 진리를 강력하고 설득력 있게 전달할 수 있는 능력이었습니다. 진실로 영향력 있는 지도자들은 대부분 이 능력을 소유하고 있었습니다.

2차 대전 당시 아돌프 히틀러와 윈스턴 처칠은 이 점에서 뛰어났습니다. 히틀러의 연설은 대개 주목할 가치도 없었으나 다음 말은 일리가 있었습니다. "정치와 종교에 내재해 있는 엄청난 힘을 움직여 온 것은 태초부터 말이라고 하는 신비의 힘이었습니다." 히틀러 자신의 열광적인 연설이 그의 견해를 입증했습니다.

윈스턴 처칠 또한, 그의 정치적, 군사적 재능 못지않게, 중대한 순간마다 감동적인 연설을 통하여 자유세계를 고무시키고 용기를 불어넣었습니다.

바울은 훌륭한 의사 전달 능력을 가진 사람이었습니다. 사명감에 불타오르는 마음으로 복음을 전파한 하나님의 사자였습니다. 설교의 성공 여부가 그것이 성취한 결과에 의해 측정된다면, 바울은 매우 '뛰어난' 설교자였습니다. 그는 디모데에게 "너는 말씀을 전파하라. 때를 얻든지 못 얻든지 항상 힘쓰라"(디모데후서 4:2)고 권면할 만한 자격이 있었습니다.

그 겸손한 사도는 탁월한 언변을 소유한 사람으로 자처하지 않았습니다. "형제들아, 내가 너희에게 나아가 하나님의 증거를 전할 때에 말과 지혜의 아름다운 것으로 아니하였나니"(고린도전서 2:1). 그는 성령을 의지하였고 세상적 달변을 의지하지 않았습니다. "내 말과 내 전도함이 지혜의 권하는 말로 하지 아니하고 다만 성령의 나타남과 능력으로 하여"(고린도전서 2:4).

다이내믹한 의사 전달 방법

바울의 의사 전달 방법은 융통성을 가지고 상황에 맞게 변화되었습니다. 때로는 변론의 형식을 취하기도 하였습니다. 논박할 수 없는 분명한 증거들을 제시함으로써 듣는 사람들의 마음을 만족시켰습니다. "사울은 힘을 더 얻어 예수를 그리스도라 증명하여 다메섹에 사는 유대인들을 굴복시키니라"(사도행전 9:22). 어려운 논쟁에 직면했을 때 회피하는 전술을 택하지 않았으며, 자신의 신앙을 방어하기 위하여 도전을 받아들이기를 두려워하는 겁쟁이도 아니었습니다. 그의 설교단은 겁쟁이의 성(城)이 아니었습니다.

바울은 주의 깊은 변론을 통해 사람들에게 진리를 소개했습니다. "회당에서는 유대인과 경건한 사람들과 또 저자에서는 날마다 만나는 사람들과 변론하니"(사도행전 17:17). 그의 목표는 단지 그 변론에서 이기는 것이 아니라 사람들을 그리스도께로 인도하는 것이었습니다.

바울의 의사 전달 방법은 때로는 '권면'의 형태를 취하기도 했습니다. 단지 사람들에게 설득력 있는 논리를 가지고 차가운 사실들을 제시하는 것으로 끝난 것이 아니라, 간절한 부탁과 호소를 했습니다. 명령하고 경고하기보다는 권면하기를 좋아했습니다. "안식일마다 바울이 회당에서 강론하고 유대인과 헬라인을 권면하니라"(사도행전 18:4).

바울은 다가오는 심판을 믿었습니다. 즉, 하나님께서는 그저 관대하고 마음 좋은 할아버지와 같은 분이 아니라, 죄를 지극히 미워하시고 마침내 죄를 이 우주에서 몰아내 버리실 심판의 하나님이시라는 것을 믿었습니다. 그래서 "우리가 주의 두려우심을 알므로 사람을 권한다"(고린도후서 5:11)고 했습니다. 그는 이 권면의 기술에 매우 뛰어났습니다. "바울이 회당에 들어가 석 달 동안을 담대히 하나님 나라에 대하여 강론하며 권면하되"(사도행전 19:8).

    오, 내가 말할 수만 있다면,
    당신은 틀림없이 그것을 믿을 텐데.
    오, 내가 본 것을 말할 수만 있다면!
    내가 어떻게 말해야,
    어찌해야 당신이 그것을 받아들일 수 있을까?
    그분이 나 있는 곳에 당신을 데리고 오실 때까지
    난 어떻게 해야 하나?

    나에게 음성을, 외침을, 호소를 주소서.
    오, 나의 소리가 그들의 귀에
    폭풍처럼 들리게 하소서!
    목 놓아 외치되,
    억지로 짜낸 것이 되지 않게 하시고,
    눈물을 흘리되,
    눈물이 보이지 않게 하소서!
                             F. 마이어스

바울의 설교는 때로는 '교훈'의 성격을 띠기도 했습니다. 이 방법은 청중의 특별한 필요를 채우기 위해 채택되었습니다. 바울은 설교자인 동시에 교사였기 때문입니다. 어느 지방에서는 오랫동안 거기에 머물면서 복음을 전하기도 하고 가르치기도 했습니다. 두란노 서원에서의 2년간과 고린도에서의 1년 6개월간이 그런 경우입니다(사도행전 19:9-10, 18:11). 자주 자신의 가르침을 명확하게 하기 위해 문답식 방법을 사용하였습니다. 사람들에게 사실에 기초를 둔 견고한 신앙을 심어 주기 위하여 수고를 아끼지 않고 정성을 다해 하나님의 말씀을 가르쳤습니다.

비록 바울은 확고한 교수 방법을 가지고 있었지만 또한 놀랄 만한 '융통성'을 지니고 있었습니다. 그의 방법에는 진부한 것이 하나도 없었습니다. 아테네[아덴]에서 한 설교에서 보듯이, 그는 메시지를 청중에게 맞추었습니다. 메시지의 기본 내용은 변함이 없었지만, 회당에 있는 유대인 회중이건, 아크로폴리스의 헬라 철학자들이건, 루스드라의 이방인 군중이건, 그의 메시지를 듣는 사람들과의 공통적인 토대 위에서 메시지를 전하는 것이 중요하다는 것을 깨달았습니다. 통치자들이든, 관리들이든, 철학자들이든, 노동자들이든 모든 계층의 사람들에게 쉽게 접근했습니다.

바울의 어조는 엄하면서도 사랑이 가득 차 있었습니다.

그의 말 속에는 때로 눈물이 들어 있었습니다. 에베소 성도들에게 이렇게 권면했습니다. "그러므로 너희가 일깨어 내가 삼 년이나 밤낮 쉬지 않고 눈물로 각 사람을 훈계하던 것을 기억하라"(사도행전 20:31). 그리고 빌립보의 성도들에게는 이렇게 편지했습니다. "내가 여러 번 너희에게 말하였거니와, 이제도 눈물을 흘리며 말하노니, 여러 사람들이 그리스도 십자가의 원수로 행하느니라"(빌립보서 3:18). 대장부의 눈물 속에는 사람들의 마음을 움직이는 무엇이 있습니다. 바울은 그리스도를 위하여 흘리는 눈물을 부끄럽게 여기지 않았습니다.

아테네 설교: 실패인가 성공인가

사도행전 17:22-31에 기록되어 있는, 아테네의 아레오바고 언덕에서 행한 바울의 설교에 대해서는 사람들마다 의견이 다릅니다. 어떤 이들은 이 설교는 의사 전달에서 바울의 최대의 실패작이었다고 생각합니다. 그들의 해석인즉, 바울은 '그리스도와 그의 십자가에 못 박히신 것' 대신에, 박학다식한 철학자들에게 영합하여 아깝게도 좋은 기회를 놓쳐 버렸다는 것입니다. 자신들의 입장을 뒷받침하기 위해 그들은 고린도 교인들에게 한 바울의 말을 인용합니다. "내가 너희 중에서 예수 그리스도와 그의 십자가에 못 박히신 것 외에는 아무것도 알지 아니하기로 작정하였음이라"(고린도전서 2:2). 그들은 이 말을, 바울이 아테네에서의 설교 이후에 방법을 바꾸기로 결정했음을 반영하는 것이라고 해석합니다.

그러나 어떤 사람들은 바울의 아테네 설교를 그의 최고의 메시지 중의 하나로 보면서, 그의 접근 방식은 더 이상 나무랄 데 없을 정도로 훌륭하였다고 주장합니다. S. 젬머는 그것을, '재치 있고 강력한 설교의 기적'이라고 불렀습니다. 프레더릭 마이어는 이렇게 말했습니다. "이 설교는 문체가 세련되어 있고 논리가 정연할 뿐 아니라, 다루고 있는 개념이 매우 광범위하고 웅장하며, 말이 유창하고 무게가 있는 뛰어난 설교이다." 바울은 많은 사람들이 그의 메시지에 보인 냉담한 반응에 아마 실망했던 것 같습니다. 그러나 실패한 것은 바울입니까 아테네인들입니까?

어떤 견해를 취하든 이 설교는 바울의 의사 전달 기술에 대하여 도움이 될 만한 통찰력을 제공합니다. 여기에서 그는 '여러 사람에게 여러 모양이 되는' 놀라운 융통성을 나타내 보였습니다. 아테네의 지적인 사람들에게는 지적인 사람이 된 것입니다. 어떻게 해서든지 그를 통해서 다만 몇 사람이라도 구원하려고 한 것입니다(고린도전서 9:22). 이 면에서 그는 대단히 성공적이었습니다.

알렉산더 매클러렌조차도 이 설교를 '아무 소득도 없는 설교'라고 가볍게 취급했지만, 바울의 아테네 설교의 결과(사도행전 17:32-34)를 분석해 보기로 하겠습니다.

어떤 이는 비웃었습니다. 거기에 있던 사람들 중 몇은 바울의 설교에 대하여 조소하며 경멸을 보냈습니다.

어떤 이는 의례적인 반응을 보였습니다. "이 일에 대하여 네 말을 다시 듣겠다." 그들은 결단을 하지 못하고 질질 끌었습니다.

어떤 이는 믿었습니다. "몇 사람이 그를 친하여 믿으니." 참석한 사람 중 몇은 바울의 메시지를 받아들였습니다. "그중 아레오바고 관원 디오누시오와 다마리라 하는 여자와 또 다른 사람들도 있었더라."

아레오바고는 12명의 판사로 구성된 아테네의 최고 법정이었습니다. 디오누시오가 믿은 것은, 오늘날로 말하면 한 미국 대법원 판사의 회심이라고 할 수 있을 것입니다. 오늘날 어느 설교자의 한 번의 설교를 통해 이러한 회심이 일어났다면 그 설교를 실패라고 하겠습니까? 지도적인 위치에 있는 판사들이 회심하는 경우가 얼마나 됩니까? 바울은 지혜로운 사람들 중에는 하나님의 선택을 받은 사람이 그리 많지 않다고 했습니다(고린도전서 1:26). 전승에 의하면 이 디오누시오는 후에 고린도 교회의 감독이 되었다고 합니다.

또 하나의 회심자는 다마리라 하는 교양 있는 외국 귀부인이었습니다. 그는 아마 바울이 회당에서 설교하는 것을 전에 들은 적이 있는, '하나님을 경외하는 사람'이었을 것이라고 합니다. '또 다른 사람들'도 믿었습니다. 정신적으로 신물이 난 한 무리의 지성인들에게 한, 단 한 번의 설교치고는 그리 나쁘지 않은 수확이 아닙니까? 오늘날이라면 많은 설교자들이 이런 정도의 실패는 오히려 성공으로 여길 것입니다!

바울의 설교를 살펴보면서 한 가지 생각되는 것은, 그가 미처 그 설교를 다 마칠 겨를도 없이 방해를 받아 짧게 끝나 버렸다는 것입니다. 그래서 우리는 그 완전한 내용을 알 수는 없습니다. 그러므로 사도행전 17장에 기록되어 있는 내용이 그가 말한 전부라고 결론지을 필요는 전혀 없습니다. 왜냐하면 그의 메시지의 내용은 18절에 요약되어 있는 것으로 보이기 때문입니다. "이는 바울이 예수와 또 몸의 부활 전함을 인함이러라."

영적 지도자들은 이러한 바울의 접근 방식으로부터 배울 것이 많이 있습니다. 우리는 그가 부단히 자신을 청중에게 맞추었다는 것을 알 수 있습니다. 비시디아 안디옥의 유대인들에게 설교할 때에는 그들이 잘 알고 있는 구약성경에 거의 전적으로 호소했습니다(사도행전 13:14-41).

그러나 루스드라의 이방인들에게는 다른 방식으로 복음을

전하였습니다. 구약성경을 전혀 인용하지 않았습니다. 그들이 구약성경을 몰랐기 때문입니다. 그 대신 하나님의 선하심과 은총에 호소했습니다(사도행전 14:15-18).

아테네에서 헬라 철학자들에게 설교할 때에는 그들의 시를 인용함으로써 그들과 공감대를 형성했고, 그들의 역사에 대한 성서적 관점을 제시하였으며, 하나님의 본질에 대하여 논리적으로 이야기했습니다.

메시지를 이렇게 청중에게 맞추는 바울의 융통성은 '여러 사람에게 여러 모양이 되었다'고 한 그의 말을 예증해 줍니다. 이것이 선교사들에게 주는 교훈은, 선교사는 선교지의 사람들, 특히 그 집단의 지도자들이나 잠재적인 지도자들에게 메시지를 전할 때에는, 그들이 쉽게 공감할 수 있는 언어로 말할 수 있도록 그들의 문화를 공부해야 한다는 것입니다.

타협적인 것처럼 보이는 서론은 복음을 좀 더 효과적으로 전하려는 피나는 노력의 일환으로서 우리에게 본보기가 됩니다. 그는 매우 예의 있고 재치 있게, 도시 여기저기의 많은 제단에 나타나 있는, 그들의 종교적 관심에 대하여 칭찬함으로써 말문을 열었습니다. 그들의 우상을 공격함으로써 말을 시작하지 않았습니다. 그 싸움은 잠시 후 그들과 공감대가 형성된 다음에 있게 될 것입니다. 그들이 잘 알지도 못하는 유대인의 문헌을 인용하지도 않았습니다.

바울은 비록 아주 융통성이 있었지만 결코 타협하지는 않았습니다. 철학적인 청중들에게 영합하여 기독교를 하나의 철학 사상으로 전락시키지도 않았습니다. 대신 그들의 신앙 속에서 복음으로 연결시킬 수 있는 접촉점을 발견하려고 노력했습니다. 그들과 지적인 토론을 하기보다는 그들을 얻으려고 했기 때문에, 그의 눈길을 끈 어느 제단에 새겨져 있는 특별한 글귀에 대해 언급함으로써 서론을 끝냈습니다. 그는 드디어 접촉점을 찾아냈습니다! '알지 못하는 신에게.' 그 다음 바울은 매우 용기 있게 "그런즉 너희가 알지 못하고 위하는 그것을 내가 너희에게 알게 하리라"(사도행전 17:23)고 말했습니다.

바울은 먼저 자신의 메시지에 그들의 주의를 끌기 위해 그들과의 차이점보다는 유사점을 강조했습니다. 그러나 이 목표를 달성한 후에는 우상 숭배에 대한 논박으로 들어갔습니다. 예의를 갖춘다고 그들의 우상 숭배를 그저 관대히 보아 넘기는 잘못을 범하지 않았습니다.

S. 젬머 박사가 지적했듯이, 바울이 비록 아테네에서 발견할 수 있었던 몇 가지 긍정적인 요소에 대하여 인정을 한 것은 사실이지만 아테네인들의 교만과 우월감에 영합하지 않았습니다. 그 대신 바울은 거기에 도끼를 대었습니다. 그들의 교만과 우월감에 다섯 가지 점에서 도전했습니다.

(1) 그들이 자신들을 흙으로부터 나왔다고 주장한 데 대해,

바울은 하나님께서 우주와 그 가운데 있는 만유를 지으셨다고 주장했습니다(24절).

(2) 그들이 아크로폴리스와 거기에 있는 아름다운 건축물을 자랑스럽게 여긴 데 대해, 바울은 "우주와 그 가운데 있는 만유를 지으신 신께서는… 손으로 지은 전에 계시지 아니하신다"고 말했습니다(24절).

(3) 그들이 다른 민족들을 향해 매우 우월감을 느낀 데 대해, 바울은 "하나님께서는 인류의 모든 족속을 한 혈통으로 만드사 온 땅에 거하게 하셨다"고 주장했습니다(26절).

(4) 그들이 자신들의 연대와 유구함을 자랑한 데 대해, 바울은 '저희의 연대를 정하시며 거주의 경계를 한하신' 것은 헤로도투스가 아니라 하나님이시라고 주장했습니다(26절).

(5) 그들이 그들의 역사 - 자랑스러운 '페리클레스의 황금기' - 를 자랑한 데 대해, 바울은 그것을 무지했던 시대라고 하면서, '알지 못하던 시대에는 하나님이 허물치 아니하셨다'고 말했습니다(30절).

이렇게 하여 바울은 배타적이고 범신론적이고 유물론적인 헬라인들을 참패시키고 그들에게 회개하라고 도전하였습니다. 그의 설교는 이와 같은 모임에서 기독교 신앙을 소개하려고 하는 사람들을 위한 하나의 모델인 동시에, 지적으로 무식한 것을 오히려 미덕으로 생각하고 지적인 사람들의 견해, 사고방식 및 태도에 대하여 경멸하는 것을 오히려 진리에 대한 충성으로 생각하는 사람들에게는 하나의 경고입니다.

  사도 바울은 결코 고정된 형식의 설교만을 고집한 것 같지 않습니다. 그는 모든 계층의 사람들을 만나 복음을 전할 때, 설교를 듣는 그들의 언어와 문화적 맥락 속에서 이야기를 전개하고 서서히 핵심 주제로 내용을 이끌어 갔습니다.

8
개척하는 선교사

> 우리는 주제넘게 다른 사람들이 수고한 일을 가지고 자랑하려는 것이 아닙니다.
> 다만 바라는 것은 여러분의 믿음이 자람에 따라
> 우리의 활동 범위가 여러분 가운데서 더 넓게 확장되는 것입니다.
> 우리는 여러분의 지역을 넘어서 복음을 전하려는 것이요, 남들이 자기네
> 지역에서 이미 이루어 놓은 일을 가지고 자랑하려는 것이 아닙니다.
>
> 고린도후서 10:15-16(새번역)

사도 바울은 선교 개척자로서 가는 곳마다 생명이 고동치는 새로운 교회들을 세워 놓았습니다. 지난 반세기 동안 교회는 선교에서 가장 큰 진보를 이룩했는데, 이것이 바울의 선교 원리들을 재발견하여 재강조함으로써 일어났다는 것은 의미심장한 사실입니다.

선교사의 원형(原型)으로서의 바울의 역할에 대하여 스피어 박사는 이렇게 말했습니다. "최초의 선교사 바울은 모든 시대를 위한, 성공적인 선교 사역의 방침과 원리를 확립하였다."

바울의 선교적 열정의 근원은 다메섹 도상의 경험이었다고 대개들 생각하는데, 어떤 의미에서 맞습니다. 그러나 그는 회심 전에도 이미 유대교의 열렬한 선교사였습니다. 그는 랍비

뿐 아니라 선교사가 되기를 원했습니다. 그리스도인들을 핍박하고 박해하는 지나친 열정의 근저에는 바로 이것이 자리 잡고 있었습니다. 그의 회심은 그의 선교적 열정을 끄기는커녕 더욱 강렬하게 했으며, 다만 그 방향을 크게 바꾸어 주었을 뿐입니다.

바울은 가르침과 모범을 통하여 역사상 다른 어떤 선교사보다도 더 하나님의 방법에 가깝게 접근했습니다. 바울은 하나님의 목적을 성취하는 데 필요한 능력과 경험과 지식을 갖추었을 뿐 아니라, 그 일에 열정적으로 헌신한 사람이었습니다. 실로 잘 다듬어진, 그리스도의 도구였습니다. 그리스도께서 그를 택하신 것은 그 안에서 비범한 선교사적 자질을 보았기 때문입니다. 리빙스턴과 같은 선교사들은 복음을 위하여 대륙을 열었으나, 바울은 세계를 열었습니다.

바울에 대한 주님의 일반적인 부르심에 대하여는 이미 앞에서 다루었지만, 우리는 나중의 그의 선교 활동과 관련하여 그것을 좀 더 생각해 볼 필요가 있습니다. 주님께서는 바울에게 선교사로서의 사명과 봉사에 대하여 두 가지 사실을 암시하셨습니다(사도행전 9:15-16, 26:16-18 참조). 첫째, 그의 선교 지역은 먼 지방일 것이다. 둘째, 그것은 우선적으로 이방인을 대상으로 한 것일 것이다. 예수님께서는 먼저 '이스라엘 집의 잃어버린 양'(마태복음 15:24)에게로 보내심을 받으셨기 때문에, 제자들에게 이방인 선교를 남겨 두셔야 했고, 그중에서 바울을 이방인 선교의 지도자로 삼으신 것입니다.

복음이 모든 사람을 위한 것이라는 사실을 사도들이 깨닫는 데는 상당한 시간이 걸렸습니다. 베드로가 좁은 편견을 극복하고 로마 백부장 고넬료의 집에 간 사건은 이 과정에서 하나의 중요한 전환점이 되었습니다. 그러나 그 후 안디옥에서의 사건은 그의 편견이 완전히 제거되지는 않았다는 것을 보여 줍니다(갈라디아서 2:11-14). 세계적인 규모의 이방인 선교는 베드로보다 뛰어난 지성과 넓은 마음을 지닌 사람을 요구했습니다. 성령께서는 바울 안에서 그러한 자질을 발견하였습니다. 그러나 바울이 자신의 부르심의 모든 의미를 단번에 이해한 것은 아니었습니다. 그것은 단지 점진적으로 이해되었습니다(사도행전 13:46-47, 18:6, 22:19-21).

오늘날 하나님께서 어떤 사람을 선교사로 부르실 때, 그것은 그의 삶을 위한 하나님의 새로운 계획이 아니라 하나님께서 그를 세상에 보내신 목적 속에 이미 들어 있는 것입니다. 그러므로 하나님께서 자신을 선교사로 부르신 것을 깨닫는 것은, 그가 태어나기 전부터 있었던 하나님의 계획을 발견하는 것이라고 하는 것이 옳은 것입니다. 바울에게 있어서도 마찬가지였습니다. 선교사로서의 그의 생애는 영원 전부터 있었던 하나님의 계획의 일부였던 것입니다. 그가 순종하여 앞으로 나아갈 때, 그의 삶을 위한 하나님의 계획은 서서히 그 모습을 나타내기 시작했습니다. 그의 생애는 선교적 발전을 위해 힘쓴 개척자들에게 하나님의 축복이 놀라운 방법으로 임한다는 사실을 나타내 줍니다.

선교의 방침과 원리

사도행전은 세계 최초의 선교 안내서입니다. 이것은 선교의 역사와 원리를 모두 담고 있습니다. 거기에는 모든 세대에 선교를 위한 귀중한 지침을 주는 전형적인 선교 장면과 사건들로 가득 차 있습니다. 그것은 성공뿐 아니라 실패까지도 보여 줍니다. 그것은 원리를 밝히고 방법을 가르쳐 줍니다. 사도행전은 오늘날 대부분의 선교지에서 봉착하는 문제들에 대한 하나님의 지침서입니다. 약 33년이라는 기간을 포함하고 있기 때문에, 평범한 사람들에 의해 일생 동안에 성취될 수 있는 것을 사실적으로 생생하게 보여 줍니다.

바울이 초대교회의 선교 지도자로서 채택했던 방법들을 살펴볼 때, 우리는 몇 가지 사실들을 주목하게 되는데, 하나씩 다루어 보기로 하겠습니다.

(1) 바울은 선교 전략을 세울 때, 선교란 홀로 존재하는 개인으로서의 인간을 대상으로 하는 것이 아니라, 민족적, 사

회적, 문화적 맥락 속에서 존재하는 인간을 대상으로 하는 과업이라는 것을 알았습니다. 그리하여 복음을 알기 쉽고 또한 쉽게 받아들일 수 있도록 전해 주기 위해 **모든 민족, 모든 사회 계층의 사람들과 최대한 자신을 일치시키려고 노력하였습니다**(고린도전서 9:16-23 참조). 이에 따라 그의 전략에다 전술을 맞추었습니다.

(2) 사회의 어느 한 계층에 선교를 제한하지 않았습니다. 이를 위하여 기꺼이 '여러 사람에게 여러 모양'(고린도전서 9:22)이 되었습니다. 사회적, 경제적으로 혜택을 누리지 못하고 있는 사람들과 영향력 있는 사람들 모두에게 복음을 전하고자 하였습니다. "헬라인이나 야만이나 지혜 있는 자나 어리석은 자에게 다 내가 빚진 자라. 그러므로 나는 할 수 있는 대로 로마에 있는 너희에게도 복음 전하기를 원하노라"(로마서 1:14-15).

(3) 보다 전략적인 큰 도시에 집중하기 위해 마을이나 작은 읍은 지나쳤습니다. 그 도시들이 그 민족의 문화와 관습에 보다 더 큰 영향력을 행사할 수 있기 때문이었습니다. 오직 이런 방법으로라야만 지속적인 성장이 보장될 수 있었을 것입니다.

(4) 모든 교회를 잠재적인 선교사 파송 기지로 간주했습니다. 그들이 가능한 빠른 시일 내에 이와 같은 기능을 하기를

기대했습니다. 데살로니가 교회는 이 면에서 그에게 많은 기쁨을 가져다주었습니다. "그러므로 너희가 마게도냐와 아가야 모든 믿는 자의 본이 되었는지라, 주의 말씀이 너희에게로부터 마게도냐와 아가야에만 들릴 뿐 아니라, 하나님을 향하는 너희 믿음의 소문이 각처에 퍼진 고로 우리는 아무 말도 할 것이 없노라"(데살로니가전서 1:7-8).

(5) 꾸준한 확장 정책을 추구했습니다(로마서 15:20). 그러나 이미 복음을 전한 지역들에 있는 교회들을 굳게 세워 주는 일도 소홀히 하지 않았습니다. "수일 후에 바울이 바나바더러 말하되, '우리가 주의 말씀을 전한 각 성으로 다시 가서 형제들이 어떠한가 방문하자' 하니"(사도행전 15:36). 바울의 편지들은 바로 그 교회들에 대한 목회적 관심에서 나온 것이었습니다.

(6) 지속적이고 꾸준히 선교 여행과 개인 전도를 힘썼습니다. 자기 자신도 하지 못하는 것을 다른 사람들에게 하라고 시키는 잘못을 범하지 않았습니다. 오늘날 많은 영적 지도자들이 이런 잘못을 범하고 있습니다. 자신은 전도를 하지 않으면서 성도들에게는 전도하라고 외칩니다.

(7) 율법주의자들에 대항하여 이방인들을 옹호하고 그들을 위해 싸웠습니다. 모든 장벽이 그리스도 안에서 제거되었다고 설교했습니다. "너희는 유대인이나 헬라인이나, 종이나

자주자나, 남자나 여자 없이 다 그리스도 예수 안에서 하나이니라"(갈라디아서 3:28). 인종, 계급, 성에 따른 구별이 없어졌습니다.

(8) 복음을 전하는 것으로만 전도를 끝내지 않았습니다. 그는 전도만으로는 만족할 수 없었습니다. 그의 목표는 복음에 응답한 사람들로 영원한 교회를 세우는 것이었고, 신자들을 완전히 성숙한 그리스도인이 되도록 세워 주는 것이었습니다. 그는 골로새서 1:28-29에서 복음 전파의 목적을 간명하게 진술했습니다. "우리가 그를 전파하여 각 사람을 권하고 모든 지혜로 각 사람을 가르침은 각 사람을 그리스도 안에서 완전한 자로 세우려 함이니, 이를 위하여 나도 내 속에서 능력으로 역사하시는 이의 역사를 따라 힘을 다하여 수고하노라."

회심자들이 생기면, 바울은 그들을 중심으로 간단하고 융통성이 있는 조직을 갖춘 교회를 세웠습니다. "복음을 그 성에서 전하여 많은 사람을 제자로 삼고… 제자들의 마음을 굳게 하여 이 믿음에 거하라 권하고… 각 교회에서 장로들을 택하여 금식 기도하며 저희를 그 믿은 바 주께 부탁하고"(사도행전 14:21-23).

(9) 완전한 복음을 전했습니다. 죄의 보편성과 심판의 확실성, 십자가의 중요성과 충분성, 그리스도의 부활과 재림

등. "그러므로 오늘 너희에게 증거하노니, 모든 사람의 피에 대하여 내가 깨끗하니, 이는 내가 꺼리지 않고 하나님의 뜻을 다 너희에게 전하였음이라"(사도행전 20:26-27). 비록 짧은 기간 동안 데살로니가에 있었지만, 그때도 간단한 형태로 복음의 모든 내용을 전했습니다(사도행전 17:1-3).

(10) 재정적인 미끼를 제공하지 않았습니다. 그와 반대로 각 교회에게, 자급자족할 뿐 아니라 다른 그리스도인들을 위해 후히 드리는 삶을 살라고 권면했습니다. 고린도 교인들에게 편지를 쓰면서, 바울은 '힘에 지나도록'까지 헌금한 마게도냐 교회의 예를 들었습니다. 다음과 같이 그들에게 권면했습니다. "오직 너희는 믿음과 말과 지식과 모든 간절함과 우리를 사랑하는 이 모든 일에 풍성한 것같이 이 은혜에도 풍성하게 할지니라"(고린도후서 8:7).

(11) 위임의 기술을 사용했습니다. 스스로 기꺼이 엄청난 양의 일과 책임을 수행했지만, 지혜롭게도 교회들을 위해 너무 많은 책임을 떠맡지는 않았습니다. 다른 사람들에게 일과 책임을 분담시키고 위임하는 법을 알았습니다. 그들이 비록 현재는 자격이 좀 모자라더라도 책임을 맡음으로써 더욱 성장하고 발전할 것이기 때문이었습니다. 이를 통하여 새로운 지도자들을 계속 계발시켰습니다.

(12) 새 신자들에게 높은 수준을 제시했습니다. 그는 "내가

그리스도를 본받는 자 된 것같이 너희는 나를 본받는 자가 되라"(고린도전서 11:1)고 하였는데, 이것은 어마어마하게 높은 수준이었습니다. 그는 그들에게, 특히 희생적인 섬김의 영역에서, 자신이 보여 준 것 같은 수준을 요구했습니다.

(13) 리더십으로서의 잠재력을 지닌, 장래성이 있는 젊은 이들을 찾아 훈련시켰습니다. 그들을 예수 그리스도의 좋은 군사로 만들기 위해 강하게 훈련시켰습니다. 그는 디모데에게 이렇게 명했습니다. "망령되고 허탄한 신화를 버리고 오직 경건에 이르기를 연습하라. 육체의 연습은 약간의 유익이 있으나 경건은 범사에 유익하니 금생과 내생에 약속이 있느니라"(디모데전서 4:7-8).

(14) 교회들로부터 경제적 지원을 받지 않는 것이 그 상황에서 가장 현명한 태도라고 생각될 때는 언제나, **경제적 지원을 받지 않고 직접 일을 하여 자신의 생활비를 벌었습니다.**

(15) 복음의 메시지에 대하여 무한한 확신을 가지고 있었습니다. 복음은 개인과 사회를 변화시키는 능력이 있다고 믿었던 것입니다(로마서 1:15-17).

(16) 개척자로서의 정신을 가지고 있었습니다. "우리는 남의 수고를 가지고 분량 밖에 자랑하는 것이 아니라, 오직 너희 믿음이 더할수록 우리의 한계를 따라 너희 가운데서 더욱 위대하여지기를 바라노라. 이는 남의 한계 안에 예비한 것으

로 자랑하지 아니하고 너희 지경을 넘어 복음을 전하려 함이라"(고린도후서 10:15-16).

바울에게는 닫힌 문들은 장애물이 아니라 도전의 기회였습니다. 그는 문이 닫혀 있는 것처럼 보일 때 그리로 들어가려고 해서는 안 된다는 생각을 하지 않았습니다. 게으르게 방관하고 서 있지도 않았고, 싸워 보지도 않고 마귀가 승리를 얻게 하지도 않았습니다. 문을 밀어 보지도 않고 잠겨 있다고 미리 판단해 버리지 않았습니다. 문이 열리는지 안 열리는지 알아보기 위해 밀어 보았습니다(사도행전 16:7). 그러나 그 문이 닫힌 것이 분명할 때는, 그것이 심지어 자신이 원하는 것과는 반대일지라도, 아무런 이의 없이 하나님의 뜻을 받아들였습니다.

때로는 그가 현재 하고 있는 일로 인하여 그의 목적을 이루지 못하기도 하였습니다. "형제들아, 내가 여러 번 너희에게 가고자 한 것을 너희가 모르기를 원치 아니하노니… 지금까지 길이 막혔도다"(로마서 1:13). 때로는 그를 방해한 것이 사탄이었습니다. "그러므로 나 바울은 한 번 두 번 너희에게 가고자 하였으나 사단이 우리를 막았도다"(데살로니가전서 2:18). 그러나 대개 그는 자신의 목적을 이루는 데 성공적이었습니다.

얼마나 훌륭한 사람인가! 얼마나 놀라운 선교사인가! 딘 파라는 바울에 대하여 이렇게 평했습니다. "바울은 베드로만큼

정력적이며, 요한만큼 사려 깊었다. 바울은 이기심이 없었으며, 종교적 자유의 강력한 옹호자였다. 바울은 크리소스톰보다 더 위대한 설교자요, 사비에르보다 더 위대한 선교사요, 루터보다 더 위대한 개혁자요, 아퀴나스보다 더 위대한 신학자였다. 바울은 영감받은 이방인의 사도요, 주 예수 그리스도의 종이었다."

바나바와의 불화

선교사라고 하여 적의 공격으로부터 제외되어 있는 것은 아닙니다. 우리의 적 사탄은 항상 그리스도인들 간의 화목을 깨뜨리려고 기회만을 노리고 있습니다. 경건한 사람들조차도 각자 적의 공격에 취약한 부분을 가지고 있습니다. 바울도 예외가 아니었습니다. 마가 문제로 인한 바울과 바나바의 불화는 선교 지도자에게 유익한 교훈을 주고 있습니다.

1차 선교 여행 도중 마가는 버가에서 도망하여 집으로 돌아갔습니다. 바울의 눈에는 이것은 심각한 직무유기였습니다. 그래서 2차 여행 때 바나바가 마가를 데리고 가기를 원하자 바울은 강하게 반대하였습니다. 바울은 그 젊은이가 이러한 위험한 여행을 할 만한 정신력도 체력도 가지고 있지 않다고 생각했던 것입니다.

결과는 가벼운 의견 차이가 아니었습니다. 사도행전에는 "서로 심히 다투어 피차 갈라서니"(사도행전 15:36-39)라고 기록되어 있습니다.

심한 말다툼 끝에, 바나바는 완고해졌고 바울은 비타협적이 되었습니다. 급기야 그들은 막다른 골목에 다다랐습니다. 사도행전에는 그들이 그 문제를 위해 기도했다는 기록이 없습니다. 대신 그들은 서로 다른 길로 가는 불행한 결말에 이르렀습니다.

잘 분석해 보면 두 견해에 모두 옳은 점이 있는 것 같습니다. 바나바는, 그 젊은이에게 또 한 번 기회를 주어야 하며 그 결과는 필경 좋게 될 것이라고 생각했습니다. 결국 바나바의 생각은 옳았음이 입증되었습니다. 바울은 그들의 과업의 성취를 더 중요하게 생각했습니다. 그리하여 상황이 어려워지면 다시 도망갈 것 같은 그런 사람을 팀 멤버로 받아들이는 것은 무모한 모험이라고 생각했습니다. 그 이유 역시 쉽게 납득이 갑니다.

윌리엄 램지 경은, 역사는 바울과 함께 진행하고 바나바와 함께 진행하지 않았다고 주장합니다. 왜냐하면 안디옥 교회의 축복을 받으며 떠난 사람이 바울이었기 때문입니다(사도행전 15:40). 그러나 마가의 구제 가능성에 대한 바나바의 낙관적인 확신은 근거가 충분하다는 것이 입증되었습니다. 바울은 후에 디모데에게, "네가 올 때에 마가를 데리고 오라. 저가 나의 일에 유익하니라"(디모데후서 4:11)고 했습니다. 바울은 다시 마가를 기용했는데, 이것은 바로 큰 인물, 참된 지도자의 표시였습니다.

바울과 바나바의 불화 사건은 이 사건의 장본인인 마가에게도 유익한 교훈을 주었음이 분명합니다. 이를 계기로 마가는 자신의 성격적 결함에 눈을 뜨게 되었고, 하나님의 도우심을 의지하면서 자신을 주님의 좋은 군사로 훈련시킴으로써, 결국은 주님의 일에 유익한 사람이 된 것입니다.

바울과 바나바 간의 다툼은 결코 정당화되거나 그냥 보아 넘길 수는 없습니다. 그러나 하나님께서는 '저주가 변하여 복이 되게' 하셨습니다. 두 사람의 다툼 결과, 두 개의 효과적인 복음 전도팀이 형성되었던 것입니다. 다툼은 성령의 열매가 아니었으나, 다시 한 번 "죄가 더한 곳에 은혜가 더욱 넘쳤습니다"(로마서 5:20).

이러한 일은 교회 안에서 언제든지 일어날 수 있습니다. 의견 차이로 말미암아 생긴, 기도 없는 논쟁과 말다툼은 결국 교제의 파괴를 가져옵니다. "무엇이든지 전에 기록한 바는 우리의 교훈을 위하여 기록된 것이니"(로마서 15:4).

9
지도자의 확신

기록한 바 "내가 믿는 고로 말하였다" 한 것같이, 우리가 같은
믿음의 마음을 가졌으니 우리도 믿는 고로 또한 말하노라.

고린도후서 4:13

흔히 열린 마음과 관용적인 태도는 지식의 세계에서는 매우 높이 평가되며, 주제가 그렇게 해야 할 성질의 것인 경우에는 그렇게 하는 것이 옳습니다. 그러나 단순히 아무 줏대도 없는 열린 마음과 관용이 있습니다.

분명하게 옳고 그름을 판단하기 어려운 주제들이 많이 있는데, 이것들에 대해서는 판단을 일시 보류하는 것이 매우 옳습니다. 예를 들면, 도덕적으로 중립적인 문제들이나, 분명하지 않은 성경 말씀에 대한 사변적인 해석들, 또는 그 밖에 두 가지 이상의 견해들이 모두 각기 타당성이 있는 문제들인 경우가 그렇습니다.

그러나 닫힌 마음을 갖는 것이 옳은 경우도 있습니다. 성경

말씀을 깊이 연구하고 생각한 끝에 어떤 결론에 도달했을 경우, 그 확신을 옹호하며 유지하는 것이 옳습니다. "각각 자기 마음에 확정할지니라"(로마서 14:5).

2 더하기 2가 4라는 것에 대하여 열린 마음을 가질 사람이 있겠습니까? 없습니다. 그렇다고 하여 어떤 결론에 대하여 논박할 수 없는 명백한 반증이 있는데도 그것까지도 회피한다는 뜻은 아닙니다. 어떤 사람으로 하여금 생각을 바꾸게 하려면, 진실로 그에게 명백한 증거를 제시해야 합니다. 끊임없이 요동하는 삶의 바다에서 흔들리지 않으려면 견고한 확신에 닻을 내리도록 노력해야 합니다.

확신이란 올바른 근거에 바탕을 둔 강한 신념입니다. 의견을 위해서는 단지 일순간만을 희생하면 되지만, 확신을 위해서는 우리의 생명까지도 희생해야 할 경우가 많습니다. 우리는 다들 의견은 많이 내놓지만, 자기의 확신을 굳게 지키기 위해 끝까지 싸우는 사람은 거의 없습니다. 어떤 사람들은 편견과 확신을 혼동하는데, 편견은 우리를 고집쟁이로 만들 뿐입니다. 우리는 우리의 믿음의 기본적인 사실들에 대한 강한 확신을 가지고 있어야만 합니다.

모든 강한 지도자들과 같이 바울도 강한 확신들을 가지고 있었습니다. 강철같이 단단하고 영구적인 확신이었습니다. 하나님과 인간, 삶과 죽음, 이생과 내생에 관하여 흔들리지 않는 확신을 가지고 있었습니다. 이 확신들이 그의 리더십에 개성과 권위를 주었습니다. 사람들은 자기의 확신을 따라 사는 사람을 따르기를 좋아합니다.

로버트슨은 이렇게 말했습니다.

다른 사람들에게 전해지는 것은 설교자의 지혜가 아니라 그의 확신이다. 진짜 불꽃은 그 주위에 있는 것들에 불을 붙인다. 확신을 가진 사람들은 이런 불꽃과 같다. 사람들은 그들의 말에 귀를 기울일 것이다. 아무리 많은 독서와 찬란한 지식도 철저한 확신과 성실성을 대신하지 못할 것이다.

확신은 이성과 탐구만의 산물이 아닙니다. 우리를 확신으로 이끄는 것은 그 이상의 것입니다. 스피어는 다음과 같이 말했습니다.

가슴은 이성이 알지 못하는 이유들을 가지고 있다. 하나님을 느끼는 것은 가슴이지 머리가 아니다. 느껴지는 진리들과 증명되는 진리들이 있다. 왜냐하면 우리는 진리를 이성에 의해서만이 아니라, 가슴이라고 부르는 직관적 확신에 의해서도 알기 때문이다. 제일차적 진리들은 증명할 수 없다. 그럼에도 불구하고 그것들에 대한 우리의 지식은 확실하다. 진리는 이

성을 초월할 수도 있으나, 이성과 배치되지는 않는다.

사도 바울은 교회의 지도자로서 그가 부딪히는 문제들에 대하여 확고한 견해를 가지고 있었습니다. 이 장에서는 그가 가졌던 견고한 확신들 중 몇 가지를 살펴보기로 하겠습니다.

성경에 대하여

성경에 대한 지도자의 확신은 그의 리더십의 본질에 깊은 영향을 미칠 것입니다. 성경의 절대적 영감과 권위에 대하여 유보 조건을 가지고 있는 자는 필연적으로 하나님의 진리를 취급하고 적용하는 과정에 있어서 모호한 태도만을 취할 것입니다. 다른 어느 것에 대해서와 마찬가지로, 바울은 우리가 성경에 대하여 가져야 할 태도를 분명하게 제시합니다. 그의 마음은 하나님의 마음과 일치하였습니다.

바울의 유일한 성경은 구약성경이었습니다. 회심 전에도 그는 그것을 하나님의 거룩한 말씀으로서 경외감을 가지고 대했습니다. 그는 자라면서 구약의 많은 부분을 철저히 암송했을 것이며 힘써 실천했을 것입니다. 오늘날 이런 사람이 과연 얼마나 됩니까? 최근 일본을 방문했을 때 한 목사를 만났는데 지난 7년 동안 성경을 86번이나 읽었다고 했습니다. 그러나 오늘날 성경을 한 번도 다 읽은 적이 없는 그리스도인이 너무도 많습니다.

우리는 바울의 편지에서, 그가 성경의 신적 기원과 영감에 대하여 조금이라도 의심을 했었다는 흔적을 털끝만큼도 발견할 수 없습니다. 그의 주님과 마찬가지로 그도 역시 우리가 오늘날 씨름하는 구약성경에 있는 모든 본문상의 문제들에 직면해야 했습니다. 그러나 그 문제들이 그의 관심을 끌었다는 증거는 조금도 찾아볼 수 없습니다. 우리도 바울과 동일한 입장을 취해야 할 것입니다.

성경의 권위와 무오성에 대한 바울의 확신은 다음과 같이 분명한 말로 표현되어 있습니다. "모든 성경은 하나님의 감동으로 된 것으로 교훈과 책망과 바르게 함과 의로 교육하기에 유익하니, 이는 하나님의 사람으로 온전케 하며 모든 선한 일을 행하기에 온전케 하려 함이니라"(디모데후서 3:16-17). 바울은 주님과 같은 확신을 간직하고 있었습니다. "진실로 너희에게 이르노니, 천지가 없어지기 전에는 율법의 일점일획이라도 반드시 없어지지 아니하고 다 이루리라"(마태복음 5:18).

성경은 하나님의 감동으로 되었기 때문에 하나님의 말씀이다. 그것은 하나님의 마음에 그 기원을 두었으며, 그것은 하나님의 입으로부터 나왔다. 물론, 그것은 인간 저자들에 의해 기록되었지만, 그 과정에서 그들의 개성이나 그것의 신적 권위는 조금도 손상되지 않았다.

존 스토트

바울의 편지는 구약성경 말씀으로 가득 차 있습니다. 한 부지런한 성경학도는 바울의 편지 속에 모두 191개의 구약성경 구절이 인용되어 있다고 했습니다.

바울은 구약성경 말씀을 인용할 때에, 원문을 단어 그대로 인용하기보다는 때로는 성령의 인도하심에 따라 그 성경 말씀의 근본 내용을 우리에게 제시해 주었습니다. 그는 성경으로 돌아가 인용할 때마다 자신의 필요와 독자들의 필요에 딱 맞는 원리들과 진리들을 발견해 인용했습니다.

성경 말씀의 정확성과 신빙성에 대하여 바울은 무한한 확신을 가지고 있었음이 분명합니다. 바울이 주의 깊게 성경을 해석한 한 가지 좋은 예는, 하나님의 약속의 대상으로서 단수를 사용한 것에 대한 그의 해석입니다. "이 약속들은 아브라함과 그 자손에게 말씀하신 것인데, 여럿을 가리켜 그 자손들이라 하지 아니하시고, 오직 하나를 가리켜 네 자손이라 하셨으니, 곧 그리스도라"(갈라디아서 3:16). 벨릭스 앞에서 자신을 변호할 때 바울은 "나는 율법과 및 선지자들의 글에 기록된 것을 다 믿습니다"(사도행전 24:14)라고 했습니다.

바울은, 구약성경은 신약 시대의 그리스도인들에게도 여전히 하나님의 말씀이며, 그들의 삶에 적용된다고 굳게 믿었습니다. 광야에서의 이스라엘의 범죄와 그 죄로 말미암아 그들에게 임한 심판에 대하여 언급하면서, "저희에게 당한 이런 일이 거울이 되고 또한 말세를 만난 우리의 경계로 기록하였느니라"(고린도전서 10:11)라고 말했습니다. 또 바울은 구약성경을 우리에게 적용시켰습니다. "저에게 의로 여기셨다 기록된 것은 아브라함만 위한 것이 아니요 의로 여기심을 받을 우리도 위함이니"(로마서 4:23-24).

구약성경에 대한 바울의 사랑과 경외, 그리고 구약성경의 빈번한 인용에 대해 스피어는 이렇게 말했습니다. "그가 십중팔구 자신의 성경을 가지고 있지 않았으리라는 것을 생각하면 정말 놀라움을 금할 수 없다. 당시 구약성경은 양피지로 된 두루마리에 기록되어 있었기 때문에, 너무 비싸서 개인적으로 소유할 수도 없었고, 설령 소유한다 할지라도 양이 방대하여 거추장스러워서 긴 여행 중에 그것들을 가지고 다닌다는 것은 거의 불가능한 것이었다." 오늘날은 성경이 작은 책으로 되어 있어서 개인적으로 소유하여 읽을 수 있고 쉽게 가지고 다닐 수도 있으니 얼마나 감사한 일입니까? 우리는 성경을 정말로 귀중히 여겨야 합니다.

비난에 대하여

리더십의 위치에 있는 사람은 높이 올라가면 갈수록, 더욱더 경쟁자들이나 그의 견해와 행동을 반대하는 사람들의 비판과 냉소에 개방됩니다. 이때 이 비판에 어떻게 반응하는가 하는 것은 그의 일에 원대한 영향을 미칠 것입니다. 대중적 인기를 목적으로 행동하게 되면 참된 영적 리더십을 상실할 수도 있습니다.

바울은 이 면에서 귀중한 모범을 보였습니다. 그는 비록 다른 사람과 좋은 관계를 유지하기를 원했지만, 주님의 은총을 잃어버리는 비싼 대가를 치르면서까지 그렇게 하려고는 하지 않았습니다. 고린도후서 5:9에서 자신의 첫째가는 야망을 이렇게 표현했습니다. "그런즉 우리는 거하든지 떠나든지 주를 기쁘시게 하는 자 되기를 힘쓰노라." 갈라디아 교인들에게 쓴 편지에서, 바울은 이렇게 말했습니다. "이제 내가 사람들에게 좋게 하랴? 하나님께 좋게 하랴? 사람들에게 기쁨을 구하랴? 내가 지금까지 사람의 기쁨을 구하는 것이었더면 그리스도의 종이 아니니라"(갈라디아서 1:10).

바울은 비록 일부러 비판을 야기하지는 않았지만 다른 사람들로부터 비판을 받기도 했습니다. 그러나 그것이 그의 마음의 평안을 깨뜨리지는 못했습니다. 그는 고린도 교인들에게 이렇게 말했습니다. "너희에게나 다른 사람에게나 판단받는 것이 내게는 매우 작은 일이라. 나도 나를 판단치 아니하노니, 내가 자책할 아무것도 깨닫지 못하나, 그러나 이를 인하여 의롭다 함을 얻지 못하노라. 다만 나를 판단하실 이는 주시니라. 그러므로 때가 이르기 전 곧 주께서 오시기까지 아무것도 판단치 말라"(고린도전서 4:3-5).

바울은 그에게 맡겨진 '하나님의 비밀'(고린도전서 4:1)에 자신이 충성스럽다는 것을 알기 때문에, 다른 그리스도인들의 단순한 인간적 비판을 간과할 수 있었습니다. "나는 여러분들에게서 판단을 받는다 해도 아무 거리낌이 없습니다"(3절 참조). 영적 지도자는 다른 그리스도인들의 비판을 지나치게 두려워하거나, 그들의 비판에 지나치게 민감해서는 안 됩니다. 그들의 비판에 귀 기울이면서도 때로는 그것을 무시할 수도 있어야 합니다. 단, 이 둘 사이에서 적절한 균형을 유지해야 합니다.

이것은 세상의 비판에 대해서도 마찬가지입니다. 바울은 '세상의 비판'을 두려워하지 않았습니다. "나는 다른 사람들에게서 판단을 받는다 해도 아무 거리낌이 없습니다"(3절 참조). 그러나 세상이 그의 재판관은 아니었지만, 그는 균형을 유지하는 일에 세심한 주의를 기울였습니다. 그는 이렇게 말했습니다. "유대인에게나 헬라인에게나 하나님의 교회에

나 거치는 자가 되지 말고, 나와 같이 모든 일에 모든 사람을 기쁘게 하여 나의 유익을 구치 아니하고 많은 사람의 유익을 구하여 저희로 구원을 얻게 하라"(고린도전서 10:32-33). 바울은 결코 경직된 일관성을 추구하는 소심한 사람이 아니었습니다.

"바울이 하나님의 비밀을 하나님을 모르는 세상의 판단에 맡기는 것은 마치 멘델스존이 그의 오라토리오를 귀먹은 벙어리의 판단에 맡기거나, 라파엘로가 그의 그림을 장님의 판단에 맡기는 것과 같다"라고 D. 팬턴은 말했습니다.

나아가 바울은 우리의 양심이 아무리 깨끗하다 하여도 그것이 우리를 의롭게 하지는 않는다고 말했습니다. "내가 자책할 아무것도 깨닫지 못하나, 그러나 이를 인하여 의롭다 함을 얻지 못하노라"(4절). 실로 우리의 마음은 간사하기 때문에 우리 자신에 대한 우리의 판단을 믿어서는 안 됩니다. 바울은 자신은 재판관이 아니라고 했습니다. "나도 나를 판단치 아니하노니"(3절).

"다만 나를 판단하실 이는 주시니라"(4절)고 바울은 말했습니다. 주님만이 모든 사실을 알고 계시기 때문입니다. 그분은 겉으로 드러난 사실뿐 아니라 그 뒤에 숨은 동기까지도 아십니다. 주님께서는 최후의 법정이십니다. 그분의 판단은 의롭고 절대 오류가 없습니다. 그러므로 우리는 판단을 보류

해야 합니다. "그러므로 때가 이르기 전 곧 주께서 오시기까지 아무것도 판단치 말라"(5절). 우리의 능력은 너무도 제한되어 있습니다. 우리의 지식은 너무도 불충분합니다. 우리의 이성은 너무도 한쪽으로 치우쳐 있어서 올바른 판단을 할 수가 없습니다. 우리는 주님의 능하신 손에 모든 것을 맡길 수 있으며, 또 맡겨야만 합니다. 그리고 마침내 주님께서 다시 오시는 날, "각 사람에게 하나님께로부터 칭찬이 있을 것입니다"(5절).

사람들의 비판에 대한 우리의 무관심이 하나님을 두려워하는 것과 관계되어 있지 않다면, 그것은 큰 불행이 될 수도 있다는 것을 명심해야만 합니다. 그러나 사람들의 비판에 대하여 초연한 자세를 취하는 것이, 하나님의 영광을 위해 살고자 하는 사람에게는 값진 재산이 될 수도 있습니다. 바울에게는, 사람의 목소리는 희미하게 들리고, 하나님의 음성은 강하게 들렸습니다. 이는 그의 귀가 하나님을 향하고 있었기 때문입니다. 그는 인간의 판단을 두려워하지 않았는데, 그것은 그가 더 높은 법정, 즉 하나님 앞에 서 있다는 것을 알았기 때문입니다.

판단하지 말라.
그의 머리와 마음에서 일어나고 있는 것들을
당신은 볼 수 없기 때문이다.

당신의 희미한 눈에는 얼룩으로 보이는 것이
하나님의 눈에는 다만
전쟁에서 승리한 영광의 상처일 뿐.
당신 같으면 정신을 잃고 굴복하였으리라.

그리스도의 몸인 교회에 대하여

바울의 리더십은 교회 안에서 두드러졌습니다. 진실로 인간적인 각도에서 볼 때, 그는 교회의 주 건축자라고 말할 수 있을 것입니다. 성령의 인도하에서 바울은 교회를 성도의 교제와 세계 복음화를 위한 도구로 만드는 일에 큰 책임을 지고 있었습니다. 그리고 교회는 그 후 그렇게 되었습니다. 그는 교회가 하나님의 목적을 이루는 데 중심적인 역할을 한다고 생각했습니다.

바울은 교회를 자기 자신의 사적인 조직으로 만들지 않았습니다. 교회는 바울의 교회가 아니라 주님의 교회인 것입니다. 그는 교회의 약점과 결점을 너무도 잘 알고 있었습니다. 따라서 교회를 군건하게 세워 주기 위해 피나는 노력을 기울였습니다.

다메섹 도상에서 바울은 귀중한 교훈을 배웠습니다. 즉 그리스도께서 그분의 교회에 큰 가치를 두신다는 것입니다. 주님께서는 이렇게 말씀하셨습니다. "사울아, 사울아, 네가 어찌하여 나를 핍박하느냐?"(사도행전 9:4). 교회를 핍박하는 것은 곧 '나' 곧 그리스도를 핍박하는 것이었습니다! 바울은 "그리스도께서 교회를 사랑하시고 위하여 자신을 주셨다"(에베소서 5:25)는 것을 깨닫게 되었습니다. '영원부터 우리 주 그리스도 예수 안에서 예정하신 뜻대로, 이제 교회로 말미암아 하늘에서 정사와 권세들에게 하나님의 각종 지혜를 알게 하려 하시는' 것이 바로 하나님의 목적이었습니다(에베소서 3:10-11 참조).

교회에 대한 이러한 높은 평가는 바울의 생각과 계획 속에서 교회를 중심에 두게 하였습니다. 재미있는 사실은, 바울이 교회를 묘사하기 위하여 사용한 말들은 대부분 정적이지 않고 생동감이 넘친다는 사실입니다. 교회는 단순한 조직체라기보다는 살아 움직이며 성장하는 유기체인 것입니다. 바울은 교회를 '그리스도의 몸'으로 보았습니다(골로새서 1:24). 교회 안에서, 바울은 다양성 가운데 있는 일치를 보았습니다. "우리가 한 몸에 많은 지체를 가졌으나 모든 지체가 같은 직분을 가진 것이 아니니, 이와 같이 우리 많은 사람이 그리스도 안에서 한 몸이 되어 서로 지체가 되었느니라"(로마서 12:4-5).

바울은 에베소서 5:22-33에서, 그리스도와 교회와의 관계를 남편과 아내의 관계로 비유하였습니다. 이 개념은 더욱 발전

되어, 교회는 '그리스도의 신부'라고 불리게 됩니다(요한계시록 19:7, 21:9-10). 이보다 더 따뜻하고 사랑이 넘치는 관계는 없을 것입니다.

바울은 교회를, 완전히 통제된 획일적이고 자유가 없는 조직이 아니라, 사랑과 보살핌이 있는 가정으로 보았습니다. 교회는 이상적 가정이 지니고 있는 모든 요소를 구비하고 있는 하나님의 가정입니다. '사람을 가정 안에 두신' 하나님께서 '그리스도인들을 교회 안에 두십니다.' 교회에서 하나님의 자녀들은 서로를 섬기며 서로의 짐을 집니다. 하나님께서는 '하늘과 땅에 있는 각 족속에게 이름을 주신 아버지'이십니다(에베소서 3:14-15).

바울은 교회를, 그리스도를 모퉁잇돌로 하여 지어져 가는 과정에 있는 건물에 비유하였습니다. 교회는 '주 안에서 성전'이며, '성령 안에서 하나님의 거하실 처소'입니다(에베소서 2:21-22). 각각의 신자는 이 성전을 이루는 돌입니다.

교회는 또한 하나님의 진리의 관리자요 증인입니다. "이 집은 살아 계신 하나님의 교회요, 진리의 기둥과 터이니라"(디모데전서 3:15). 바울은 아무데서도 교회를 흠이 없거나 무오하다고 표현하지 않았습니다. 교회의 약점을 너무도 잘 알고 있었습니다. 그러나 장차 그리스도께서 교회를 "자기 앞에 영광스러운 교회로 세우사 티나 주름 잡힌 것이나 이런 것들이 없이 거룩하고 흠이 없게 하실"(에베소서 5:27) 것을 알았습니다. 그러나 이것은 아마도 먼 장래에 일어날 일로 보였을 것입니다.

교회의 일치는 우리의 끊임없는 목표와 관심이 되어야 합니다. 그러나 그것이 진리를 희생하면서까지 추구되어서는 안 됩니다. 스피어는 이렇게 말했습니다. "교회의 일치가 그리스도께 대한 충성이나 그리스도의 진리를 대가로 하여 얻어질 때 그것은 부도덕한 것이 된다. 바울에게는 오직 두 가지만이 분열과 분리의 근거였다. 하나는 그리스도께 신실치 못함이요, 다른 하나는 회개치 않는 완고한 죄이다."

승천하신 그리스도께서는 교회가 그분의 영원한 목적을 이룰 수 있도록 하기 위해 교회에 적절한 영적 은사들을 풍성하게 주셨습니다. 그러나 사도 시대에 벌써 이 은사들 중 몇은 잘못 사용되고 있었습니다. 이로 인하여 바울은 은사의 올바른 사용에 관하여 고린도전서 12-14장에서 교훈을 하게 되었습니다. 은사의 목적은 교회를 세우기 위함이지, 그것을 소유한 사람의 자랑을 위함이 아니라고 그는 강조했습니다. 따라서 진정한 사랑이 결여되어 있을 때, 필연적으로 은사는 아무 소용이 없는 것이 되어 버립니다(고린도전서 13:1-3).

사도 바울은 교회를 넓은 시야로 바라보았습니다. 교회를 예배와 증거, 상담과 교훈, 봉사를 위한 훈련, 권면과 격려의 중심으로 보았습니다.

교회에서의 징계에 대하여

영적 지도자에게 있어서 달갑지 않은 책임 중의 하나는 경건한 징계를 행사하는 것입니다. 교회가 성서적으로 온전한 상태를 유지하려면, 때로 사랑에서 나온 징계를 행사하는 것이 필요합니다. 교리적 잘못이나 도덕적 잘못이 포함되어 있을 때는 특별히 그러합니다. 징계는 잘못을 범한 사람을 정죄하는 데 목적이 있는 것이 아니라 그로 하여금 뉘우치고 신앙을 회복하도록 하려는 데 그 목적이 있습니다. 바울은 그의 편지 전반을 통하여, 이러한 징계의 행사를 격려하고 모범을 보였습니다.

그러나 바울이 징계를 행하는 올바른 정신에 대해 특별한 강조를 한 것은 주목할 만합니다. 잘못을 범한 사람을 사랑이 없이 거칠게 다루는 것은 단지 그 사람을 고립시키며 멀어지게 할 뿐입니다. 그것은 징계의 목적이 아닙니다. "누가 이 편지에 한 우리 말을 순종치 아니하거든, 그 사람을 지목하여 사귀지 말고, 저로 하여금 부끄럽게 하라. 그러나 원수와 같이 **생각지 말고 형제같이 권하라**"(데살로니가후서 3:14-15).

바울은 고린도 교인들에게, '근심하게 한 자'에 대하여,

"너희는 차라리 저를 용서하고 위로할 것이니, 저가 너무 많은 근심에 잠길까 두려워하노라. 그러므로 너희를 권하노니, **사랑을 저희에게 나타내라**"고 권면하였습니다(고린도후서 2:5,7-8).

어떤 형제가 죄를 범했을 때 지도자는 어떻게 해야 합니까? 바울은 이렇게 말했습니다. "신령한 너희는 온유한 심령으로 그러한 자를 바로잡고 네 자신을 돌아보아 너도 시험을 받을까 두려워하라"(갈라디아서 6:1). 사랑은 잘못한 형제를 바로잡는 데 필수 불가결한 요소입니다. 죄를 범한 형제를 온유한 마음과 사랑으로, 그러나 단호하게 가장 잘 다루어 줄 수 있는 사람은 바로 자신의 죄와 실패를 정직하게 맞이하고 다룬 경험이 있는 사람입니다. 온유한 심령은 정죄하는 태도보다 훨씬 더 긍정적인 결과를 낳을 것입니다.

성경 말씀과 경험을 통하여 보건대, 징계를 행할 때는 반드시 다음 사항을 충분히 고려해야 합니다.

(1) 징계 조치는 모든 사실에 대한 매우 철저하고 공정한 조사가 이루어진 후에만 취해져야 합니다. '일방적인 진술은 결코 받아들이지 말라'는 재판에서의 격언이 여기에도 적용될 것입니다.

(2) 진정한 사랑이 징계의 동기가 되어야 합니다. 어떤 징계이든 가능한 가장 온유한 방법으로 행해져야 합니다.

(3) 징계는 그것이 당사자 및 사역에 전반적으로 유익하다는 것이 명백할 때에만 행해져야 합니다.

(4) 징계는 오직 많은 기도와 함께 행사되어야 합니다.

(5) 징계의 최고 목적은 당사자의 영적 유익과 회복이어야만 합니다.

국민으로서의 책임에 대하여

오늘날의 혼돈되고 급변하는 세상에서, 국민으로서의 책임이라는 문제는 더욱더 부각되고 있습니다. 많은 그리스도인들이 시대 상황에 맞추어 그들 자신의 위치를 다시 생각하고 정립할 것을 강요당하고 있습니다. 여기에 대해서도 바울은 역시 명백한 지침을 제시하고 있습니다.

바울은 부패한 벨릭스와 폭군 네로의 통치하에서 전제적인 지배를 받고 있었으므로, 설령 정치와 정부에 대하여 좀 편견을 가지고 있었다 해도 변명할 여지가 있었을 것입니다. 그럼에도 불구하고 바울은 정부 당국에 순종해야 한다고 강력하게 주장했습니다(로마서 13:1-2).

로마 교인들에게 쓴 편지에서, 바울은 그의 태도에 대한 강력한 이유를 제시했습니다. "각 사람은 위에 있는 권세들에게 굴복하라. 권세는 하나님께로 나지 않음이 없나니, 모든 권세는 다 하나님의 정하신 바라. 그러므로 권세를 거스리는 자는 하나님의 명을 거스림이니 거스리는 자들은 심판을 자취하리라. 관원들은 선한 일에 대하여 두려움이 되지 않고 악한 일에 대하여 되나니"(로마서 13:1-3). 바울은 디도에게도 비슷한 권면을 했습니다. "너는 저희로 하여금 정사와 권세 잡은 자들에게 복종하며 순종하며 모든 선한 일 행하기를 예비하게 하며 아무도 훼방하지 말며 다투지 말며 관용하며 범사에 온유함을 모든 사람에게 나타낼 것을 기억하게 하라"(디도서 3:1-2).

이 충고는 참으로 건전하며 지혜로운 것입니다. 로마에 있는 바울의 동족인 유대인들은 폭발하기 쉽고 불붙기 쉬운 집단이며, 또한 그들의 반체제 활동에 대한 책임이 그리스도인들에게 돌려진다면 무서운 결과를 가져올 것이라는 사실을 고려한 것입니다. 물론 이것은, 로마시의 대화재가, 그리스도인들이 그 화재에 대해 전적으로 결백함에도 불구하고, 그들에 대한 혹심한 박해를 몰고 왔다는 사실에서 실제로 입증되었습니다.

당국으로부터 부당한 취급을 받을 경우에도 바울은 수동적인 저항이나 직접적인 행동을 권면하지 않았습니다. 그리스도인들은 국민으로서의 그들의 책임을 다 이행해야 하며, 세금을 내고 권세 잡은 자들을 존경해야 합니다. "모든 자에게 줄 것을 주되, 공세를 받을 자에게 공세를 바치고, 국세 받을 자에게 국세를 바치고, 두려워할 자를 두려워하며, 존경할 자를 존경하라"(로마서 13:7).

더 나아가 그리스도인들은 그들의 통치자들을 위해 기도해야 할 영적인 책임을 가지고 있었습니다. "그러므로 내가 첫째로 권하노니, 모든 사람을 위하여 간구와 기도와 도고와 감사를 하되, 임금들과 높은 지위에 있는 모든 사람을 위하여 하라. 이는 우리가 모든 경건과 단정한 중에 고요하고 평안한 생활을 하려 함이니라. 이것이 우리 구주 하나님 앞에 선하고 받으실 만한 것이니"(디모데전서 2:1-2). 통치자들이 존경받을 만한가 못한가는 관계가 없습니다. 오히려 그들이 그럴 만하지 못할수록 그들을 위한 기도의 필요성이 더욱 커지는 것입니다. 통치자들을 위하여 하나님께 간구하는 것은 세상 속에, 그리고 우리 자신 속에 참변화를 가져올 수 있습니다.

바울의 로마 시민권은 하나의 특권이었으나, 그는 항상 그것이 주는 특권들을 자신의 개인적인 이익을 위해 사용하지는 않았습니다. 그러나 자신의 일에서 최선의 유익을 위해 필요한 것이 명백할 때는 그 권리를 주장하기를 주저하지 않았습니다. 빌립보에서 있었던 일이 한 가지 좋은 예입니다. 바울과 실라는 매를 맞고 옥에 갇혔습니다.

날이 새매 상관들이 아전을 보내어 "이 사람들을 놓으라" 하
니, 간수가 이 말대로 바울에게 고하되, "상관들이 사람을 보
내어 너희를 놓으라 하였으니, 이제는 나가서 평안히 가라"
하거늘, 바울이 이르되, "로마 사람인 우리를 죄도 정치 아니
하고 공중 앞에서 때리고 옥에 가두었다가 이제는 가만히 우
리를 내어 보내고자 하느냐? 아니라. 저희가 친히 와서 우리
를 데리고 나가야 하리라" 한대, 아전들이 이 말로 상관들에
게 고하니, 저희가 로마 사람이라 하는 말을 듣고 두려워하여,
와서 권하여 데리고 나가 성에서 떠나기를 청하니(사도행전
16:35-39).

이와 같이 바울은 자신의 권리를 주장함으로써 교회의 장래 이익을 보호하였는데, 이것을 통해 그의 주된 관심사가 무엇인지를 알 수 있습니다. 그의 행동은 장차 그리스도인들의 입장을 보다 유리하게 해주었습니다. 관리들은 이 창피스러운 경험을 하고 난 후 그리스도인들에 대하여 훨씬 더 신중하게 대했을 것입니다. 스피어는 이렇게 말했습니다.

> 바울이 체포되어 매를 맞고 깊은 감옥에 갇히는 것을 기쁘게
> 허락한 반면, 자신의 법적 권리들을 조용히 주장하는 가운데
> 서 보여 준 도덕적 용기와 조용한 결단, 건전한 판단에 대해

경탄하지 않을 수 없다. 그는 권리를 사용하는 것이 명백히 자신과 다른 사람들에게 가장 유익할 것 같다고 생각될 때만 그 권리를 주장했다. 이것은 산상수훈에서 보여 주고 계신 주님의 무저항 원칙(마태복음 5:39)을 사도 바울이 어떻게 적용하고 있는지를 잘 보여 준다. 주님의 무저항 원칙은, 같은 산상수훈에 있는 다른 원리들과 마찬가지로, 극단적인 상황이 일어날 경우 무엇을 참으며 무엇을 피해야 할 것인지를 결정할 권리와 의무를 폐하지 않으면서, 그런 경우에 기꺼이 무엇을 참고 무엇을 피해야 하는지를 가르쳐 주고 있다.

이 원리는 다른 나라에 선교사로 파송되어 선교를 하는 경우에 지금도 적용할 수 있습니다. 그러나 바울은 자기 학대증 환자가 결코 아니었습니다. 고난을 받는 것이 아무 의미가 없을 때에는 불필요한 어려움과 고난을 피했습니다. "가죽 줄로 바울을 매니 바울이 곁에 섰는 백부장더러 이르되, '너희가 로마 사람 된 자를 죄도 정치 아니하고 채찍질할 수 있느냐?' 하니"(사도행전 22:25). 그러나 채찍질하는 것에 대해 아무 항의도 하지 않고 굴복하며 참은 때도 있었습니다(고린도후서 11:23-24). 그러나 이번 경우에는 그의 고난이 선한 목적을 이루지 못하리라고 판단했기 때문에 피했습니다.

후에 바울은 가이사에게 상소할 수 있는 자신의 권리를 사용했습니다. 그것은 교회의 장래 방향에 원대한 영향을 미친 선택이었습니다(사도행전 25:8-12). '그때가 로마법 앞에서 기독교의 지위를 결정해야 할 때'라고 보았기 때문에 상소를 한 것입니다.

양심에 대하여

그릇된 양심은 지도자에게 아무런 유익이 없습니다. 신약성경의 다른 어떤 저자들보다 바울은 양심의 기능에 대하여 명확한 교훈을 줍니다. 양심의 기능에 대하여 아는 것은 우리의 정신 건강에 크게 기여하기 때문에 매우 중요합니다. 양심의 기능에 대해 무지하거나 양심의 소리에 계속적으로 불순종할 때 영적 건강을 심각하게 해칠 수도 있습니다. 그러므로 지도자나 상담자는 필수적으로 성경에서 양심에 대하여 이야기하고 있는 바를 알고 있어야 합니다. 바울은 자신의 양심의 상태에 대해 자주 언급하는데, 이것은 양심이 올바로 기능을 하는 것이 중요하다는 것을 잘 보여 줍니다.

양심은 의지의 행위에 찬성 또는 반대하는 속사람의 증언과 판단으로 정의됩니다. 그것은 사람으로 하여금 선과 악을 분별할 수 있게 하는, 지성과 감정의 특별한 활동이라 할 수 있습니다. 바울은 이렇게 말했습니다. "이것을 인하여 나도 하나님과 사람을 대하여 항상 양심에 거리낌이 없기를 힘쓰노라"(사도행전 24:16).

우리의 죄를 책망하며, 우리를 동물과 구별시켜 주는 것이 바로 이 양심입니다. 양심이란 말은 본래 '누구와 함께 알다, 누구에게 동의하다'라는 의미를 가지고 있습니다. 양심은 옳고 그름에 대해 하나님께 동의한다는 뜻입니다. 따라서 그 말은, 인간은 자신의 행동에 대한 자신의 평가에 따라, 하나님과 공동으로 자신에게 유리한 또는 불리한 증언을 하는 공동 증인이라는 개념을 내포하고 있습니다.

그러나 양심은 집행 기관이 아닙니다. 양심은 사람으로 하여금 옳은 것을 하게 하거나 그른 것을 그만두게 할 힘은 없습니다. 양심은 자기의 판단을 전하고 그에 적절한 감정을 유발하나, 그 판단에 비추어 행동하는 것은 의지에 맡깁니다. 양심은 그 이상은 책임이 없습니다. 양심은 마치 온도계와 같습니다. 온도계는 온도를 감지하여 알려 주지만, 결코 그 온도를 높이거나 낮추지는 못합니다. 자신의 양심에 순종할 때, 누군가가 말했듯이, 가장 행복한 삶을 살고 있는 것입니다. 우리가 불순종할 때, 양심은 세례 요한처럼 외칩니다. "그것은 불법이요!"

그릇된 양심

그릇된 양심에는 네 가지 상태가 있습니다.

(1) '약한 양심.' 약한 양심은 병적으로 지나치게 예민한 것입니다. 바울은 우상에게 바친 제물의 경우를 예로 들어 이것을 설명했습니다. "어떤 이들은 지금까지 우상에 대한 습관이 있어 우상의 제물로 알고 먹는 고로, 그들의 양심이 약하여지고 더러워지느니라.… 이같이 너희가 형제에게 죄를 지어 그 약한 양심을 상하게 하는 것이 곧 그리스도에게 죄를 짓는 것이니라"(고린도전서 8:7,12).

이러한 사람은 그 양심의 소리에 따라 충성되게 반응하는 것 같으나 자력이 약한 나침반처럼 흔들리기 쉽습니다. 그 결과 그런 양심의 소유자는 어떤 행동의 타당성 여부에 대해 끊임없이 의심하고 괴로워합니다. 믿음으로 뿌린 것을 불신으로 파헤치는 격입니다. 이와 같이 약한 양심을 갖게 되는 데는 아마도 두 가지 기본적인 이유가 있다고 생각됩니다. 하나는 하나님의 말씀과 뜻에 대한 불완전한 지식과 그에 따른 불완전한 믿음입니다. 또 하나는 흔들리는 행동을 야기하는, 굴복하지 않은 의지입니다. 이것을 바로잡는 방법은 관련된 문제들을 성경 말씀에 비추어 철저히 검토하고, 자신의 최선의 판단에 따라 결정한 다음, 그것을 굳게 따르는 것입니다.

(2) '더러운 양심.' 약한 양심은 더러운 양심으로 쉽게 전락

합니다(고린도전서 8:7). 만일 양심이 항의하는 행동을 계속하게 되면, 우리는 양심을 더럽히게 되고, 양심의 충실한 기능을 방해하게 됩니다. 마치 먼지가 시계의 섬세한 기능을 방해하여 시간을 틀리게 하는 원인이 되는 것과 같습니다. 이것은 특히 도덕적 순결의 영역에서 그렇습니다. "깨끗한 자들에게는 모든 것이 깨끗하나 더럽고 믿지 아니하는 자들에게는 아무것도 깨끗한 것이 없고 오직 저희 마음과 양심이 더러운지라"(디도서 1:15).

(3) '악한 양심.' 양심의 소리를 계속 무시하게 되면 양심은 악해져서 습관적으로 죄를 범하게 될 수도 있습니다. 그래서 선을 악으로, 악을 선으로 간주하게 되는 것입니다. "우리가 마음에 뿌림을 받아 악한 양심으로부터 벗어나고 몸은 맑은 물로 씻음을 받았으니 참마음과 온전한 믿음으로 하나님께 나아가자"(히브리서 10:22, 개역 개정). 악한 양심의 소유자가 계속 양심의 소리에 거슬러 죄를 범하게 되면, 양심의 항의하는 목소리는 시간이 흐름에 따라 점차 약해질 것입니다.

(4) '화인 맞은 양심.' 양심을 습관적으로 더럽히면 양심은 완전히 마비되어 무감각해집니다. 그리하여 양심은 그 기능이 정지됩니다. "자기 양심이 화인 맞아서 외식함으로 거짓말하는 자들이라"(디모데전서 4:2). 양심이 화인 맞은 것같이 무감각해지고 마비될 때 양심은 더 이상 우리에게 항의하지 않으

며, 그 결과 아무 고발도 하지 않게 됩니다.

   악은 증오하고 폭로해야 할
   무서운 모습을 한 괴물.
   그러나 그녀를 자주 보게 되고
   얼굴을 잘 알게 되면,
   처음에는 참으나,
   그 다음에는 동정하게 되고,
   그 다음에는 포옹하게 된다.
               알렉산더 포우프

  양심의 목소리에 귀를 기울이지 않을 때 심각한 결과가 따른다고 바울은 경고합니다. "믿음과 착한 양심을 가지라. 어떤 이들이 이 양심을 버렸고 그 믿음에 관하여는 파선하였느니라"(디모데전서 1:19).

올바른 양심

  올바른 양심은 값진 보석보다 더 귀중한 것입니다. 이러한 양심은 그른 것을 정죄하는 데에 신실한 만큼 옳은 것을 칭찬하는 일에도 신실합니다. "사랑하는 자들아, 만일 우리 마음이 우리를 책망할 것이 없으면 하나님 앞에서 담대함을 얻고"(요한일서 3:21). 모든 신자가 추구해야 할 올바른 양심에는 네 가지 상태가 있습니다.

(1) '깨끗한 양심.' 깨끗한 양심은 영적 성장에 중요합니다. "깨끗한 양심에 믿음의 비밀을 가진 자라야 할지니"(디모데전서 3:9). "나의 밤낮 간구하는 가운데 쉬지 않고 너를 생각하여 청결한 양심으로 조상 적부터 섬겨 오는 하나님께 감사하고"(디모데후서 1:3). 깨끗한(청결한) 양심은 악의 접근에 대하여 대단히 민감하며, 우리가 하나님의 말씀에 온전히 순종할 때 양심은 영적으로 계속 깨끗하게 보존됩니다.

(2) '선한 양심.' 선한 양심은 모든 일에 의의 명령을 받아들이는 사람의 것입니다. "경계의 목적은 청결한 마음과 선한 양심과 거짓이 없는 믿음으로 나는 사랑이거늘"(디모데전서 1:5). 우리는 '믿음과 착한 양심'(디모데전서 1:19)을 가져야 합니다. 우리는 선한 양심의 책망을 기쁘게 받아들이고 순종해야 합니다.

(3) '거리낌 없는 양심.' 거리낌이 없는 양심은 그리스도인에게 매우 중요합니다. "그러므로 나도 언제나 하나님과 사람들 앞에서 거리낌 없는 양심을 가지려고 힘쓰고 있습니다"(사도행전 24:16, 새번역). 하나님과 사람 앞에서 항상 양심에 거리낌이 없는 사람은 참으로 행복한 사람입니다. 어떤 고소하는 목소리도 그가 소유하고 있는 마음의 화평을 깨뜨리지 못할

것입니다. 값싼 만족을 위해 양심에 거리끼는 행위를 함으로써 이런 화평과 마음의 안식을 상실한다는 것은 너무도 비싼 값을 치르는 것입니다.

(4) '온전케 된 양심.' 그리스도의 피로 말미암아 깨끗케 되어 온전케 된 양심은 영적으로 필수적입니다. "이 장막은 현재까지의 비유니, 이에 의지하여 드리는 예물과 제사가 섬기는 자로 그 양심상으로 온전케 할 수 없나니"(히브리서 9:9). "하물며 영원하신 성령으로 말미암아 흠 없는 자기를 하나님께 드린 그리스도의 피가 어찌 너희 양심으로 죽은 행실에서 깨끗하게 하고 살아 계신 하나님을 섬기게 못하겠느뇨?"(히브리서 9:14).

양심은 자신의 악을 치료할 수 있는 능력이 없습니다. 따라서 그리스도의 피로 깨끗케 함을 받아야 합니다. 사람이 하나님과 화평을 누리려면 그리스도의 보혈의 공로를 개인적으로 자기 것으로 받아들여야만 합니다.

양심은 무오하지 않습니다. 양심은 자신이 받아들인 표준에 충실하게 따르는, 변동이 심한 기관입니다. 양심은 사람에 따라 다릅니다. 힌두교도의 양심은 소를 죽이는 것에 대하여는 큰 소리로 항의를 할지 몰라도, 장작더미 위에서 과부를 태워 죽이는 것에 대해서는 아무런 항의도 하지 않을 것입니다. 그것이 바로 양심의 표준의 문제입니다. 중세 시대에 종교재판을 하던 사람들의 양심은 내적으로 그들의 행위를 찬성했지만, 그렇다고 하여 그것이 그들의 행위를 정당화시켜 주지는 못합니다.

양심은 인류의 타락과 함께 이미 제 기능을 상실했습니다. 모든 양심은 이제 제 기능을 회복하려면 올바른 표준에 따라야만 하며, 성경의 표준에 따를 때에만 올바른 기능을 할 수 있습니다. 양심이 올바른 기능을 발휘하기 위해서는 우리의 노력이 필요하다고 바울은 주장합니다. "이것을 인하여 나도 하나님과 사람을 대하여 항상 양심에 거리낌이 없기를 힘쓰노라"(사도행전 24:16).

바울은 일찍이 편견과 고집으로 눈이 멀어 있었습니다. 자기의 양심에 충실하게 따랐지만, 그의 양심은 성경의 표준을 올바로 따르고 있지 않았던 것입니다. 회심 후, 그의 양심이 찬성했던 행동들의 참본질에 눈이 열렸을 때, 얼마나 후회했는지 모릅니다.

그릇된 양심으로 고통하는 사람은, 참된 회개를 함으로써 가장 악한 죄까지도 용서받으며 또 그 죄가 양심으로부터 즉각 완전히 제거될 수 있다는 것을 기억해야 합니다. 성령께서는 아무리 더럽혀진 양심일지라도 진정으로 회개할 때 그리스도의 피로 말미암아 깨끗하게 해주시기를 기뻐하시며, 또한 신자가 거리낌이 없는 양심을 가지고 살 수 있도록 해주시기를 기뻐하십니다.

영적 전쟁에 대하여

우리의 보이지 않는 적 사탄의 활동을 경시하는 지도자는 이 주제에 대한 바울의 교훈을 진지하게 공부해 보지 않은 사람일 것입니다. '적을 알고 나를 알면 백전백승한다'는 말이 있듯이, 지도자는 어느 누구도 적에 대하여 몰라서는 안 됩니다.

그리스도인과 사탄 및 어둠의 세력들 사이의 영적 전쟁에 관한 유명한 말씀인 에베소서 6:10-18은 바로 사도 바울이 쓴 것입니다. 바울은 현명한 지도자였기 때문에, 성도들에게 그들이 만날 적들에 대하여 반드시 가르쳐야 한다는 사실을 한시도 잊지 않았습니다. 그래서 그들에게 영적 전쟁의 성격 및 불가피성, 승리의 방법 등에 대하여 가르쳤습니다. 바울에게, 사탄은 환상적 또는 가공적 존재가 아니라, 간교하고 경험이 많은, 실존하는 적이었습니다. 대단히 현명하게도 바울은 적의 능력을 과소평가하지 않았습니다. 그는, '훌륭한 장군은 적의 머릿속을 꿰뚫어 보아야만 한다'는 빅토르 위고의 말에 찬성할 것입니다.

바울은 그의 적에 대하여 연구했고, 그리하여 그 적에 대하여 잘 알고 있었습니다. "이는 우리로 사단에게 속지 않게 하려 함이라. 우리가 그 궤계를 알지 못하는 바가 아니로라"(고린도후서 2:11). 다음 구절들을 살펴봅시다.

이것이 이상한 일이 아니라. 사단도 자기를 광명의 천사로 가장하나니. (고린도후서 11:14)

그때에 너희가 그 가운데서 행하여 이 세상 풍속을 좇고 공중의 권세 잡은 자를 따랐으니, 곧 지금 불순종의 아들들 가운데서 역사하는 영이라. (에베소서 2:2)

악한 자의 임함은 사단의 역사를 따라 모든 능력과 표적과 거짓 기적과 불의의 모든 속임으로 멸망하는 자들에게 임하리니. (데살로니가후서 2:9-10)

그중에 이 세상 신이 믿지 아니하는 자들의 마음을 혼미케 하여. (고린도후서 4:4)

이스라엘과 이방인들에게서 내가 너를 구원하여 저희에게 보내어 그 눈을 뜨게 하여, 어두움에서 빛으로, 사단의 권세에서 하나님께로 돌아가게 하고, 죄 사함과 나를 믿어 거룩케 된 무리 가운데서 기업을 얻게 하리라. (사도행전 26:17-18)

그리스도인은 불가피하게 일상생활과 복음 증거 시에 세상과 어둠의 영적 세력들의 미움과 반대를 맞이할 것이라고 바울은 꾸준히 가르쳤습니다. "우리의 싸움은 인간을 적대자로 상대하는 것이 아니라, 통치자들과 권세자들과 이 어두운 세계의 지배자들과 하늘에 있는 악한 영들을 상대로 하는 것입니다"(에베소서 6:12, 새번역). 바울은, 보이지 않는 악한 세력들이 세상의 많은 부분을 지배하고 있으며, 이 초자연적인 세력들은 오직 초자연적인 무기를 사용함으로써만 쳐부술 수 있다고 믿었습니다. 바울은 이 영적 전쟁에서 굳세고 용감하며 현명한 지도자였습니다.

사탄의 권세는 그가 본래부터 가지고 있었던 것이 아니라 하나님께로부터 받은 것입니다. 따라서 그의 힘은 제한되어 있습니다. 그러나 아무리 강한 그리스도인도 자신만의 힘으로는 사탄을 이길 수 없습니다. 우리가 육에 속한 무기로 싸울 때는 도저히 사탄의 적수가 되지 못합니다. 바울은, 하나님께서 사탄에게 '공중의 권세 잡은 자'로서의 모종의 권세를 주셨다고 인정합니다. 또한 이 전쟁에서는 평화주의자와 같은 것은 있을 수 없다는 사실을 지적했습니다.

진실로 그 전쟁은 눈에 보이지 않는 영적인 전쟁이지만 실제 일어나고 있는 전쟁입니다. 우리의 적은 모든 면에서 하나님의 영원한 목적에 대항할 것이며, 주님께서는 우리의 협력을 기대하고 계십니다. 우리는 오늘날의 역사 속에서 요한계시록 12:12의 성취를 보고 있습니다. "그러므로 하늘과 그 가운데 거하는 자들은 즐거워하라. 그러나 땅과 바다는 화 있을진저. 이는 마귀가 자기의 때가 얼마 못 된 줄을 알므로 크게 분 내어 너희에게 내려갔음이라." 그리스도의 승리는 마귀의 지배가 끝났다는 것을 의미하며, 마귀는 최후의 패배를 면하기 위해 필사적으로 저항하고 있다는 것을 바울은 알고 있었습니다.

하나님의 전략은, 모든 신자들이 하나님께서 우리를 두신 특권적이고 안전한 위치에서 우리의 위치를 굳게 지키는 것입니다. 하나님께서는 우리를 사랑하신 그 큰 사랑을 인하여 허물로 죽은 우리를 그리스도와 함께 일으키사 그리스도 예수 안에서 함께 하늘에 앉히셨습니다(에베소서 2:4-6). 우리의 영적 책임은 굳게 서서 마귀를 대적하는 것입니다(에베소서 6:11,13,14).

사탄의 계획은 그리스도인을 이 위치에서 몰아내어 더 낮은 수준으로 전락시키고, '하늘나라의 시민'이라는 그 특권적인 위치를 망각하게 하는 것입니다. 그 사기꾼은 신자로 하여금 육적인 무기로 전쟁을 하게 하려고 애씁니다. 그러나 바울은 경고하기를, 영적인 전쟁은 다른 전쟁과는 다르게 싸워야 한다고 했습니다. 우리가 싸우는 데 쓰는 무기는 육적인 무기가 아니라, 견고한 성이라도 무너뜨리는 하나님의 강한 무기입니다(고린도후서 10:4). 총검은 수소폭탄에 대항하기에는 너무도 빈약한 무기입니다! 우리의 전쟁이 영적 전쟁이라는 그 사실이 우리가 어떤 무기를 사용해야 할 것인가를 결정합니다.

바울은 죄수로서 자주 한 군인에게 묶여 있었기 때문에 갑옷의 성격과 목적을 매우 잘 알고 있었습니다. 그는 성도들이 아무 방비 없이 싸움에 뛰어들까 봐 깊이 염려했습니다. 그래서 갑옷 입은 군인의 모습을 예로 들면서, 모든 그리스도인들에게 은혜로 주신 신령한 힘과 능력을 소유하라고 권면했습니다. "종말로 너희가 주 안에서와 그 힘의 능력으로 강건하여지고"(에베소서 6:10). 그리스도의 군사는 마귀의 궤계를 능히 대적하기 위해 '하나님의 전신갑주'를 입는 것이 중요합니다(에베소서 6:11). 갑옷의 어느 한 부분이라도 빠뜨리게 되면 적에게 약점이 노출됩니다.

마귀는 처음부터 거짓말쟁이였기 때문에, 그리스도의 군사는 '진리의 허리띠'(에베소서 6:14)를 둘러야 합니다. 군인의 허리띠에는 여러 가지 무기와 장비가 부착되어 있습니다. 마찬가지로 우리는 하나님의 진리를 허리띠와 같이 항상 몸에 둘러 모든 생활을 이 진리에 입각하여 영위해야 합니다. 위선적이고 불성실한 삶은 마귀를 대항하여 이길 수 없습니다.

흉배의 기능은 생명과 직결된 중요한 기관을 보호하는 것입니다. 그리스도의 군사는 '의의 흉배'(14절)를 붙여야 합니다. 이 의는 그리스도의 의입니다. 우리는 그리스도로 말미암아 의롭게 되었습니다. 우리를 의롭다고 하신 이는 하나님이시기 때문에 마귀는 우리를 정죄할 수 없습니다. 또한 그리스도로 말미암아 의롭게 된 우리는 그리스도처럼 의롭고 온전한 삶을 살아야 합니다.

전쟁터에서 군인이 신을 잘 신는 것은 중요합니다. 그렇지 않으면 잘 서 있을 수 없을 것입니다. 그는 "평안의 복음의 예비한 것으로 신을 신어야 합니다"(15절). 그리하여 복음을 가지고 신속하게 이동할 준비를 해야 합니다.

군인의 몸은 가죽으로 만든 방패에 의해 보호됩니다. 방패는 싸우러 나가기 전에 물을 흠뻑 적십니다. 군인은 이 방패를 잘 잡고 있어야 합니다. 바울은 그리스도의 군사들에게, "모든 것 위에 믿음의 방패를 가지고 이로써 능히 악한 자의 모든 화전을 소멸하라"(16절)고 권면합니다. 적의 불화살들은 물에 적신 방패에 맞으면 꺼져 버립니다.

그리고 '구원의 투구'(17절)를 써야 한다고 했습니다. 투구는 머리를 보호하기 위해 씁니다. 보호하지 않은 머리는 쉽사리 사탄의 유혹의 제물이 됩니다. 우리는 자신의 머릿속에 부지런히 좋은 씨를 뿌려야 합니다. 그렇지 않으면 사탄이 와서 머릿속에 가라지를 뿌릴 것입니다. 사탄은 우리의 머리를 지배하려고 노력합니다. 우리의 머리를 지배하게 되면 다른 모든 것을 지배할 수 있기 때문입니다. 오늘날 세상의 비극적인 타락 상태는 사탄의 노력이 상당히 성공했다는 것을 보여 주는 무언의 증거입니다.

또 투구는 우리의 소망과 관련이 있습니다. 우리는 '구원의 소망의 투구'를 써야 한다고 바울은 다른 편지에서 썼습니다(데살로니가전서 5:8). 그리스도의 구원은 소망 없는 세상에서 우리에게 소망을 가져다줍니다. 하나님의 구원에 대한 확실한 소망은 계속되는 마귀의 공격에 대항하여 싸울 때 우리에게 지치지 않는 힘을 줍니다. 우리는 승리가 우리의 것이라는 사실을 하나님이 살아 계신다는 사실만큼이나 확신할 수 있습니다. "우리 주 예수 그리스도로 말미암아 우리에게 이김을 주시는 하나님께 감사하노니"(고린도전서 15:57).

'성령의 검 곧 하나님의 말씀'(17절)은 방어 및 공격용 무기입니다. 그것은 우리 주님께서 광야에서 마귀와 싸우실 때 사용하시던 주 무기였습니다. 주님께서는 그것을 능숙하게 사용하는 법을 알고 계셨습니다. 하나님의 말씀은 주님에 의해 강력하고 효과적인 무기임이 입증되었습니다. 우리는 하나님의 말씀을 사용하는 방법을 아주 철저하게 익혀야 합니다. 하나님의 말씀으로 우리의 마음을 풍성하게 채워, 성령께서 필요한 순간에 신속히 알맞은 말씀을 생각나게 하실 수 있도록 해야 합니다. 이것은 영적 군사의 책임입니다.

끝으로 우리는 기도의 무기를 사용해야 합니다. "모든 기도와 간구로 하되 무시로 성령 안에서 기도하라"(18절)고 바울은 말합니다. 영적 전쟁은 일차적으로 기도의 장소에서 벌어지며, 많은 경우 전쟁의 승패는 여기에서 대세가 판가름 납니다. 우리는 '모든 형태의 기도'를 다 동원하여 사탄과 '총력전'을 전개해야 합니다. 영적 전쟁에는 전후방이 없으며, 휴전이란 것도 없기 때문입니다.

우리가 '하나님의 전신갑주'를 입어야 하는 이유는, 이 악한 세대에서 우리의 진지를 굳게 지킬 뿐 아니라 적의 모든 공격을 물리치고 승리할 수 있도록 하기 위한 것입니다.

그리스도의 군병들아 일어나
너희의 갑주를 입으라.
영원하신 아들을 통하여
하나님께서 주신 힘 안에서 강하라.

주님의 모든 능력을 입고서
주님의 크신 능력 안에서 굳게 서라.
하나님의 전신갑주로
싸움을 위해 자신을 무장하라.

보호되지 않은 곳이 없게 하여
약점이 없게 하라.
모든 덕, 모든 은혜로써
전체를 요새화하라.
                찰스 웨슬레

10
어려운 문제들

> 우리가… 범사에 참는 것은 그리스도의 복음에
> 아무 장애가 없게 하려 함이로라.
>
> 고린도전서 9:12

우리는 모두 어떤 행동이 그리스도인으로서 옳은지 그른지를 결정해야 할 때가 있습니다. 때로는 우리 자신의 문제는 아니나 그 문제에 대하여 다른 사람들을 상담하고 인도해 주어야 할 경우도 있습니다. 바울은 그리스도인 생활의 특별히 어려운 영역들에서 우리에게 유익한 지침을 제공합니다.

어떤 이는, "우리가 법 아래 있지 아니하고 은혜 아래 있다"(로마서 6:15)는 바울의 말을, 은혜 아래서는 모세의 율법의 금지 사항들이 설 자리가 없다는 말로 해석합니다. 그러나 이것은 결코 사실이 아닙니다. 바울의 분명한 가르침은, 우리는 칭의의 수단으로서의 '법 아래' 있지 않다는 것입니다. 따라서 그 말은 우리에게는 법이 필요 없다는 의미는 아닙니다.

왜냐하면 우리는 그리스도의 법 아래 있기 때문입니다. 우리는 새롭고 강력한 법에 구속되어 있는 것입니다.

한 가지 놀라운 사실은, 안식일에 관한 계명을 제외하고는 - 이는 매우 중요한 의미가 있습니다 - 십계명의 하나하나가 모두 신약에서도 언급되고 있다는 것입니다. 실제로는 그 적용 범위가 더 크게 확장되어 있습니다. 예를 들어, "간음하지 말지니라"(출애굽기 20:14)는 계명에 대해, 주님께서는 이렇게 말씀하셨습니다. "또 간음치 말라 하였다는 것을 너희가 들었으나, 나는 너희에게 이르노니, 여자를 보고 음욕을 품는 자마다 마음에 이미 간음하였느니라"(마태복음 5:27-28).

우리는 지금 그리스도의 법 아래 있습니다. 이 법은 곧 사랑의 법입니다. 우리는 이제 새로운 생활 방식으로 살아야 합니다. 새 언약의 진수는 다음과 같은 독특한 영적 사실에 있습니다. 즉, 새 언약은 새로운 규칙과 법규들을 제정하기보다는, 올바로 적용될 때 모든 경우를 망라할 수 있는 원리와 원칙들을 선포한다는 것입니다. "너희는… 할지니라, 너희는… 하지 말지니라"는 엄한 명령이 "내가… 하리라, 내가… 하리라"는 은혜로운 약속으로 대치되었습니다(히브리서 8:10-12).

그리스도인 생활의 불분명하고 어려운 영역에 대한 많은 문제가 다음 질문을 묻고 답함으로써 자동적으로 거의 해결될 수 있을 것입니다.

(1) 그것은 유익한가? "모든 것이 가하나 모든 것이 유익한 것이 아니요"(고린도전서 10:23). 그러므로 문제가 되어 있는 영역에 대하여 다음 질문을 해보는 것이 중요합니다. '이것을 통해 내가 더 훌륭하고 더 성숙한 그리스도인이 될 것인가? 이것을 통해 나의 삶이 하나님과, 그리고 다른 사람들에게 더욱 유익한 것이 될 것인가?'

(2) 그것은 덕을 세우는 것인가? "모든 것이 가하나 모든 것이 덕을 세우는 것이 아니니"(고린도전서 10:23). 하려고 하는 것들이 비록 합법적이고 정당한 것이라 할지라도 그것들이 모두 덕을 세우는 것은 아닙니다. 그러므로 다음과 같이 질문해야 합니다. '이것은 다른 그리스도인들에게 덕이 되고, 그들을 세워 줄 것인가?'

(3) 그것이 나를 노예로 만들지는 않을 것인가? "모든 것이 내게 가하나 내가 아무에게든지 제재를 받지 아니하리라"(고린도전서 6:12). 어떤 일이 그 자체로는 매우 합법적이고 정당한 것일지라도, 지나치면 우리의 시간을 너무 많이 빼앗고 우리에게 좋지 않은 영향을 줄 수도 있습니다. 그리하여 우리로 하나님께서 우리를 위해 예비하신 최상의 것을 얻지 못하게 할 수가 있습니다. 예를 들어, 책이나 신문, 잡지 등을 지나치게 많이 읽거나, 텔레비전을 지나치게 많이 보거나, 인터넷을 과도하게 하는 것 등은 하나님의 말씀에 대한

우리의 식욕을 떨어뜨릴 수가 있습니다. 우리는 주의 깊게 우선순위를 정하고 지켜야 합니다. 심지어 합법적이고 정당한 것들이라 할지라도 그렇게 해야 합니다.

(4) 그것이 나를 유혹에 빠지게 하지는 않을 것인가? 자원하여 유혹 속으로 들어가면서, "나로 하여금 유혹에 빠지지 않게 하옵소서" 하고 기도하는 것은 아무 소용이 없습니다. 죄를 덜 나쁘게 보이게 하거나 더 쉽게 짓도록 만들 수 있는 것은 어떤 것이든지 즉각 단호하게 거부해야 합니다.

이 원리는 단지 음란하거나 저속한 것에만 적용되는 것이 아닙니다. 어떤 것은 지적이고 아름다울 수가 있으나, 우리의 영적 시야를 흐리게 하거나 우리의 경주를 방해할 경우, 그것은 벗어 버려야 할 무거운 짐인 것입니다. "모든 무거운 것과 얽매이기 쉬운 죄를 벗어 버리라"(히브리서 12:1).

비록 상황은 다를지라도, 바울 시대에 로마에 살던 그리스도인들이 봉착한 문제는 오늘날 우리가 봉착하는 것과 근본적으로 다르지 않습니다. 이 문제들에 대한 바울의 조언은 이상하리만큼 오늘날에도 그대로 적용됩니다. 우리가 그 원리를 받아들여 그대로 행한다면 새로운 자유를 누리게 될 것입니다.

(1) 의견의 차이를 허용할 것. "어떤 사람은 모든 것을 먹을 만한 믿음이 있고, 연약한 자는 채소를 먹느니라. 먹는 자는 먹지 않는 자를 업신여기지 말고, 먹지 못하는 자는 먹는

자를 판단하지 말라. 이는 하나님이 저를 받으셨음이니라"(로마서 14:2-3). 이 말씀에서 논의 중인 문제는 우상에게 바친 제물입니다. 성숙한 그리스도인은, 우상은 사람이 만든 것이며 실제로 존재하는 것이 아니라고 생각합니다. 따라서 이 성숙한 신자는 우상에게 바쳐졌던 음식을 먹는 것에 전혀 거리낌이 없습니다. 그러나 믿음이 약한 신자에게는 그것이 걸림돌이 됩니다.

바울은 상당한 마찰을 불러일으킬 가능성을 지닌 이런 문제에 대해서는, 중요한 교리가 걸려 있지 않기 때문에 서로 받아주라고 권고했습니다. 교회 안에서 명확하게 틀리지 않는 문제나 순전히 문화적인 문제에서는 진정 의견 차이가 생길 수 있습니다. 우리는 다른 사람이 우리와는 다른 의견을 주장할 권리를 인정해야 합니다.

(2) 개인적인 확신을 가질 것. "혹은 이 날을 저 날보다 낫게 여기고, 혹은 모든 날을 같게 여기나니, 각각 자기 마음에 확정할지니라"(로마서 14:5).

우리는 카멜레온처럼 다른 사람에 맞추어 자신의 신학적 색채를 바꾸는 경우가 허다합니다. 또, 성경의 분명한 가르침에 의해 영향받기보다는, 교리적 기호 또는 편견에 의해 좌우되는 경향이 있습니다. 바울은 그리스도인들에게, 성경에 기초한 자신의 분명한 확신을 가짐으로써 자신의 행동이나 결정이

다른 사람에 의해 끌려 다니지 않게 하라고 가르칩니다. 우리는 자신의 결정에 대해서는 자신이 책임을 져야 하며, 따라서 견고한 확신을 기초로 해서 그 결정들을 하도록 해야 합니다.

(3) 궁극적으로 하나님께 책임질 것. 바울은 다음과 같이 말했습니다. "우리가 누구이기에 남의 종을 비판합니까? 그가 서 있든지 넘어지든지, 그것은 그 주인이 상관할 일입니다"(로마서 14:4, 새번역). 그 다음 이어서 이렇게 말합니다. "그러므로 우리는 각각 자기 일을 하나님께 사실대로 아뢰어야 할 것입니다"(로마서 14:12, 새번역). 우리는 모두 사회의 일원이기에 일정한 사회적 책임을 가지고 있습니다. 그러나 궁극적으로는 하나님께 책임을 집니다.

오직 하나님 한 분만이 우리의 주인이십니다. 그 밖에 다른 아무도 우리에 대한 하나님의 주권적인 권리를 차지할 수 없습니다. 우리가 다 앞으로 반드시 하나님의 심판대 앞에 서야 한다는 사실은 우리의 행동에 깊이 영향을 미쳐야 합니다. 바울은 묻습니다. "네가 어찌하여 네 형제를 판단하느뇨? 어찌하여 네 형제를 업신여기느뇨? 우리가 다 하나님의 심판대 앞에 서리라"(로마서 14:10).

(4) 비판적인 마음을 갖지 말 것. 형제의 행동을 비판하거나 판단하는 것은 우리의 권리가 아닙니다. 그 권리는 오직 하나님께만 있습니다. "그런즉 우리가 다시는 서로 판단하지

말고 도리어 부딪힐 것이나 거칠 것으로 형제 앞에 두지 아니할 것을 주의하라"(로마서 14:13). 마지막 날에 우리는 다른 사람에 의해서가 아니라 하나님에 의해서 심판받을 것입니다. 그러므로 우리는 항상 우리가 다른 사람들에게서 기대하는 것과 같은 공평성과 진실성을 가지고 그들을 신뢰해야 합니다.

(5) 다른 사람을 위해 삼갈 것. 우리는 자신의 유익에만 빠져 자신의 즐거움만을 위해 살아서는 안 됩니다. 우리의 삶이 다른 사람들에게 미치는 영향을 깊이 생각해야만 합니다. 따라서, "고기도 먹지 아니하고 포도주도 마시지 아니하고 무엇이든지 네 형제로 거리끼게 하는 일을 아니함이 아름다우니라"(로마서 14:21).

예컨대, 우리에게 모든 것을 먹을 만한 믿음이 있을지라도, 그것이 우리보다 믿음이 약한 형제를 실족케 한다면, 믿음이 약한 그 형제를 위해 우리 자신의 정당한 권리 또는 즐거움을 제한할 책임이 우리에게 있습니다. "우리 강한 자가 마땅히 연약한 자의 약점을 담당하고 자기를 기쁘게 하지 아니할 것이라"(로마서 15:1).

(6) 정당성에 의문이 있는 것을 삼갈 것. 어떤 일을 하려고 하는데 그 일에 대하여 의심이 있다면, 의심이 든다는 그 자체가 곧 그 일이 의심스러운 일이라는 것을 말해 줍니다. 모

든 행동은 적극적인 믿음의 확신을 수반해야 합니다.

"네게 있는 믿음을 하나님 앞에서 스스로 가지고 있으라. 자기의 옳다 하는 바로 자기를 책하지 아니하는 자는 복이 있도다. 의심하고 먹는 자는 정죄되었나니, 이는 믿음으로 좇아 하지 아니한 연고라. 믿음으로 좇아 하지 아니하는 모든 것이 죄니라"(로마서 14:22-23). 어떤 일에 대해 계속 의심이 있을 때는 더 명확한 비췸이 있을 때까지 행동을 연기하라는 뜻으로 여겨야 합니다. 기도와 성경 말씀의 연구를 통하여 성령께서는 그 의심을 제거해 주시든지, 아니면 그 일이 하나님의 뜻이 아니라는 확신을 주실 것입니다.

반면에, 우리의 문제가 하나님의 말씀에 대한 무지에서 나온 것일 수도 있습니다. 그런 경우에는 하나님의 말씀에 의해 가르침을 받을 필요가 있습니다. 우리의 과거 배경과 또는 전통이나 편견 때문에, 성경이 정죄하고 있지 않는 것들에 대하여 의심을 가질 수도 있습니다. 이러한 문제에 있어서는 우리를 진리 가운데로 인도하시는 성령의 은혜로운 사역에 의지해야 합니다(요한복음 16:13).

돈에 대하여

바울은 이 문제에 대하여 주님의 말씀을 우리에게 들려줍니다. "주 예수의 친히 말씀하신 바 주는 것이 받는 것보다 복이 있다 하심을 기억하여야 할지니라"(사도행전 20:35). 바울 자신은 분명 이 복을 받을 만한 자격을 갖추었다고 할 수 있을 것입니다. 바울은 그와 일행에게 필요한 것들을 얻기 위해 자기 손으로 일했고, 이렇게 힘써 일하여 약한 사람들을 돕는 일에 모범을 보였습니다(사도행전 20:34-35).

사도 바울이 이 영역보다 더 세심한 관심을 기울인 영역은 없었습니다. 이 영역에서 그는 영적 지도자를 위한 중요한 모범을 보였습니다. 많은 지도자들이 다른 무엇보다도 돈에 대하여 잘못된 태도를 취하고 돈과 관련하여 그릇된 행동을 함으로 말미암아 영적 힘을 상실했습니다.

주님께서는 그분의 가르침에서 돈 문제에 대하여 놀랄 만큼 두드러진 강조를 하셨습니다. 이런저런 방법으로, 공관복음서에서 6구절 중 한 구절에, 그리고 주님께서 드신 38개의 예화 중 16개에 돈이 소재로 들어가 있습니다. 그리하여 예수 그리스도께서는, 돈은 요람에서 무덤까지 인생의 중요한 항목 중의 하나라는 것을 인정하셨던 것입니다. 돈은 우리 대화의 많은 부분을 차지하는 것 중의 하나요, 가장 열심히 추구하는 것 중 하나이기도 합니다. 돈은 아무도 무관심할 수 없는 것입니다.

바울은 이 보편적인 문제를 매우 잘 알고 있었고, 따라서 돈을 다루는 데 매우 신중을 기했습니다. 새로 생긴 교회들에게 재정적 부담을 지우지 않기 위해 스스로 자신의 생활비를 벌었고, 때로는 동역자들의 생활비까지도 부담했습니다. 그는 돈 문제에서 깨끗했으며, 후히 드리는 일에 훌륭한 모범이 되었습니다.

바울은 돈에 대한 자신의 철학을 디모데전서 6:3-10에서 이렇게 표현했습니다. "누구든지… 바른 말 곧 우리 주 예수 그리스도의 말씀과 경건에 관한 교훈에 착념치 아니하면… 마음이 부패하여지고 진리를 잃어버려 경건을 이익의 재료로 생각하는 자들의 다툼이 일어나느니라. 그러나 지족하는 마음이 있으면 경건이 큰 이익이 되느니라. 우리가 세상에 아무것도 가지고 온 것이 없으매, 또한 아무것도 가지고 가지 못하리니, 우리가 먹을 것과 입을 것이 있은즉 족한 줄로 알 것이니라. 부하려 하는 자들은 시험과 올무와 여러 가지 어리석고 해로운 정욕에 떨어지나니, 곧 사람으로 침륜과 멸망에 빠지게 하는 것이라. 돈을 사랑함이 일만 악의 뿌리가 되나니, 이것을 사모하는 자들이 미혹을 받아 믿음에서 떠나 많은 근심으로써 자기를 찔렀도다."

슬프게도, 영적 지도자들을 포함하여 너무도 많은 그리스도인들이 돈 문제에서 실패했습니다. 이런 이유로 바울은 이제 막 새로운 과제를 맡은, 젊은 목회자 디모데에게 돈 문제를 주의하라고 경고했습니다.

바울은 교회의 재정 문제에서 개인적으로 너무 많은 책임을 맡지 않으려고 조심했습니다. 고린도의 그리스도인들이 예루살렘의 가난한 성도들을 위해 헌금을 했을 때, 그 헌금을 예루살렘에 가지고 가는 책임을 맡으려 하지 않았습니다. 그는 헌금한 사람들이 직접 그 헌금을 가지고 가야 한다고 생각했고, 그리하여 금전 문제에서 깨끗함으로써 성도들이 아무 의구심도 갖지 않게 하려 했습니다.

바울은 정기적이고 계획적인 헌금을 하도록 권장했습니다. 바울은 고린도 교인들에게 이렇게 권면했습니다. "매 주일 첫 날에 너희 각 사람이 이를 얻은 대로 저축하여 두어서 내가 갈 때에 연보를 하지 않게 하라. 내가 이를 때에 너희의 인정한 사람에게 편지를 주어 너희의 은혜를 예루살렘으로 가지고 가게 하리니"(고린도전서 16:2-3).

이 절차를 보면 참으로 지혜롭습니다. 왜냐하면 생활수준이 낮은 지역에 있는, 새로 생겨난 교회들에서는, 헌금한 돈을 관리하는 일이 자주 관리 책임을 맡은 사람에게 시험이 된다는 사실이 입증되고 있기 때문입니다. 이러한 이유로 항상 한 사람 이상이 돈을 세고 관리하는 일에 참여하는 것이 현명합니다.

바울은 더 후히 드리라고 고린도 교회에 촉구하면서, 부요하신 자로서 우리를 위해 가난하게 되신 주님의 무한한 후하심

(고린도후서 8:9)과 또한 가난한 마게도냐 교회들의 아낌없이 후히 드리는 모습을 예로 들었습니다. "형제들아, 하나님께서 마게도냐 교회들에게 주신 은혜를 우리가 너희에게 알게 하노니, 환난의 많은 시련 가운데서 저희 넘치는 기쁨과 극한 가난이 저희로 풍성한 연보를 넘치도록 하게 하였느니라. 내가 증거하노니, 저희가 힘대로 할 뿐 아니라, 힘에 지나도록 자원하여 이 은혜와 성도 섬기는 일에 참여함에 대하여 우리에게 간절히 구하니, 우리의 바라던 것뿐 아니라, 저희가 먼저 자신을 주께 드리고 또 하나님 뜻을 좇아 우리에게 주었도다"(고린도후서 8:1-5).

여기에 매우 특이한 헌금 모습이 나타나 있습니다. 헌금하는 사람들이 주님을 위해 헌금할 기회를 달라고 간청하고 있는 것입니다. 마게도냐 성도들은 주는 것이 받는 것보다 더 복이 있다는 것을 매우 명확하게 보여 주었습니다.

하나님의 뜻을 아는 것에 대하여

지도자에게 이 영역에서보다 더 큰 영적 지혜를 요구하는 영역은 없습니다. 우리는 많은 경우에, 그 상황에서 하나님의 뜻이 무엇인지, 하나님께서 어디로 인도하시는지를 분별해야 합니다. 흔히 신앙 경험이 많고 하나님과 오랫동안 동행한 사람은 필시 어려운 상황 속에서도 하나님의 뜻을 훨씬 더 쉽게 분별할 수 있을 것이라고 생각합니다. 이것이 사실이기는 하지만, 항상 그런 것은 결코 아닙니다.

하나님의 방법은 오히려 그와 반대인 것 같습니다. 시간이 갈수록 하나님께서는 대개 지도자의 영적 판단에 더욱더 맡기시며, 신앙생활 초기보다 하나님의 인도하심에 대한, 감각적이며 만질 수 있는 증거들을 훨씬 더 적게 주시는 것 같습니다. 하나님의 분명한 뜻을 발견하는 데 있어서 겪는 어려움은 모든 책임 있는 자리에 있는 사람들에게 많은 압력을 줄 것입니다. 바울의 경험은 우리에게 하나님의 인도하심에 대한 지극히 값진 교훈을 몇 가지 제공합니다.

바울은 비록 다메섹 도상에서 주님의 부르심에 즉각 응답했지만, 선교사로서의 바울의 인생이 시작된 것은 약 10년 내지 11년 후 안디옥 교회에서 섬기고 있을 때였습니다.

안디옥 교회의 여러 지도자들이 주님을 섬기며 금식할 때에 성령께서 "내가 불러 시키는 일을 위하여 바나바와 사울을 따로 세우라"(사도행전 13:2)고 하셨습니다. 이 하나님의 호출은 선교사로서 바울의 인생의 실제 시작을 의미했습니다. 열정적인 마음의 소유자인 바울에게, 선교사로서 준비하며 보낸 그 이전의 세월들은 틀림없이 아주 길게 느껴졌을 것입니다. 마침내 그는 자유롭게 되어 세계 선교에 착수했습니다.

바울은 그의 개인적인 소명이 그가 섬기고 있는 지역 교회에 의해 확인될 때까지, 선교사로서의 삶을 시작하지 않았습니다. "이에 금식하며 기도하고 두 사람에게 안수하여 보내니라"(사도행전 13:3). 마침내 바울의 개인적 소명을 교회 지도자들도 모두 인정하게 된 것입니다.

이로써 안디옥 교회는 오늘날 교회를 위한 좋은 모델이 될 수 있는 전례를 확립했습니다. 선교사 개인의 부르심이 그의 모교회의 지도자들에 의해 승인을 받는다면, 그것은 교회와 선교사 모두에게 큰 의미가 있습니다.

바울은 이미 고도로 훈련되어 있었음에도 불구하고 경험이 풍부한 주님의 일꾼인 바나바와 한동안 함께 일했다는 것은 매우 재미가 있습니다. 경건하고 마음이 넓은 바나바는 훈련 기간 동안 바울에게 큰 영향을 주었을 것입니다. 그리고 자기보다 연하인 바울이 선교팀의 리더십을 맡으며 - 조만간 이것은 불가피하였습니다 - 자기 앞에서 질주할 때에, 쓴 뿌리나 시기심을 품었다는 흔적이 전혀 없다는 것은 바나바에 대하여 많은 것을 말해 줍니다.

사도행전 16:6-10은 하나님의 인도 방법을 설명하기에 매우 좋은 부분입니다. 이 말씀을 해석하기 위해, 우리는 마게도냐로부터의 요청이 '최초의 선교적 부르심'으로 간주되어서는 안 된다는 것을 기억해야 합니다. 바울과 그의 일행은 이미 최초의 부르심에 응답했었습니다. 따라서 마게도냐로부터의 요청은 오히려 특수한 일터로 가도록 다시 방향을 지시하는 하나님의 방법으로 간주되어야 하는 것입니다. 바울과 그의 일행을 위한 섬김의 시간과 장소를 택하신 이는 성령이셨습니다.

이 본문 말씀으로부터 우리는, 하나님께서는 때로 내적 경고나 금지를 통해 인도하신다는 것을 배우게 됩니다. "성령이 아시아에서 말씀을 전하지 못하게 하시거늘, 브루기아와 갈라디아 땅으로 다녀가 무시아 앞에 이르러 비두니아로 가고자 애쓰되, 예수의 영이 허락지 아니하시는지라, 무시아를 지나 드로아로 내려갔는데"(사도행전 16:6-8).

아시아와 비두니아는 후에 복음의 말씀을 들어야 했습니다. 이때에 하나님의 전략은 복음이 서쪽으로 전파되는 것이었습니다. 성령의 바람은 유럽으로 불고 있었습니다. 유럽은 최근 무르익어 추수해야 할 밭이 되었기 때문입니다. 바울과 그의 일행은 거기에 낫을 대는 특권을 누렸던 것입니다.

영적으로 깨어 있어 민감할 때, 바울은 성령의 인도에 순종했고 자기의 뜻대로 밀고 나가지 않았습니다. 동료들과 함께 기도하며 의논하면서 그들을 위한 하나님의 뜻을 발견하기 위해 드로아로 내려갔습니다. 이 작은 선교팀은 그들의 결정이 세계를 뒤흔든 결과를 가져오리라는 것을 거의 깨닫지 못했습니다.

그들 앞에 있는 문제는 분명했습니다. 고향으로 돌아갈 것인가, 아니면 계속 앞으로 밀고 나가 바다를 건널 것인가? 어떤 것이 하나님의 뜻인가? 하나님의 뜻을 어떻게 알 수 있는가? 하나님께서는 그들을 오랫동안 의심 가운데 두시지 않았습니다. 닫힌 문을 통한 부정적인 인도하심에 이어, 하나님의 긍정적 지시가 뒤따랐습니다.

"밤에 환상이 바울에게 보이니, 마게도냐 사람 하나가 서서 그에게 청하여 가로되, '마게도냐로 건너와서 우리를 도우라' 하거늘"(9절). 그 환상이 그가 지상사명에 순종하여 앞으로 나아간 '후에' 보였다는 것과, 그리고 그것이 그를 향한 주님의 인도에서 유일한 요소였다는 것을 주목하십시오. 바울은 이미 자신의 첫 번째 과제를 이루었고, 이제 더 넓은 곳으로 나아가고 있었습니다.

그 환상을 본 후 바울은 지도자로서, 동료들과 함께 주의 깊게 그 환상에 대하여 이야기하면서 나아갈 방향을 의논하였습니다. 그들은 바울이 본 환상에 대해 마음을 같이하며 기도하는 가운데 나아갈 방향을 정했습니다. 그들은 성령께서 주신 마음의 일치에 이르렀습니다. "그 환상을 바울이 본 뒤에, 우리는 곧 마케도니아로 건너가려고 하였다. 우리는, 마케도니아 사람들에게 복음을 전하기 위하여, 하나님께서 우리를 부르신 것이라고 확신하였기 때문이다"(사도행전 16:10, 새번역).

로버트슨은 이 상호 의논 속에서 계시와 관련하여 이성의 올바른 사용에 대한 좋은 예를 발견합니다. 우리는 그 계시가 과연 하나님의 계시인지를 알기 위해, 또 그것이 우리에게 무엇을 의미하는지를 알기 위해, 그리고 우리가 그 계시를 순종해야 하는지를 알기 위해 기도하는 가운데 이성을 사용하여 깊이 생각해 봐야 하는 것입니다.

그리하여 바울은 발걸음을 내딛기 전에, 그의 환상이 하나님의 말씀과 일치하고, 성령에 의해 증거되고, 동료들에 의해 인정되고, 또 자신의 판단에 의해 인정되었다는 것을 확증했습니다. 이러한 견제와 균형 체제로 말미암아, 후일 빌립보에서 적대적인 반응에 직면하고 피를 흘리며 감옥에 갇히게 되었을 때도 후회하거나 실망하지 않을 수 있었습니다. 일이 잘못되어 가고 있는 것처럼 보일 때, 그들은 자신들에 대한 하나님의 인도하심을 의심하는 대신 하나님께 기도하여 찬양을 돌렸습니다. 마귀가 어떻게 이런 사람들을 이길 수 있겠습니까?

권리에 대하여

바울의 영적 역량에 크게 기여하고 그의 리더십을 특징지은 한 가지 요소는 자신의 권리에 대한 태도였습니다. 자기의 의무를 이행하는 것보다는 자기의 권리를 주장하는 것에 훨씬 더 큰 강조를 두고 있는 현 시대에, 바울의 태도는 유익한 처방을 제시합니다. 지도자가 더 큰 영향력을 행사하려면 이 영역에서 매우 민감해야 합니다.

고린도전서 9장은 바울의 선교 사역의 비밀을 부분적으로 제시하고 있는데, 이 장에서 바울은 '복음과 관련하여' 자신의 권리에 대하여 일곱 번 언급했습니다. 이 말씀들은 효과적인 복음 전도자와 지도자가 되기를 원하는 사람들에게 강력한 메시지를 전하고 있습니다.

효과적인 복음 전도자와 지도자가 되기 위해서는 우리의 삶 속에 있는 '잘못된' 것을 버려야 한다는 것은 분명합니다. 그러나 효과적인 복음 전도자와 영적 지도자가 되기 위해서는 자신의 '정당한' 권리까지도 포기해야 할 경우가 있다는 것은 깨닫지 못하는 사람들이 많습니다. 이 면에서 바울은 훌륭한 모범을 보였습니다. 교회의 재정적 지원을 받을 수 있는 권리를 언급하면서, 바울은 이렇게 말했습니다. "우리가… 범사에 참는 것은 그리스도의 복음에 아무 장애가 없게 하려 함이로라"(9:12). 그는 그리스도의 복음을 위해 자신의 권리를 주장하지 않았습니다. '항상' 자기의 권리를 주장하는 사람은 소인(小人)입니다.

바울은 자신에게 정당한 것일지라도 그것이 자신의 사역을 제한시킬 수도 있다는 것을 인정하였습니다. 앞에서 살펴보았듯이, "모든 것이 내게 가하나 다 유익한 것이 아니요, 모든 것이 내게 가하나 내가 아무에게든지 제재를 받지 아니하리라"(고린도전서 6:12)고 했으며, 이어 "모든 것이 가하나 모든 것이 덕을 세우는 것이 아니니"(고린도전서 10:23)라고 했습니다. 바울은 합법적인 욕구라 할지라도 그것에 빠지면 노예 상태가 될 가능성이 아주 크다는 것을 알고 있었습니다. 영적 지도자는 비합법적인 영역에서뿐 아니라, 합법적인 영역에서도 승리를 해야 합니다.

오스왈드 체임버스는 다음과 같이 말했습니다. "예수님을 위해 오직 **잘못된** 것만을 버릴 준비가 되어 있는 사람은 결코 그분을 사랑하고 있다고 말하지 맙시다. 방법을 몰라서 그렇지, 누구든지 방법을 알면 잘못된 것을 버리려고 할 것이다. 중요한 것은 예수 그리스도를 위해 자기가 가진 가장 좋은 것을 포기할 준비가 되어 있는가 하는 것이다. 그리스도인이 가지고 있는 유일한 권리는 자신의 권리를 포기하는 권리다." 하나님의 가장 효과적인 도구가 되기 위해서는 몇 가지 자발적인 포기를 해야 할 필요가 있습니다(누가복음 14:33). 우리가 하나님을 위해 귀히 쓰이는 그릇이 되려고 한다면, 자발적인 포기라는 이 도전에 직면해야만 합니다.

이 희생의 영역에서 우리의 가장 위대한 모범이 되시는 분은, 다른 모든 면에서와 마찬가지로, 주님이십니다. 그분은 '만유의 후사'로서(히브리서 1:2), 우리의 상상을 완전히 초월한 권리를 소유하신 분이었습니다. 하지만 그분은 우리를 위해 그것들을 하나씩 포기하셨습니다. 그 권리의 포기는 주님께서 그분의 영원한 보좌에서 일어나셔서, 영원한 하늘의 보좌를 버리시고 우리와 같은 사람이 되셨을 때 시작되었습니다(빌립보서 2:6-8).

가장 많이 가진 사람이 큰 희생을 치르는 법인데, 이는 가장 많이 버려야 하기 때문입니다. 그리스도께서는 인간의 죄를 위해 하늘의 보좌를 버리셨고, 여기저기 돌아다니며 복음 전하는 삶을 살기 위해 가정의 안락함을 버리셨으며, 땅의 가난한 사람들을 위해 하늘의 부를 버렸습니다. 그리고 마침내 우리를 사랑하사 우리의 죄를 대신 지시고 십자가의 죽음의 고통을 당하심으로써 인간에게 있어서 그래도 마지막 안식처라고 할 수 있는 곳까지도 버리셨습니다.

진실로, 희생이 우리가 가장 사랑하는 사람에게 우리가 가진 가장 좋은 것을 주는 기쁨의 경지라면, 거기에는 또 주님을 사랑하기 때문에 때로 포기해야만 하는 세속적인 권리들이 반드시 들어 있게 마련입니다.

내가 요금을 지불하고 버스를 탔으면 나는 빈자리가 있으면 앉을 수 있는 권리가 있으며, 이는 어느 누구도 빼앗을 수 없습니다. 그러나 어떤 아주머니가 한 팔에는 아이를 안고 다른 손에는 짐을 든 채 버스에 탔는데 자리가 없다면, 아무도 나의 자리에 대한 나의 권리를 빼앗을 수 없을지라도, 나에게는 그 권리를 포기하고 자리를 그 아주머니에게 양보할 더 높은 권리와 책임이 있습니다. 하물며 주님을 위해서라면 더욱 그래야 하지 않겠습니까?

고린도전서 9장에서 바울은 세 영역에서 자신의 권리를 주장합니다. 배고픔을 채우기 위해 먹고 마실 권리(4절), 정상적인 결혼 생활을 할 권리(5절), 교회로부터 재정적 지원을 받을 권리(6-12절).

바울에게는, 복음을 전하는 기쁨과 의무가 식욕을 만족시키거나 외부의 재정적 지원을 받는 것보다도 훨씬 더 중요하였습니다. 그는 결코 금욕주의자가 아니었지만, 진정 자신의 육체에 지배당하지 않으리라고 굳게 결심했습니다.

"나는 식욕에 지배당하지 않겠다"고 요한 웨슬레는 말했습니다. 그래서 2년 동안 감자를 먹고 살았습니다! 그가 그 시대에 그토록 엄청난 영향력을 미칠 수 있었던 것은 바로 하나님을 위해 최상의 도구가 되겠다는 확고부동한 목적 때문이었습니다. "우리는 이 권리를 사용하지 않았다"고 바울은 주장했습니다(12절).

그리스도에 대한 사랑과 효과적인 복음 전도를 위해, 바울은 아내를 데리고 다닐 수 있는 권리를 희생했습니다. '복음으로 인하여 내게 있는 권리를 다 쓰지 아니하는' 이것이 바울의 특징적인 태도였습니다(18절). 그는 하나라도 권리를 더 취하려고 자신의 권리에 집착하지 않았습니다.

바울은, 그가 영적으로 돕고 있는 사람들로부터 재정적 지원을 받을 권리가 자기에게 있다고 강하게 주장했습니다. "이와 같이 주께서도 복음 전하는 자들이 복음으로 말미암아 살리라 명하셨느니라. 그러나 내가 이것을 하나도 쓰지 아니하였고"(14-15절). 바울은 탐심이 가득한 제사장들과 같은 무리로 일괄적으로 취급당하기를 원하지 않았습니다. 더욱이 그의 사도적 권위의 행사를 위해 재정적 독립을 유지하기를 원했습니다. 그래서 텐트 만드는 일을 통해 스스로 생활비를 벌기로 작정하였습니다. 그러나 몇몇 특별한 경우에 교회들로부터 지원을 받았습니다.

지도자가 - 그 밖의 누구든지 - 자신의 권리에 대하여 이러한 태도를 취하려면 놀라울 정도로 강한 동기력이 필요합니다. 바울은 이렇게 말했습니다. "내가 모든 사람에게 자유하였으나 스스로 모든 사람에게 종이 된 것은 더 많은 사람을 얻고자 함이라"(19절). 종은 아무 권리도 가지고 있지 않습니다!

한 선교사가 중국에서의 선교 경험을 이렇게 말했습니다. "제가 중국에 갔을 때 언어와 풍습, 또는 음식이라든지 주거 환경이라든지 이런 데서 올 모든 어려움을 기꺼이 감당할 만반의 준비가 되어 있었습니다. 그래서 그런지 중국 음식이 특별히 저를 괴롭히지는 않았습니다. 여러분도 역시 여러분의 입과 위를 중국 음식에 적응시키는 데는 조금밖에 시간이 걸리지 않을 것입니다. 그것은 제가 예상했던 것보다 어렵지 않았습니다. 그런데, 다른 한 가지," - 그리고는 잠시 말을 멈추었습니다 - "제가 전혀 생각지도 않았던 한 가지가 저를 괴롭혔습니다. 저는 제 권리들을 침해당해야 했습니다! 저는 제 권리들을 주장할 수 없다는 것을 알았습니다. 저는 어떤 권리도 가지고 있을 수조차 없다는 것을 알았습니다. 저는 그것들을 모두 포기해야 한다는 것을 알았으며, 모든 것 중에서 이것이 가장 힘든 일이었습니다." 예수님의 말씀대로, 그는 '자기 자신을 부인해야' 했습니다(누가복음 9:23). 그것은 결코 쉽지 않습니다. 이어 이렇게 말했습니다. "그러나 이것이 주님께서 가신 길이라면, 주님의 종인 저도 그 길을 따라가야 하지 않겠습니까?"

노예 문제에 대하여

생각만 해도 소름 끼치는 노예 매매에 대하여 바울은 보다 더 강력한 항의를 했어야 했다는 비난이 바울에게 퍼부어져 왔습니다. 그는 노예 소유주인 빌레몬에게 노예 제도는 기독교의 원리에 어긋난다고 말하기보다는, 오네시모의 노예 신분을 별 항의 없이 받아들인 것 같다는 비난을 받고 있습니다. 그러나 이 비난은 옳지 않습니다. 우리가 바울의 입장에 서서 진지하게 생각해 보면, 그가 왜 혁명적인 노예 해방 운동을 전개하지 않았는가를 보다 쉽게 이해할 수 있을 것입니다.

바울은 빌레몬에게, 오네시모를 "이후로는 종과 같이 아니하고 종에서 뛰어나 곧 사랑받는 형제"(빌레몬서 1:16)로 대하라고 말함으로써, 앞으로 필연적으로 도래하게 될 새로운 질서의 기초를 확립했던 것입니다. 어떤 사람이 표현했듯이, 바울은 노예 제도라는 나무를 밑동째 잘라 버린 것이 아니라, 나무 껍질을 고리 모양으로 벗겨 서서히 말라 죽도록 한 것입니다.

유명한 역사가 기번은 A. D. 57년경, 로마 제국 인구의 절반 가량이 노예였다고 추정했습니다. 따라서 노예 문제는 그 당시 교회 안에서 극히 중요한 사회적 이슈였습니다. 더욱이 바울이 이 이슈를 다룬 방법은 오늘날의 지도자들에게 매우 중요한 교훈을 가르쳐 주고 있습니다.

그 당시의 문화 속에서 노예들은 인간으로 간주되지 않았고 단지 소유물이었습니다. 그들의 신분적 지위는 동물과 다름없었습니다. 그 당시의 문헌들은 많은 노예들이 당한 비인간적인 잔학상을 묘사하고 있습니다. 그러나 매우 인간적인 대우를 받은 노예들도 많이 있었습니다.

갑자기 경기장 안으로 뛰어 들어가 강력한 노예 제도 반대 운동을 부르짖으며 노예들에게 주인에 대항하여 항거하라고 선동하는 선동자와 같은 바울을 상상할 수도 있을 것입니다. 그래서 바울이 이 뜨거운 이슈를 다룬 방법에 대해, 그는 노예 제도를 인정했으며 사회 정의에 대하여 둔감했다고 어떤 사람들은 결론지었습니다. 그러나 이것은 사실과는 거리가 멉니다. 성령의 인도하에서 바울은 그 당시의 일반적인 상황 속에서 노예의 운명을 최대로 개선시킬 수 있다고 생각되는 방법을 택했던 것입니다.

디모데에게 한 바울의 충고는 그가 봉착한 상황에서 대단히 지혜로운 것이었습니다. 하나의 사회적 혁명이 하룻밤 사이에 성공할 수는 결코 없습니다. 그것이 성공하려면 광범위한 조직이 필요할 것입니다. 이것이 없이 개혁을 하려는 시도는, 시작된 지 얼마 안 되는 기독교 운동에 말로 다 표현할 수 없는 엄청난 비난과 핍박을 초래했을 것입니다. 그래서 바울은 디모데에게, "무릇 멍에 아래 있는 종들은 자기 상전들을 범사에 마땅히 공경할 자로 알지니, 이는 하나님의 이름과 교훈으로 훼방을 받지 않게 하려 함이라"고 편지했습니다(디모데전서 6:1).

주인에 대한 불순종이나 반항은 그리스도인 노예에게는 있을 수 없는 것이었습니다. 그 대신 자신의 운명에 대하여 만족해야 했습니다. "네가 종으로 있을 때에 부르심을 받았느냐? 염려하지 말라. 그러나 자유할 수 있거든 차라리 사용하라. 주 안에서 부르심을 받은 자는 종이라도 주께 속한 자유자요, 또 이와 같이 자유자로 있을 때에 부르심을 받은 자는 그리스도의 종이니라"(고린도전서 7:21-22). 바울은 그리스도인 노예들에게 그리스도에 대한 믿음이 그들에게 가져다준 영적 축복과 자유 안에서 기뻐하라고 명했습니다.

바울은 노예들이 그리스도인인 주인에 대해 도에 지나치게 허물없이 대하거나 무례한 태도를 취하는 것을 경계했는데, 이는 매우 흥미 있는 사실입니다. 사실 그러한 행동은 쉽게 일어날 수 있는 일이었습니다. "믿는 상전이 있는 자들은 그 상전을 형제라고 경히 여기지 말고, 더 잘 섬기게 하라. 이는 유익을 받는 자들이 믿는 자요, 사랑을 받는 자임이니라. 너는 이것들을 가르치고 권하라"(디모데전서 6:2).

바울은 디도에게 이렇게 말했습니다. "종들로는 자기 상전들에게 범사에 순종하여 기쁘게 하고 거스려 말하지 말며, 떼어먹지 말고, 오직 선한 충성을 다하게 하라. 이는 범사에 우리 구주 하나님의 교훈을 빛나게 하려 함이라"(디도서 2:9-10).

그러면 노예에 대한 주인의 의무는 무엇입니까? 바울은 이 문제에 대해서도 분명하게 언급하였습니다. "상전들아, 너희도 저희에게 이와 같이 하고 공갈을 그치라. 이는 저희와 너희의 상전이 하늘에 계시고, 그에게는 외모로 사람을 취하는 일이 없는 줄 너희가 앎이니라"(에베소서 6:9).

노예에 대한 바울의 관심을 의문시하는 사람들은, 노예 해방이 시작된 곳이 바로 교회였다는 것을 기억해야 합니다. 왜냐하면 바울은 교회 안에서, 그대로 좇아 행하기만 하면 그들의 신분적 속박을 벗어버릴 원리들을 공표하고 강화했기 때문입니다. 그는 그리스도 안에 있는 평등이라는 해방의 메시지를 선포했습니다. "너희는 유대인이나 헬라인이나 종이나 자주자나 남자나 여자 없이 다 그리스도 예수 안에서 하나이니라"(갈라디아서 3:28). 형제 사랑은 모든 그리스도인 관계의 특징이 되어야만 합니다. 주인과 노예 간에도 마찬가지입니다. "형제를 사랑하여 서로 우애하고 존경하기를 서로 먼저 하며"(로마서 12:10). 주인과 노예는 둘 다 서로의 권리를 존중하고 서로의 의무를 이행해야 합니다(에베소서 6:5-9). 진실로 혁명적인 메시지입니다.

교회가 수적으로 성장하고 이 원리들이 점차 실행되어 감에 따라, 사회 개혁의 씨앗은 싹트기 시작했고 서서히 개혁이 진행되었습니다. 그리스도인 황제들의 통치하에서 노예들의 수는 감소되기 시작했습니다. 개혁의 진행 과정은 느렸으나, 기독교가 들어가는 곳이면 어디서나 노예 제도는 폐지되었습니다. 기독교와 노예 제도는 결코 평화적으로 공존할 수 없습니다.

고난에 대하여

바울은 고난에 대하여 자기 자신의 철학을 가지고 있었음이 분명합니다. 극심한 시련 가운데 있는 사람들에게 자주 조언을 해주었기 때문입니다. 바울은 젊은 동역자 디모데에게 "복음과 함께 고난을 받으라"(디모데후서 1:8)고 권면할 수 있었습니다. 그 자신이 고난을 받을 준비가 되어 있었을 뿐 아니라, 그 모범을 보였기 때문입니다.

알렉산더 대왕의 병사들은 대왕이 그들의 어려움과 상처에 무관심하다는 이유로 반란을 일으키겠다고 위협했습니다. 그러자, 알렉산더는 연단으로 뛰어올라가 불만을 품은 병사들을 향해 이렇게 말했습니다. "자, 너희 중에 상처가 있는 자들은 와서 그 몸을 벗으라. 그러면 내가 내 몸을 보이겠다. 내 몸에는 성한 곳이 하나도 없다. 나 역시 칼과 날아오는 화살과 돌에 몸이 상했다. 너희를 승리와 영광으로 인도하는 동안 나 역시 수없이 날아 들어오는 돌에 맞고, 몽둥이에 맞았던 것이다."

알렉산더 대왕보다 더 위대한 정복자인 바울은 이와 동일한 말을 할 수 있었을 것입니다. "이후로는 누구든지 나를 괴롭게 말라. 내가 내 몸에 예수의 흔적을 가졌노라"(갈라디아서 6:17).

다른 어떤 사도보다도 바울은 고난과 환난과 핍박을 많이 당했습니다. 고린도후서 11:23-28에서 그가 당한 시련들을 마지못해 이야기했는데, 인간이 도저히 살아남을 수 없을 정도로 극심한 것이었습니다. 그러나 그는 그 모든 것을 극복하고 승리하였습니다.

우리는 바울이 경험한 한 사건으로부터 고난에 대한 바울의 철학을 발견할 수 있습니다. 아마도 다른 어떤 사도보다도 바울은 주님으로부터 특별한 계시를 받았던 것 같습니다. 그는 그 사건에 대하여 이렇게 말했습니다. "무익하나마 내가 부득불 자랑하노니, 주의 환상과 계시를 말하리라. 내가 그리스도 안에 있는 한 사람을 아노니, 십사 년 전에 그가 셋째 하늘에 이끌려 간 자라.… 내가 이런 사람을 아노니… 그가 낙원으로 이끌려 가서 말할 수 없는 말을 들었으니, 사람이 가히 이르지 못할 말이로다"(고린도후서 12:1-4).

이것은 결코 평범한 경험이 아니었습니다. 진실로 이것은 매우 특별한 것이어서, 이로 인해 바울은 교만해질 수가 있었습니다. 이것은 바울에게 큰 유혹이었습니다. 하나님께서는 바울이 이 유혹에 져 교만해질까 깊이 염려하셔서 그에게 한 가지 고난을 주셨습니다. 그로 하여금 겸손하도록 하기 위함이었습니다. "여러 계시를 받은 것이 지극히 크므로 너무 자고하지 않게 하시려고 내 육체에 가시 곧 사단의 사자를 주셨으니, 이는 나를 쳐서 너무 자고하지 않게 하려 하심이니라"(고린도후서 12:7).

바울은 이상하게도 그 가시의 정확한 정체에 대하여는 말하지 않았습니다. 그 가시의 정체에 대하여는 여러 가지 의견이 있습니다. 어떤 이는 생각하기를, 그것은 정신적인 것, 예를 들면 육체의 정욕, 침체, 의심 등이었다고 합니다. 또 어떤 이들은 그것이 신체적인 것, 예를 들면 간질, 말라리아, 안질 등이었다고 생각합니다. 그것이 무엇이었든지 간에, 우리는 바울이 그 정체를 일부러 밝히지 않은 데 대하여 감사해야 합니다. 이로 말미암아 우리가 지금 우리 자신의 가시에 하나님의 치유책을 확신 있게 적용할 수 있게 되었기 때문입니다.

우리는 또한 이 경험이 주님께서 유명한 영적 원리를 말씀하실 기회가 되었다는 것에 대하여 감사해야 합니다. "내 은혜가 네게 족하도다. 이는 내 능력이 약한 데서 온전하여짐이라!"(12:9). 이것은, 그 가시가 무엇이든지 간에, 그리고 그 고통스런 상황이 제거되지 않는다 할지라도, 이에 대한 보상으로 항상 하나님께서 풍성한 은혜로 채워 주신다는 약속인 것입니다.

이 겸손케 하는 고통스러운 경험은 바울이 하나님을 섬길 때 치러야 할 값의 일부였습니다. 그의 직무를 위한 준비의 일부였습니다. 그의 훌륭한 은사에도 불구하고, 삶 속에 이러한 약점이 없었다면 십중팔구 결코 주님을 위해 그토록 놀랍게 일하지 못했을 것입니다.

우리가 그 가시의 정체는 모르지만, 아는 몇 가지 분명한 사실이 있는데, 그것은 우리 자신이든 다른 사람이든 고난을 당했을 때 매우 귀중한 것이 될 것입니다.

(1) 바울의 가시는 상당한 기간 동안 계속 존재했습니다.

(2) 그것은 반복해서 기도했으나 응답되지 않은 기도 제목이었습니다. "이것이 내게서 떠나기 위하여 내가 세 번 주께 간구하였더니"(고린도후서 12:8).

(3) 그것은 겸손케 하는 도구였습니다. "너무 자고하지 않게 하시려고"(12:7). 그것은 바울로 하여금 자신을 낮추게 하여, 자신을 의뢰하지 못하게 하였습니다.

(4) 바울의 가시는 사탄에게 그를 괴롭힐 완벽한 기회를 주었습니다(12:7). 베드로만이, 주님께서 사탄에게 시험하도록 허용했던 유일한 사도는 아니었습니다(누가복음 22:31). 마귀는 이것을 악을 위해 계획했으나, 우리 하나님께서는 "저주를 변하여 복이 되게 하셨습니다"(신명기 23:5).

(5) 그것은 은혜의 통로가 되었습니다. "내 은혜가 네게 족하도다"(고린도후서 12:9). 하나님께서는 그 가시를 제거하심으로써 치료하시기보다는, 그 가시를 제거하지 않고 그 보상으로 다른 은혜를 주셨습니다. 기도 응답은 그 가시를 제거하는

방법으로 오지 않고, 그 가시를 그대로 두고 다른 것을 더하는 방법으로 왔습니다. 하나님께서는 바울에게 보다 쉬운 과제를 맡기시거나 위치를 변화시켜 주심으로써가 아니라, 바울이 있는 그곳에서 있는 그대로 하나님의 넘치는 은혜를 소유하게 하심으로써 기도에 응답하셨습니다. 시련이 넘치는 곳에 은혜가 더욱 넘친 것입니다.

(6) 그 가시는 약함 중에서 즐거워할 기회를 제공하였습니다. "이러므로 도리어 크게 기뻐함으로 나의 여러 약한 것들에 대하여 자랑하리니… 그러므로 내가 그리스도를 위하여 약한 것들… 을 기뻐하노니, 이는 내가 약할 그때에 곧 강함이니라"(고린도후서 12:9-10).

(7) 그것은 그리스도의 능력을 나타내 보일 수 있는 기회가 되었습니다. "이는 그리스도의 능력으로 내게 머물게 하려 함이라"(9절). 주님의 능력은 약한 데서 온전하여지기 때문입니다(9절).

바울은 약점을 영광스러운 승리로 바꾸는 기술을 터득했습니다. 처음에 그를 제한시키는 핸디캡으로 생각했던 것이 실제로는 놀라운 이점이라는 것, 즉 바울 중심이 아닌, 주님 중심의 사역을 더욱 확장시킬 수 있는 길이라는 것을 배웠습니다. 그리하여 그의 약함은 강한 무기가 되었습니다.

나는 그 고귀한 과업을 이룰 수 있게 해달라고
주님께 구했습니다.
모든 장애가 줄어들며 나의 약한 것들을 없애 주시도록
기도했습니다.
나는 멀리 그리고 높이 올라갈 수 있게 해달라고
기도했습니다.
그리고 이제 나는 겸손히 내가 실패한 것을
주님께 감사드립니다.

왜냐하면 그 고통과 슬픔과 함께 나의 행동과 생각에
천부적인 부드러움이 생겼으며,
그 실패와 함께 다른 사람에 대한 동정과
이해의 마음이 생겼으며,
성공은 결코 가져다주지 않았던
통찰력을 가져다주었기 때문입니다.
아버지여, 나의 맹목적인 요청을 들어주셨더라면,
나는 아무 축복도 받지 못한,
어리석고 비참한 사람이 되었을 것입니다.

이 가시에 대한 바울의 태도는 모범적이었습니다. 그가 '가시가 내게 지워졌다'고 하지 않고, '내게 주셨다'고 말한 것을 주목하십시오. 그 가시를 하나님께서 주신 은혜의 선물로 생각한 것입니다. 그리하여 그 가시는 그를 괴롭게 하는 사탄의 사자로 남아 있지 않고, 더 확장된 사역에 이르는 길을 준비하기 위한 하나님의 은혜의 선물이 되었습니다.

시간에 대하여

시간은 우리에게 가장 귀중한 자원 중의 하나입니다. 왜냐하면 사람이 시간을 어떻게 사용하는가 하는 것은 그 사람이 성취하는 일의 양뿐 아니라 질까지도 결정하기 때문입니다.

시간은 주어지지 않고, 사야 합니다. 에베소서 5:16의 "세월을 아끼라"는 바울의 권면 속에는 이러한 생각이 담겨 있습니다. "시간을 사서 얻으라"(KJV). "모든 기회를 최대로 활용하라"(NIV). 시간은 기회입니다. 모든 기회를 잡아야 합니다. 주어진 환경 속에서 기회를 찾아 그에 따르는 어떠한 희생과 대가를 치르더라도 그것을 놓치지 말아야 합니다. 그리고 시간은 삼으로써만 우리의 것이 됩니다. 시간을 가장 전략적으로 사용하기 위해 치러야 할 값이 있는 것입니다. 우리는 인생이라는 슈퍼마켓에서 우리의 시간을 직업 또는 활동으로 교환합니다. 우리에게 주어진 시간을 최상으로 사용해야 합니다. 우리의 시간을 가장 가치 있는 것하고만 바꾸어야 합니다.

우리는 시간에 대하여 청지기로서의 책임이 있습니다. 우리의 시대에 우리가 어떤 기여를 했는가는 우리에게 맡겨진 시간을 어떻게 전략적으로 사용하는가에 달려 있습니다. 매 순간이 하나님의 선물입니다. 그러므로 그것은 낭비되어서는 안 됩니다. 그것은 우리의 가장 값진 재산이기에, 우리는 이 영역에서 충성된 태도를 발전시켜야 합니다.

시간은 살 수 있을 뿐 아니라 '잃어버릴' 수도 있습니다. 그리고 잃어버린 시간은 결코 다시 살 수 없다는 것을 기억할 때 엄숙해지지 않을 수 없습니다. 시간은 '저축'해 둘 수가 없습니다. 그러므로 그것은 매일 완전히 소비되어야 합니다. 그것은 '연기'될 수도 없습니다. 그러므로 그것은 지금 아니면 결코 사용할 수 없습니다. 그것은 생산적으로 사용되어야 합니다. 잃어버린 시간은 다시 만회할 수 없기 때문입니다.

바울이 시간을 매우 잘 이용하였다는 것은 그가 일생 동안 성취한 사역의 양에 의해 알 수 있습니다. 지도 상에서 그의 여행로를 추적하면서 그의 고된 일과 모험을 들으면 거의 숨 막힐 지경입니다. 우리 역시 성공적인 리더십이 되기 위해서는, 자신의 시간을 잘 이용할 줄 아는 것은 가장 중요한 문제입니다.

주님처럼 바울은 큰 주의를 기울여 자신의 우선순위를 정했고, 필수적이지 않은 일에는 아무 시간도 허비하지 않았습니다. 정신적 능력은 '중요하지 않은 일들을 거절함'으로써 성장한다는 것을 그의 삶은 보여 주었습니다.

바울은 압력과 방해를 일상사로 받아들인 것으로 보입니다. 바울의 이러한 태도는 고도의 산업 사회 속에서 끊임없이 많은 압력을 받으며 살고 있는 현 시대의 우리에게 큰 교훈을 줍니다. 우리는 모두 시간의 부족을 느낍니다. 오늘날의 사람들은 시간에 쫓기며 삽니다. 그리하여 시간의 부족에서 오는 압력이 무엇보다도 큽니다.

"형제들아, 우리가 아시아에서 당한 환난을 너희가 알지 못하기를 원치 아니하노니, 힘에 지나도록 심한 고생을 받아 살 소망까지 끊어지고 우리 마음에 사형 선고를 받은 줄 알았으니"(고린도후서 1:8-9). 바울은 이러한 환난이 자신의 삶을 위한 하나님의 계획에 들어 있다는 것을 깨달았습니다. 그러므로 이런 환난을 당하는 것에 대하여 마음에 원망이나 불평을 품지 않았습니다.

영적으로 늘 깨어 있는 바울에게 이러한 방해란 하나님께서 주신 기회였습니다. 그리고 바울은 하나님께서 그의 삶을 계획하셨다는 확신이 있었습니다. "우리는 그의 만드신 바라. 그리스도 예수 안에서 선한 일을 위하여 지으심을 받은 자니, 이 일은 하나님이 전에 예비하사 우리로 그 가운데서 행하게 하려 하심이니라"(에베소서 2:10). 우리는 매일 하나님과의 교제를 통하여 그날 하루 동안 우리의 삶을 위한 하나님의 계획을 알 수 있습니다.

자신의 시간을 가장 유익하게 사용할 수 있도록 계획할 때, 다음 제안을 기억하면 도움이 될 것입니다.

(1) 누구나 동일한 양의 시간을 위임받았다.

(2) 하나님께서는 우리에게 그분의 뜻을 모두 성취하기에 충분한 시간을 주신다.

(3) 하나님께서는 날마다 우리에게 타당하고 성취 가능한 것만 기대하신다.

(4) 일의 우선순위를 정할 때에는 그것이 우리의 명백한 의무들과 충돌을 일으키지 않도록 해야 한다.

(5) 우리가 경험하는 갈등과 압력은 대개, 우리가 인간적 욕구나 압력 - 우리 자신의 것이든 또는 다른 사람의 것이든 - 을 하나님께서 우리에게 주신 의무와 혼동할 때 일어난다.

(6) 시간은 너무도 귀중한 것이어서, 일차적인 문제들이 관심을 기울여 달라고 소리치고 있을 때 이차적인 문제들에 소비되어서는 안 된다.

(7) "나는 시간이 없어"라는 말은 대개, 일의 우선순위를 잘못 정하고 있는 사람의 무의식적인 고백이다.

시간의 전략적 사용이라는 이 문제보다, 양심적인 주님의 일꾼을 더 철저히 속박하는 것은 거의 없습니다. 많은 사람들에게 시간은 일 년 내내 항상 부족한 것처럼 보입니다. 그러므로 시간과 타협하든지, 아니면 긴장과 압력 가운데서 일하는 것은 필수적입니다. 우리의 의무를 다하기 위해 모든 힘을 기울여 양심적으로 최선을 다한 후에도, 여전히 채워지지 않은 많은 필요가 항상 있게 마련입니다.

기도하는 마음으로 주의 깊게 우선순위를 정한 후, 주어진 시간 내에 우선순위를 따라 최선을 다하고, 그 다음 미처 하지 못한 나머지 일은 하나님께 맡겨야 합니다. 진짜 문제는 이용 가능한 시간의 양에 있는 것이 아니라 그것의 전략적 사용에 있습니다. 그리고 그에 대한 책임은 명백히 우리에게 있습니다. 지혜로운 시간 사용을 위해서는 분명한 목적의식과 엄격한 자기 훈련이 요구되며, 우리가 하고자만 한다면 그것은 할 수 있습니다.

우리는 자신의 역량과 통제 범위 내에 있는 것들까지만 책임이 있습니다. 우리의 도움을 요구하는 모든 요청이 다 하나님께로부터 나온 요청은 아닙니다. 우리의 도움을 호소하는 모든 호소에 우리가 책임진다는 것은 명백히 불가능합니다. 우리의 역량을 벗어나는 상황들로 인하여 하등 자기 자신을 비난할 필요가 없다는 것을 기억해야만 합니다.

그러나 모든 지도자는 '나는 가장 중요한 일들에 나의 시간을 사용하고 있는가? 나는 부차적인 일들에 시간을 낭비하고 있지는 않는가?'라는 질문을 스스로 정직하게 던져 보아야 합니다. 그 질문에 답하는 가장 좋은 방법은 일주일 동안에 우리의 시간을 어떻게 사용하는지 엄격하게 분석해 보는 것입니다. 이 연습은 깜짝 놀랄 결과를 보여 줄 수도 있습니다.

바울은 고린도 교인들에게 "내가 그리스도를 본받는 자 된 것같이 너희는 나를 본받는 자 되라"(고린도전서 11:1)고 도전했습니다. 우리 중에는 이런 말을 스스럼없이 꺼낼 만한 사람이 거의 없을 것입니다. 시간 사용에서 바울은 주님의 삶을 본받았습니다. 주님과 바울은 빽빽한 일정 가운데 바쁘게 살았습니다.

휴식과 기분 전환을 위해 시간을 들이는 것 – 이것이 생산적인 것이 되기 위해서는 많은 지혜와 훈련이 요구됩니다 – 은 부차적인 중요성을 가진 문제로 간주되어서는 안 됩니다. 자신의 몸과 마음을 새롭게 하는 것은 영적 지도자에게는 매우 중요한 일입니다. 예수님께서는 때로 제자들을 데리고 따로 한적한 곳으로 가셔서 쉬며 긴장을 푸셨습니다.

주님께서는 피곤한 몸을 쉬기도 하셨습니다. 만일 그렇게 하지 않으셨더라면, 수가의 우물가에서 심령이 가난하고 준비된 여인을 만나시지 못했을 것입니다(요한복음 4장). 예수님께서는 정상적인 사회생활을 거부하는 금욕주의자가 아니셨습니다. 휴식이나 정상적인 사회생활을 시간 낭비로 생각하지 않으셨습니다.

긴장을 푸는 시간을 충분히 갖지 못하면, 오히려 일에 역효과를 가져올 수가 있습니다. 물론 우리는 언제든지 여가 시간을 포기할 준비가 되어 있어야 합니다. 하나님의 나라의 일이 우리의 여가 시간을 요구할 때는 말입니다. 항상 '하나님 나라가 첫 번째, 나는 두 번째'이어야 합니다.

유명한 부흥사 로버트 맥체인은 29세의 나이로 임종을 맞이하는 자리에서 옆에 있는 친구에게 이렇게 말했습니다. "하나님께서는 내게 타고 갈 말 한 필과 전할 메시지를 주셨네. 그런데 슬프게도 나는 그 말을 죽였네. 이제 나는 그 메시지를 전할 수 없네." 말을 무자비하게 채찍질하며 혹사한 것은 잘한 일이 아닙니다. 그러나 아마도 그것이 우리의 문제는 아닐 것입니다. 어쩌면 우리의 말은 더욱더 채찍질해야 할 것입니다!

복음서를 자세히 읽어 보면, 주님께서는 신중하고 서두르지 않는 발걸음으로 삶을 사셨다는 인상을 받게 됩니다. 주님께서는 결코 급히 서두르지 않으셨던 것 같습니다. 항상 군중들에게 둘러싸여 계셨지만, 사람들에게 그분이 모든 사람을 위해 시간을 가지고 있다는 생각을 하게 하셨습니다.

예수님의 침착과 평정의 비결은 어디에 있습니까? 나는 그것이, 자신이 아버지의 시간 계획에 보조를 맞추어 걷고 있다는 확신에 있었다고 믿습니다. 하나님의 시간 계획은 매우 정확하게 계획되어 있었습니다. 주님께서는 아무도 그 시간 일정을 앞당기거나 늦추지 못하게 하셨습니다. 아버지와의 교제 가운데서 매일의 계획을 세우셨습니다. 매일 아버지로부터 해야 할 말과 해야 할 일을 받으셨습니다. 그리고 이것이 밀려오는 수많은 일들 가운데서도 침착하시게 만들었습니다. "내가 너희에게 이르는 말이 스스로 하는 것이 아니라, 아버지께서 내 안에 계셔 그의 일을 하시는 것이라"(요한복음 14:10).

예수님께서는 자신의 삶에서 일어나는 모든 사건에 하나님의 때가 있다는 것을 의식하면서 사셨습니다. 그분의 관심사는 주어진 시간 안에 자신에게 맡겨진 일을 완성하시는 것이었습니다. 육신의 형제들이 공적으로 자신을 나타내라고 압력을 가했을 때, 다음과 같이 분명히 말씀하셨습니다. "내 때는 아직 이르지 아니하였거니와 너희 때는 늘 준비되어 있느니라"(요한복음 7:6). 예수님께서는 되는대로 삶을 살기를 거부하셨습니다. 왜냐하면 그것은 아버지의 계획을 망가뜨릴 것이기 때문이었습니다. 바울은 주님의 삶을 본받았습니다. 우리도 역시 그와 동일한 삶을 살도록 부르심을 받았습니다.

그러나 시간을 사용하는 습관에서 근본적인 변화를 가져오기 위해서는 주님께서 주시는 능력을 의지해야 합니다. 우리 중에 바울과 같은 불굴의 의지를 가진 사람은 별로 없습니다. 그러나 우리는 주님의 성령으로 말미암아 능력으로 강건하게 될 수 있습니다(에베소서 3:16). 바울은 디모데에게 다음과 같은 확신을 주었습니다. "하나님이 우리에게 주신 것은 두려워하는 마음이 아니요, 오직 능력과 사랑과 근신하는 마음이니"(디모데후서 1:7). 따라서 우리는 진실로 성령의 도우심을 의지할 수 있습니다.

우리가 시간을 어떻게 사용하는가는 동기가 얼마나 강한가에 달려 있습니다. 시간을 잘 사용하고자 하는 동기가 오랫동안 방종에 젖은 자신의 그릇된 시간 사용 습관에 반격을 가할 만큼 강합니까? 시간에 대해서뿐 아니라 주님께 참으로 헌신되어 있을 때라야 이러한 동기력을 얻을 수 있을 것입니다.

11
여성의 역할

> 너희는… 남자나 여자 없이 다 그리스도 예수 안에서 하나이니라.
>
> 갈라디아서 3:28

여성은 아마도 교회의 성원의 절반 이상을 차지할 것입니다. 따라서 교회 안에서의 여성의 역할에 대한 바울의 견해를 이해하는 것은 대단히 중요합니다. 오늘날 여성 해방 운동이 일어남과 더불어 – 이 운동의 기초는 성서적이라기보다는 문화적입니다 – 입장들이 전보다 훨씬 더 강하게 양극화되었습니다.

모든 사람은 평등하며 따라서 동등한 권리를 소유해야 한다는 주장이 보편화되어 가고 있는 현 사회에서, 성경이 여성이라는 주제에 대하여 말하고 있는 모든 것을 객관적이고 편견 없는 태도로 바라보기란 쉽지 않습니다. 왜냐하면 우리의 견해는 오랜 기간의 전통에 의해 형성되어 왔기 때문입니다. 의심할 바 없이 영원한 천국에 가서야만 참된 의견 일치가 있을 것입니다.

이 문제는, 경건한 학자들이 여성 해방 운동에 대해 반대 견해를 열렬히 주장하고 있기 때문에 더욱 민감합니다. 이러한 이유로 해서 지나친 극단주의는 제 자리를 얻지 못할 것입니다. 따라서 나는 교회 내에서 진지하게 주장된 많은 견해를 존중하면서 겸손한 자세로 나의 견해를 제시하고자 합니다.

나는 극단적인 입장을 취하지 않으며, 리더십의 영역에서든 신학의 영역에서든 여성의 우월한 지위를 주장하지도 않습니다. 비록 '남자나 여자 없이 다 그리스도 예수 안에서 하나'이지만 성경은 교회 내에서의 여성과 남성의 역할에서 분명한 차이를 인정하고 있습니다. 분명히 바울은 오늘날의 유니섹스 개념을 주장하지 않았습니다. 그때까지 전통적으로 부여해 오던 것과는 달리, 교회 생활과 사역에서 여성들에게 훨씬 더 광범하고 영향력 있는 지위를 부여하기 위한 확고한 성경적인 근거가 있다고 생각했습니다. 물론 이 주제는 너무 광범위하여 이 좁은 지면에서 완전히 다룬다는 것을 불가능하지만, 나는 성경 말씀으로 이 견해를 뒷받침하고자 합니다.

사도 바울에 대한 오해

귀에 거슬릴 정도로까지 여성의 권리에 대하여 강력하게 주장하는 오늘날에는, 바울은 여성의 역할과 지위를 함부로 훼손시켰다는 이유로 많은 공격을 받고 있습니다. 그러나 한편에서는 이러한 공격에 대해 강력한 반격을 가하고 있습니다.

빈번히 바울은 여성들에게 화풀이하는, 욕구불만을 품은 남성 우월주의자로 고발되었습니다. 그러나 바울에 대하여 이러한 비난을 하는 사람들은 관련된 성경 구절들을 객관적으로 주의 깊게 읽어 본 적이 결코 없든지, 읽었더라도 편견이 있는 눈으로 읽었을 것입니다. 왜냐하면 그들이 객관적으로 읽었다면 결코 이러한 해석을 하지 않을 것이기 때문입니다.

여성과 결혼과 가정에 대한 바울의 일반적인 태도에서 바울을 책잡는 것은 어려울 것입니다. 여자들을 대함에 바울은 늘 예의 있고 형제자매처럼 대했습니다(디모데전서 5:2). 결코 여성에 대한 남성의 우월성을 조금이라도 암시하거나 주장한 적이 없었습니다. 그의 편지들에서 여성 동역자들을 매우 높이 평가하며 존경을 했습니다. 남성 동역자들과 여성 동역자들 사이에 아무 차별을 두지 않고, 복음 안에서 같은 동역자로서 여자들을 칭찬했습니다.

바울이 여성들에게 부여한 지위는 유대 여성들에게 부여된 전통적 지위를 훨씬 넘어섰습니다. 유대 여성들은 회당 예배에서 남자들과 따로 앉았으며 침묵을 지켜야 했습니다. 그러나 바울은 여자들이 무엇을 머리에 쓴 경우 교회에서 기도와 예언을 할 권리가 있다고 주장했던 것입니다. "무릇 여자로서 머리에 쓴 것을 벗고 기도나 예언을 하는 자는 그 머리를 욕되게 하는 것이니 이는 머리 민 것과 다름이 없음이니라"(고린도전서 11:5). 본문 말씀을 그것이 기록된 당시의 시대 상황 가운데서 읽는다면, 바울은 당시 여성의 권리를 위해 가장 열심히 싸운 사람이었다는 사실을 발견할 것입니다. 그는 남성 우월주의자와는 거리가 멀었습니다. 분명 동시대인들에게 선구자로 여겨졌을 것입니다.

우리는 바울의 태도와 교훈을 평가할 때 그 시대의 문화적 상황을 유념해야 합니다. 여성의 지위에 대한 그의 견해가 매우 탁월하였다는 사실은 다른 종교의 창시자들이나 지도자들의 견해와 비교해 보면 금방 알 수 있습니다. 그러므로 그리스도인 여성들은 바울을 통렬히 비난하는 대신 높이 평가해야만 할 것입니다. 왜냐하면 그는 오늘날 그들이 향유하고 있는 많은 축복과 특권에 이르는 길을 열었기 때문입니다.

이에 대해 조지 매드슨은 다음과 같이 말했습니다. "바울의 신앙에서 가장 두드러진 요소 중의 하나는 여성의 권리를 인정한 것이었다. 이 영역보다도 더 그가 동족 유대인들과 날카롭게 구별된 영역은 없었다. 그가 여성의 권리와 지위를 격하시킨 것처럼 보이는 구절까지도 정반대의 동기, 즉 유대인들이 여성에게서 빼앗은 독특하고 특수한 지위를 여성을 위해 보존

하려는 마음에서 비롯되었던 것이다."

이 주제에 대한 바울의 교훈을 해석할 때 다음 사실을 기억해야만 합니다. 첫째, 그는 고린도 교회가 그에게 한 구체적인 질문에 답하고 있다는 것입니다. 즉, 고린도 교회를 괴롭히고 있는 특수한 문제들을 언급하고 있는 것입니다. 둘째, 그는 전반적인 상황이 모두 위험하고 불확실한 때에 이 편지를 썼습니다. 이 사실은 고린도전서 7:25-27에 있는 그의 대답에서 엿볼 수 있습니다. "처녀에 대하여는 내가 주께 받은 계명이 없으되, 주의 자비하심을 받아서 충성된 자가 되어 의견을 고하노니, 내 생각에는 이것이 좋으니, 곧 임박한 환난을 인하여 사람이 그냥 지내는 것이 좋으니라. 네가 아내에게 매였느냐, 놓이기를 구하지 말며, 아내에게서 놓였느냐, 아내를 구하지 말라." 셋째, 당시 그리스도인들이 살고 있는 이방 도시들은 도덕적 타락이 만연되어 있었습니다. 그리하여 그리스도인 여성들이 교회 내에서 비판받지 않을 태도로 행동하며 처신하는 것은 특별히 중요했습니다.

관련된 성경 본문에 대한 고찰

성경에서 분명하게 말씀하고 있는 내용은 무조건 순종해야만 합니다. 그러나 교회에서의 여성의 역할과 같은 주제에 대하여는, 다양한 견해가 주장되고 있는 사실로 비추어 볼 때, 이에 관한 성경 말씀들 중에 분명하지 않은 것이 많다는 것을 알 수 있습니다. 이 점에 관하여 유명한 복음주의 학자인 J. 패커는 이렇게 말했습니다.

주님의 대사와 사도로서 바울이 한 모든 명령이 주님의 권위를 가지고 한 것이지만, 그렇다고 하여, 그 사실이 그 명령 중의 일부가 특별한 목적을 위한 임시법, 즉 상황이 변하면 죽은 글이 될, 특수한 상황에 대한 답변이라는 가능성을 배제하지는 않는다. 여자는 가르치지 말고 침묵을 지켜야 한다는 명령이 적절한 예라고 할 수 있다. 당시 이방 여성들은 대개 교육받지 않은 무식한 사람들이었으며, 스스로를 열등한 존재라고 생각했다. 그런데 이제 그리스도를 믿고 하나님 안에서 그들의 존엄성을 발견하게 되었다. 문제는 그로 인해 그들이 교만해지고 있었다는 것이다. 바로 그런 경우에 바울은 창조의 원리를 신중하게 적용하고 있는 것이다(고린도전서 11장, 디모데전서 2장 참조). 그런 경우에 영속적인 권위를 가지는 것은 원리 원칙이지 경험적 사실이 아니다. 따라서 다른 문화적 배경하에서는 동일한 원리가 다르게 적용될 수도 있다.

이러한 해석 원리는 강력한 극단적 견해가 존재하는 세 개의 중요한 성경 본문을 해석하는 데 빛을 던져 줍니다.

그러나 나는 너희가 알기를 원하노니, 각 남자의 머리는 그리스도요, 여자의 머리는 남자요, 그리스도의 머리는 하나님이시라. 무릇 남자로서 머리에 무엇을 쓰고 기도나 예언을 하는 자는 그 머리를 욕되게 하는 것이요, 무릇 여자로서 머리에 쓴 것을 벗고 기도나 예언을 하는 자는 그 머리를 욕되게 하는 것이니, 이는 머리 민 것과 다름이 없음이니라. 만일 여자가 머리에 쓰지 않거든 깎을 것이요, 만일 깎거나 미는 것이 여자에게 부끄러움이 되거든 쓸지니라. (고린도전서 11:3-6)

하나님은 어지러움의 하나님이 아니시오 오직 화평의 하나님이시니라. 모든 성도의 교회에서 함과 같이 여자는 교회에서 잠잠하라. 저희의 말하는 것을 허락함이 없나니, 율법에 이른 것같이 오직 복종할 것이요, 만일 무엇을 배우려거든 집에서 자기 남편에게 물을지니, 여자가 교회에서 말하는 것은 부끄러운 것임이라. (고린도전서 14:33-35)

그러므로 각처에서 남자들이 분노와 다툼이 없이 거룩한 손을 들어 기도하기를 원하노라. 또 이와 같이 여자들도 아담한 옷을 입으며, 염치와 정절로 자기를 단장하고, 땋은 머리와

금이나 진주나 값진 옷으로 하지 말고, 오직 선행으로 하기를 원하라. 이것이 하나님을 공경한다 하는 자들에게 마땅한 것이니라. 여자는 일절 순종함으로 종용히 배우라. 여자의 가르치는 것과 남자를 주관하는 것을 허락지 아니하노니, 오직 종용할지니라. 이는 아담이 먼저 지음을 받고 이와가 그 후며, 아담이 꾀임을 보지 아니하고 여자가 꾀임을 보아 죄에 빠졌음이니라. (디모데전서 2:8-14)

극단적으로 보수적인 입장에 있는 사람들은, 위 말씀들은 교회 내에서 여자는 가르치는 일이나 리더십 역할을 절대로 해서는 안 된다고 명하고 있다고 주장합니다. 어떤 이는 훨씬 더 나아가, 남자들이 있는 모임에서 여자가 기도하는 것까지도 금합니다. 이러한 극단적인 입장으로 인하여 교회에 영적 메마름과 좌절이 자주 초래되었다는 것은 교회사를 통해 흔히 볼 수 있는 사실입니다.

극단적으로 진보적인 입장에 있는 사람들은, 이 말씀은 단지 그 시대의 문화적 상황을 반영한 것으로서, 오늘날 아무데서도 그 유례를 찾아볼 수 없고, 별 의미가 없다고 해석합니다. 따라서 그들은 여성들에게 교회 내에서 가르치는 일과 리더십의 역할을 다소 무제한적으로 부여하고 있습니다.

그러나 이 두 극단적인 해석만이 가능한 해석일까요? 타당성이 있는 제삼의 입장, 받아들일 만한 중도적 입장은 없을까요? 성경 전체와 바울의 편지들이 여성, 가정, 결혼 생활에 대하여 매우 많이 말하고 있는 이상, 성경의 훨씬 더 많은 부분을 크게 무시한 채, 두세 구절을 인용함으로써 그 문제가 해결될 수 있다고 하는 것은 있을 수 없는 일이 아닐까요? 왜냐하면 사실상 여성의 지위를 논함에 있어 위에서 인용한 구절들을 다소 지나치게 강조하는 경향이 있으며, 좀 더 자유로운 해석을 가능하게 하는 다른 많은 구절들에 주의를 충분하게 기울이지 않고 있기 때문입니다.

결혼의 신성함에 대한 바울의 개념은 남편과 아내의 관계를 그리스도와 교회의 관계로 묘사한 비유에 반영되어 있습니다. "남편들아, 아내 사랑하기를 그리스도께서 교회를 사랑하시고 위하여 자신을 주심같이 하라"(에베소서 5:25). 이것은, 항상 남편에 대한 아내의 의무만을 강조하고 있는 코란이나 유교의 경전의 가르침과는 현격한 대조를 이루고 있습니다.

바울은 아내에 대한 남편의 의무도 강조합니다. "이와 같이 남편들도 자기 아내 사랑하기를 제 몸같이 할지니, 자기 아내를 사랑하는 자는 자기를 사랑하는 것이라"(에베소서 5:28). 또한 남자에 대한 여자의 복종은 모든 남자에게가 아니라 자기 남편에게라는 것도 주목해야 합니다.

문화적 요소

필연적으로 다음과 같은 질문이 생깁니다. '오늘날 바울의 말을 우리 자신의 상황에 적용하려고 할 때, 바울 당시의 문화적 상황은 얼마나 고려되어야 하는가?' 이와 관련하여 F. 브루스는 적절한 견해를 제시하였습니다. "신약성경의 영원한 메시지를 오늘날 우리의 삶에 구체적으로 적용하려고 할 때 문화적 상대성을 고려해야 한다. 우리가 그 메시지의 불변하는 본질이 진실로 무엇인가를 알아내어 그것을 우리 자신의 상황에 적용하기 위해서는 그 메시지가 처음 전달되었던 대상의 지역적, 시대적 상황을 고찰해야 하는 것이다."

고린도전서 11:1-15에서, 바울은 교회 질서의 문제에 관심을 기울이고 있습니다. 고린도 교회에서는 공적인 예배에서 여자들이 머리에 쓰는 것이 좋겠다고 바울은 권면하고 있습니다. 이 구절에서 바울은 모든 시대를 위한 교훈을 선포하고 있지 않습니다.

"여자의 가르치는 것과 남자를 주관하는 것을 허락지 아니하노니"(디모데전서 2:12)라는 말에 대해, 마치 바울이 "나는 여자가 가르치는 것을 결코 허락하지 않겠다"고 말한 것처럼 보인다는 지적이 있었습니다. 그러나 헬라어 원문에는 여기에 현재형 동사가 사용되고 있습니다. 따라서 이 구절을 다음과 같이 번역할 수 있습니다. "나는 현재 여자가 가르치는 것이나 남자를 주관하는 것을 허락하지 않고 있습니다." 바울은 올바로 가르침을 받지 않은 자들이 가르치는 것을 금하고 있었던 것이 분명합니다. 교사는 반드시 먼저 가르침을 받아야 하기 때문입니다. 그러므로 바울의 이 말은 모든 시대에 적용될 수 있는 일반적인 원리가 될 수는 없습니다.

우리가 그 구절을 해석할 때 고려해야 할, 그 당시의 일반적인 문화적 상황은 어떠하였습니까?

- 로마 제국 인구의 거의 절반이 노예였다.
- 여성의 지위는 매우 낮았다. 그들은 대부분 교육을 받지 못했고, 하나의 재산으로 간주되었다.
- 유대 남자들은 기도할 때 자기가 여자로 태어나지 않은 것을 하나님께 감사드렸다.
- 남자들은 공적인 장소에서 여자에게 말하지 못하게 되어 있었다.
- 동양의 여자들은 머리에 쓰지 않은 채 밖에 나갈 수 없었다. 머리에 아무것도 쓰지 않고 외출하거나 또는 머리를 미는 것은 부도덕하다는 표였다.
- 회당 예배에서 여자들은 남자들과 따로 앉았고, 자주 자기 남편에게 여러 가지 질문을 함으로써 남편들을 방해했다. 오히려 그 질문들은 집에서 하는 것이 좋았다.

실제적으로, 이러한 문화적 상황은 오늘날 서구 문화 속에서는 유사점을 거의 찾아볼 수 없지만, 동양에서는 아직도 찾아볼 수 있습니다. 그리스도의 십자가는 여성의 지위에 광대한 변화를 일으켰습니다.

　당시의 상황을 고려할 때 바울이 가했던 제한들이 타당하며 필요하다는 것을 알게 됩니다. 그러나 그것들은 우리 시대의 문화적 상황 속에서도 똑같이 적용될 수 있습니까? 특정한 문화적 상황 가운데 있는 특정한 교회에서 예배하는 사람들을 위한 지침으로 주어진 것이 모든 시대와 모든 상황을 위한 구속력 있는 법이 되어서는 안 됩니다.

　바울의 제한은 잘못된 것을 바로잡고, 매우 혼란된 교회 모임에 질서를 가져오려는 데 목적이 있었지(고린도전서 14:33), 여자가 기도하고 예언하고 전도하고 가르치는 것을 총괄적으로 금지하는 데 있지 않았습니다. 그의 강조는, 여자들이 아무 부끄럼 없이 처신하여 그들의 행동이 예배를 방해하거나 그들의 남편을 욕되게 하는 일이 없도록 하는 데 있었습니다. 바울은 아내들이 그들의 남편들의 권위를 떨어뜨리고 그들을 욕되게 하는 경우에 공적인 질문이나 논의를 하는 것을 저지했던 것입니다.

　나는 비록 이 구절들을 해석하는 데 어려운 문제들이 있다는 것을 분명히 인정하지만, 전통적으로 이야기되고 있는 것과 같은 부정적인 입장만이 참되고 유일한 해석이라는 것을 의심하게 하는 다른 몇 가지 고려해야 할 사항이 있습니다.

성령께서는 주권적으로 남자든 여자든 성별에 관계없이 모든 신자에게 영적인 은사를 주십니다(고린도전서 12:11). 이 은사들은 분명히 교회를 세우는 일에 사용되어야 합니다. 성령께서 여자들에게는 가르치는 것이나 리더십과 같은 은사들을 주시지 않았다면, 우리는 그것을, 여자는 교회에서 가르치는 것이나 리더십의 역할을 해서는 안 된다는 뜻으로 받아들일 것입니다. 그러나 성령께서는 그렇게 하지 않으셨습니다.

따라서 남자들만이 이 은사들을 사용할 수 있는 지위에 임명된다면, 성령께서 여자들에게 이 은사를 주신 목적은 좌절되고, 교회는 메마르고 허약하게 되지 않겠습니까? 신구약 성경을 보면, 지도자의 대부분이 남자이기는 하지만, 성령께서는 분명히 여자들에게도 리더십의 능력과 권한을 주셨습니다.

성경과 교회사는 모두 예언과 리더십과 전도와 가르침에서 사역을 성공적으로 수행한 경건한 여인들의 예를 제공하고 있습니다. 오늘날의 변화된 상황에서, 바울이 금지한 사항들에 전연 융통성이 없이 문자적으로 집착할 때, 교회는 좌절과 빈곤을 자주 초래하게 될 것입니다.

만일 부정적인 해석이 올바른 것이면, 캐서린 부스, 루스 팩슨, 헨리에타 미어즈, 제럴딘 테일러, 이소벨 쿤, 그리고 기타 많은 여성들의 사역의 놀라운 결과를 설명할 수가 없는 것입니다.

신약성경은 신학이나 리더십의 영역에서 지도적인 역할을 한 여자들을 기록하고 있지 않은 것이 사실이나, 그 부정적인 해석은 교회에서 여자들이 실제로 담당했던 역할과는 대단히 거리가 멉니다. 교회사를 통해서 보면, 여자가 남자보다 더 훌륭하게 역할을 수행한 경우가 많이 있습니다. 이것은 지금도 여전히 그렇습니다.

허드슨 테일러는 선교 사역에 평신도들을 사용한 것뿐 아니라, 중국에서 개척 선교를 하는 데 독신 여성들을 사용한 점에 있어서도 선구자였습니다. 중국 내지 선교회는 1885년 인구가 조밀한 광신강 유역에 센터를 열었는데, 이 센터는 독신 여성들에 의해 운영되었습니다. 30년 후 이 센터는 10개로 늘었으며, 60개의 지부를 두었고, 2,200명 이상의 세례 교인과 수많은 학습 교인, 주일학교 학생들이 있었습니다. 그러나 여전히 독신 여성들이 유일한 외국 선교사들이었습니다.

그리스도인 여성들의 이러한 괄목할 만한 업적에 비추어 볼 때, 다음과 같은 질문을 하지 않을 수 없습니다. "그렇다면 성령께서는 두 목소리로 말씀하시는가? 여자들이 가르치거나 리더십을 행사하는 것을 금하시면서, 그들이 불순종할 때 그들을 풍성하게 축복하시는가?"

물론, "그러나 우리는 성경에 의해 행해야지 경험에 의해 행해서는 안 됩니다"라는 말은 맞습니다. 그러나 우리는 과연 성경을 올바로 해석했는가를 확인해야 합니다. 이 경우에 있어서는 분명 올바른 해석이 아니라는 것입니다. 오늘날 선교사의 60% 이상이 여성이며, 그들의 대부분이 극단적인 보수적인 입장에 있는 사람들이 금지하고 있는 그러한 기능을 하고 있습니다. 말씀을 가르치는 일과 때로는 리더십의 영역에서 그들의 기여가 없다면, 선교 사역은 측량할 수 없을 정도로 침체될 것입니다.

성경의 예

바울은 분명히, 그가 가르친 교훈들과 그의 시대에 여자들이 기도하고 예언하고 가르치고 전도하였다는 사실 사이에 아무 모순을 느끼지 않았습니다. 그는 자신의 친구와 동역자로 많은 여자들을 들고 있습니다. 그리고 그들의 희생적인 봉사에 대하여 칭찬과 감사를 아끼지 않고 있습니다.

로마서 16장에서, 바울은 남자와 거의 같은 수의 여자들을 언급하였습니다. 그가 사용한 표현들은 그 당시 교회에서 여성의 역할과 사역에 대해 몇 가지 실마리를 던져 줍니다. 뵈뵈(1-2절)는 '일꾼'으로 묘사되어 있습니다. 그것은 바울이 자신과 아볼로에 대하여 사용한 '사역자'(고린도전서 3:5)와 동일한 단어입니다. 여기서 '일꾼'으로 번역된 헬라어 '디아코노스'는 종종 '집사'로도 번역됩니다. 그리고 뵈뵈가 한 기능과 남자 집사의 기능의 차이를 구별할 만한 언어적, 신학적 근거가 전혀 없습니다. 그 단어는 남자에게만큼이나 여자에게도 자주 사용됩니다. D. 스튜어트가 말했듯이, 집사라는 직분을 받았건 안 받았건, 여자들은 집사에게 요구되는 일을 남자들만큼이나 감당하고 있었던 것으로 보입니다.

2절의 '보호자'라는 단어는 뵈뵈의 기능을 더 밝히 보여 줍니다. 동일한 어원에서 나온 말이 교회에서 리더십을 행사한 사람들에게 사용되고 있습니다. '주 안에서 너희를 다스리는 자들'(데살로니가전서 5:12), '다스리는 자'(로마서 12:8), '잘 다스리는 장로들'(디모데전서 5:17). 따라서 바울이 사용한 이 단어는 뵈뵈가 집사의 기능을 수행했을 뿐 아니라 모종의 리더십의 역할도 했음을 시사해 줍니다.

브리스가(3절)-브리스길라(사도행전 18:26)-는 남편보다 더 활동적이었던 것 같습니다. 그의 이름이 남편 아굴라의 이름보다 먼저 나오기 때문입니다. 그들은 부부로서 함께 목회를 했으며, 고린도와 로마의 그들의 집에 있는 교회를 지도했던 것 같습니다. 브리스가가 가르치는 사역을 행한 사실이 명백하게 성경에 나와 있습니다(사도행전 18:26). 브리스가와 아굴라는 '학문이 많고 성경에 능한' 아볼로를 집으로 데리고 와서 하나님의 도를 더 자세히 가르쳐 주었습니다. 그렇게 할 때 브리스가가 바울의 가르침에 반대 되는 행동을 하고 있었다는 암시가 전혀 없습니다. 브리스가는 남편 아굴라와 함께 '동역자'라는 말을 듣고 있습니다. 바울은 '이방인의 모든 교회'가 그들의 사역에 빚을 지고 있다고 하였습니다(4절).

유니아(7절)는, 크리소스톰과 데오필락투스에 의하면, 여자라고 합니다. 고대의 주석가들은 안드로니고와 유니아는 부부라고 결론지었습니다. 이들은 사도들에게 유명히 여김을 받았습니다. 유니아라는 이름은 남자의 이름으로서는 다른 곳에서는 발견되지 않습니다. 유니아에 대하여 크리소스톰은 이렇게 썼습니다. "진실로 사도가 된다는 것은 위대한 일이다. 그런데 이 사도들 사이에서까지 유명히 여김을 받는다고 하는 것은 얼마나 큰 영광인가? 아! 이 여자의 헌신은 얼마나 위대한가? 사도의 칭호를 받을 만하다고까지 여겨졌으니 말이다!" 절대적으로 확실한 것은 아니지만, 그들 부부는 바나바의 경우처럼(사도행전 14:14), 제한된 의미에서 사도로 불리었다고 합니다.

빌립의 딸들(사도행전 21:9)을 유세비우스는 '능력 있는 지도자'라 하였습니다. 그들은 분명히 예언적 은사를 행사하였습니다.

고린도전서 11:5에서 바울은 여자들이 교회에서 기도하거나 예언하는 동안 어떤 머리를 해야 하는가를 교훈했습니다. 전후 문맥을 보면, 남자들이 기도와 예언하는 것과 여자들이 하는 것 사이에 아무런 차이가 없습니다. 바울이 영적 은사들을 열거한 각 성경 구절들에서 예언은 가장 중요한 은사로서 맨 처음 나옵니다. 그리고 고린도전서 14:3에서 바울은 예언의 본질과 기능을 구체적으로 말합니다. "그러나 예언하는 자는 사람에게 말하여 덕을 세우며 권면하며 안위하는 것이요." 바울이 여자들에게 예언의 은사를 사용하는 것은 허용하면서도, 가르치는 은사를 금지한다는 것은 이상한 일이 아니겠습니까?

유오디아와 순두게(빌립보서 4:2)는 분명히 교회에서 매우 영향력 있는 리더십의 위치에 있었기 때문에, 그들의 불화는 교회의 일치를 위협하였습니다. 바울은 그들의 불화를 그냥 보아 넘기지 않았습니다. 바울은 그들에게 "주 안에서 같은 마음을 품으라"고 따뜻하게 권면했습니다. 그들은 복음을 위해 바울과 함께 싸웠습니다. 바울은 복음의 선포에서 글레멘드와 그 외에 동역자들과 이 두 사람을 동등하게 여겼습니다.

이 모든 성경 구절은 여자는 교회에서 잠잠하라는 명령이 절대적인 것이 아니라는 주장에 좋은 실례를 제공해 주고 있습니다. 성경은 열매 맺는 성공적인 사역을 수행하는 일에서 여자들이 제외되지 않았다는 것을 분명히 하고 있습니다.

디모데후서 2:2에서, 바울은 이렇게 썼습니다. "또 네가 많은 증인 앞에서 내게 들은 바를 충성된 사람들에게 부탁하라. 저희가 또 다른 사람들을 가르칠 수 있으리라." 여기의 '사람들' 속에는 여자들도 포함되어 있는 것입니다.

오늘날 여자들도 성경을 가르칠 수 있는 은사를 가지고 있다는 것은 부정할 수 없습니다. 바울 당시와 오늘날의 한 가지 차이점이라면, 그 당시에는 가르칠 신약성경이 아직 없었다는 것입니다. 그러나 성령께서 가르치는 은사를 주셨다는 것 자체가, 하나님께서 그 은사가 교회를 세우기 위해 교회에서 사용되도록 의도하셨다는 것을 가리킵니다. 따라서 하나님께서는 여자들도 가르치고 복음을 전하도록 계획하셨다는 것은 명백한 것입니다.

이 모든 성경 말씀에 비추어 볼 때, 바울은 여자들에게 기도와 가르침과 전도와 리더십의 영역에서 비록 주도적인 역할은 아닐지라도, 상당한 역할을 부여했던 것으로 보입니다. 신학이나 리더십에 있어서 주도적인 역할을 한 여자들의 예가 신약성경에는 없습니다. 그러나 지상사명의 수행 과정에서, 성령께서는 오늘날 교회에서 여자들에게 보통 주어지는 것보다 훨씬 넓은 영역의 사역을 여자들에게 주셨습니다.

12
약함의 철학

> 내게 이르시기를, "내 은혜가 네게 족하도다.
> 이는 내 능력이 약한 데서 온전하여짐이라" 하신지라,
> 이러므로 도리어 크게 기뻐함으로 나의 여러 약한 것들에 대하여
> 자랑하리니, 이는 그리스도의 능력으로 내게 머물게 하려 함이라.
>
> 고린도후서 12:9

우리는 힘을 숭상하는 시대에 살고 있습니다. 군사력, 지식의 힘, 경제력, 과학의 힘 등. 힘의 개념은 매일의 삶과 불가분의 밀접한 관계가 있습니다. 오늘날 세계는 힘에 따라 여러 진영으로 나뉘어 있습니다. 사람들은 어디에서나 힘을 얻으려고 애쓰며 싸우고 있습니다. 때로는 그 동기가 의문스럽기도 합니다.

힘에 대한 하나님의 관점과 우리의 관점 간에는 엄청난 차이가 있습니다. 이사야 당시 이사야를 통해 하신 하나님의 말씀은 우리 시대에도 역시 진리입니다. "내 생각은 너희 생각과 다르며, 내 길은 너희 길과 달라서"(이사야 55:8). 세상의 모든 철학과는 달리, 복음은 힘없는 자들, 약한 자들과 가난한 자들

을 열심히 찾고 있습니다.

스코틀랜드의 유명한 설교자 제임스 스튜어트는 혁명적이고도 도전적인 말을 했습니다. 그의 말은 우리 인간의 교만과 자존심과 자기만족에 대하여 강타를 날렸습니다.

하나님께서 그분의 나라를 세우기 위해 택하시는 것은, 항상 인간의 약함과 겸손이지, 인간의 힘과 자신감이 아니다. 하나님께서는 우리가 평범하고 힘이 없고 아무 자격도 갖추지 못한 결점투성이인데도 불구하고 우리를 사용하실 수 있을 뿐 아니라, 명백히 그것 때문에 우리를 사용하실 수 있다. 우리는 이 놀라운 사실을 깨달아야 하며, 이 사실은 우리의 선교적 시야에 혁명적인 변화를 가져다줄 것이다.

이 말은 진실로 혁명적입니다. 그러나 바울의 약함의 철학에는 미치지 못합니다. 바울의 역설적인 말을 주목하십시오.

하나님께서… 세상의 약한 것들을 택하사 강한 것들을 부끄럽게 하려 하시며… 내가 너희 가운데 거할 때에 약하며 두려워하며 심히 떨었노라.… 크게 기뻐함으로 나의 여러 약한 것들에 대하여 자랑하리니… 이는 내가 약할 그때에 곧 강함이니라.… 나를 위하여는 약한 것들 외에 자랑치 아니하리라.

(고린도전서 1:27, 2:3, 고후 12:9,10, 12:5).

이 놀라운 구절들 속에 바울의 리더십의 주요한 원리 중의 하나가 들어 있는 만큼, 그것은 우리의 리더십의 주요한 일부가 되어야 합니다. 약함에 대한 그러한 평가는 세상의 사고방식에 대한 완전한 역전이요, 세상의 표준에 대한 도전입니다. 도대체 누가 약함을 리더십의 자질로 생각하겠습니까? 그러나 바울은 '하나님의 미련한 것' - 거듭나지 못한 사람들에게는 미련하게 보이는, 하나님의 활동들 - 이 사람의 지혜보다 지혜 있고, '하나님의 약한 것' - 사람들에게 약하고 변변찮게 보이는, 하나님의 활동들 - 이 사람의 강함보다 강하다고 했습니다(고린도전서 1:25).

하나님께서는 자신을 감추시는 하나님이십니다. 따라서 그분의 능력은 보통 감추어져 있습니다. 하나님께서는 자주 자신의 전능하심을 침묵의 덮개 밑에 숨기십니다. 큰 나무의 줄기를 타고 몇 톤이나 되는 진액이 위로 올라가는 것을 누가 알아챌 수가 있습니까? 또 물은 아무도 알아차리지 못하게 조용히 얼음이 됩니다. 확실히 하나님의 약한 것이 사람의 강한 것보다 더 위대합니다.

바울은, 하나님의 감추어진 지혜와 힘이 하나님께서 그분의 나라를 세우기 위해 택하시는 사람들 안에서도 보인다고 했습니다. "형제들아, 너희를 부르심을 보라. 육체를 따라 지혜 있는 자가 많지 아니하며, 능한 자가 많지 아니하며, 문벌 좋은 자가 많지 아니하도다. 그러나 하나님께서 세상의 미련한 것들을 택하사 지혜 있는 자들을 부끄럽게 하려 하시고, 세상의 약한 것들을 택하사 강한 것들을 부끄럽게 하려 하시며, 하나님께서 세상의 천한 것들과 멸시받는 것들과 없는 것들을 택하사 있는 것들을 폐하려 하시나니, 이는 아무 육체라도 하나님 앞에서 자랑하지 못하게 하려 하심이라"(고린도전서 1:26-29).

로버트슨은 이렇게 말했습니다. "예수님께서 정식 교육을 받지 않은 갈릴리의 장인들과 어부들 가운데서 제자들을 택하셨다는 것 - 유대 사람인 가룟 유다를 제외하고 - 을 잊어서는 안 된다. 예수님께서는, 영적인 힘은 없고 사상이 결정화(結晶化)되어 버린 랍비 신학교 옆을 못 본 채 그냥 지나가셨다. 예수님께서는 교사들과 학생들이 그분께 마음을 닫는다면, 오늘날의 신학교들도 그냥 지나치실 것이다."

자신은 지성인이었지만, 바울은 하나님께서 일부러 지혜 있는 자, 능한 자, 문벌 좋은 자, 강한 자들을 택하지 않으셨다는 사실을 기뻐하였습니다. 하나님께서는 능력이나 말에서, 심지어 신체적인 면에서 약한 사람들 - '세상의 천한 것들, 멸시받는 것들, 없는 것들'(고린도전서 1:28) - 을 택하여 자신의 목적을 이루십니다. 그러면 하나님께서 그런 사람들을 택하시는 이유는 무엇입니까? "이는 아무 육체라도 하나님 앞에서 자랑하지 못하게 하려 하심이라"(고린도전서 1:29).

스튜어트 박사는 우리의 매우 인간적인 약함들 속에서 잠재적으로 강력한 신적 무기를 봅니다. "자기의 강함이 아니라 자기의 약함을 취하여 그것을 하나님의 무기로 드리는 사람이나 교회를 패배시킬 수 있는 것은 아무것도 없다. 그것은 윌리엄 케리, 프란시스 사비에르, 사도 바울의 방법이었다. '주님, 여기에 저의 인간적 약함이 있나이다. 그것을 주님의 영광을 위해 주님께 바치나이다!' 이것은 세상이 반격할 수 없는 전략이다. 이것이 세상을 이기는 승리의 비결이다."

우리는 하나님께서 약하고 천하고 멸시받고 없는 사람들만을 택하시는 것은 아님을 기억해야만 합니다! 헌팅턴 백작 부인은 고린도전서 1:26과 관련하여 이렇게 말하곤 했습니다. "나는 성경의 한 편지에 대하여 대단히 감사하고 있습니다. 거기에는, '문벌 좋은 자가 하나도 없다'라고 되어 있지 않고, '문벌 좋은 자가 많지 않다'고 했습니다." 하나님께서는 우리의 출생, 타고난 재능, 성격에 관계없이 그분의 모든 자녀를 복 주시고 사용하기를 원하십니다. 그러나 우리가 자신의 출생, 재능, 성격을 의지하는 것을 기꺼이 전적으로 포기할 때에만 그렇게 하실 수 있습니다.

하나님께서는 인간적인 지혜, 힘, 자원들이 없거나, 그것들에 대한 의뢰를 포기할 때 가장 효과적으로 자신의 목적을 이루실 수 있다는 것이 바울의 주장입니다. 인간적 약함은 하나님의 위대한 능력을 나타내 보일 가장 좋은 배경을 제공하며, 따라서 그것은 값진 자산입니다.

바울 자신은 그 당시에 지혜 있고, 문벌 좋고, 능한 자에 속하였습니다. 그는 지적인 능력, 감정적인 열정, 불타는 열심, 반박할 수 없는 논리 등 놀라운 자질을 소유했습니다. 하지만 이 자질들을 의뢰하지 않았으며, 유창한 말솜씨를 의뢰하지도 않았습니다. 그가 고린도 교회에서 어떤 태도로 선교에 임했는가를 주목하십시오. "내가 너희 가운데 거할 때에 약하며 두려워하며 심히 떨었노라. 내 말과 내 전도함이 지혜의 권하는 말로 하지 아니하고 다만 성령의 나타남과 능력으로 하여" (고린도전서 2:3-4).

바울은 주님의 일을 할 때 자신의 은사와 능력들을 사용하면서도 그것들을 의뢰하지 않고, 다만 능력을 주시는 성령을 의뢰했습니다. 그로 하여금 더욱 온전히 하나님을 의뢰하게 하는 자신의 약함을 기쁘게 받아들였습니다.

무디는 바울처럼 약함의 능력을 이용하는 것을 배웠습니다. 그는 학교 교육을 거의 받지 않았습니다. 외모는 볼품이 없었습니다. 목소리는 칼칼하고 코 먹은 소리였습니다. 그러나 그의 약함은 하나님께서 그를 통하여 세계를 흔드시는 것을 방해하지 못했습니다.

한번은 한 신문기자가 모든 사회 계층의 사람들에게 큰 영향력을 미치는 무디의 비범한 능력의 비밀을 알아내기 위해 무디의 전도 집회 취재를 맡게 되었습니다. 그는 취재에서 돌아와 이렇게 썼습니다. "나는 그의 기적적인 일을 설명할 만한 것을 그 안에서 아무것도 찾을 수 없다."

무디는 이것을 듣고 껄껄 웃으며 말했습니다. "물론, 그 일은 하나님의 일이지, 나의 일이 아니기 때문이지요." 무디의 약함은 하나님의 무기였습니다.

바울의 '육체의 가시'는 그의 인간적 약함을 계속해서 일깨워 주는 것이었습니다. 그러나 그는 그 가시가 결코 아무 목적 없는 것이 아님을 깨달았습니다. "이는 그리스도의 능력으로 내게 머물게 하려 함이라"(고린도후서 12:9). 제임스 데니는 이와 관련하여 이렇게 말했습니다. "인간 바울을 보고서 그의 놀라운 능력을 설명할 수 있는 사람은 아무도 없다. 풍채도 없고 말주변도 없고 돈도 없는, 한 작고 볼품없는 유대인 속에서 어떻게 이런 놀라운 능력이 나오는지 상상조차 못할 것이다. 그의 힘과 변화의 원천은 그 안에서는 발견할 수 없다. 그 원천은 그 안에서가 아니라, 하나님 안에서 찾아야 한다."

바울이 처음부터 자신의 약함을 기뻐한 것 같지는 않습니다. 우리처럼 그도 거기에 반발하고 거부하고 싶었을 것입니다. 그러다가 서서히 자신의 약함을 기뻐하는 것을 배웠을 것입니다. 그는 "어떠한 형편에든지 내가 자족하기를 배웠다"(빌립보서 4:11)고 말했습니다. 그리고 하나님의 보상의 법칙을 알았을 때, 마침내 다음과 같이 말할 수 있는 높은 경지에 이르렀습니다. "그러므로 내가… 약한 것들…을 기뻐하노니, 이는 내가 약할 그때에 곧 강함이니라"(고린도후서 12:10).

바울이 지도자로서 성공할 수 있었던 한 가지 큰 비결은 그를 따른 사람들에게 강한 모범을 보여 주었다는 것입니다. 그는 자신의 약함으로부터 능력을 이끌어 내었습니다. 자신의 약함에 굴복하지 않고, 그 약함을 극복하기 위해 싸웠으며, 마침내 성령의 역사로 말미암아 그 약한 것들이 짐이 아니라 자산이 될 수 있다는 것을 발견한 것입니다.

우리는 자신의 약함과 부족함을 어떤 어려운 일로부터 물러서는 것을 정당화하기 위한 변명이나 구실로 사용하는 경향이 있습니다. 하나님께서는 바로 이 약함과 부족함을 취하셔서, 그 과제와 맞붙어 싸울 힘으로 사용하십니다. 우리가 너무 약하다고 주장하면, 하나님께서는 우리를 택하신 이유로서 바로 그 약함을 드십니다. 이는 하나님의 능력이 우리의 약함 가운데서 온전하여질 수 있도록 하기 위함입니다. 히브리서 11장의 믿음의 영웅들이 그 좋은 예입니다. "연약한 가운데서 강하게 되기도 하며"(34절).

중국 내지 선교회의 아주 초창기인 1866년 1월, 허드슨 테일러는 자신의 약함의 철학을 이렇게 표현했습니다. "우리는 사도 바울의 말을 빌려, '누가 이 일에 자격이 있는가?'라고 물을 수 있을 것이다. 우리는 너무도 약하다. 그러나 우리의 바로 그 약함과 부족함이, '내 은혜가 네게 족하도다. 이는 내 능력이 약한 데서 온전하여짐이라'(고린도후서 12:9)고 하신 주님의 약속의 성취를 주장할 특별한 권리를 우리에게 준다. 만일 그렇지 않다면 우리에게 맡겨진 막중한 책임에 우리는 압도당하고 말 것이다." 허드슨 테일러에 의해 창설된 중국 내지 선교회는 100년이 훨씬 지난 오늘날에도 여전히 이 철학의 타당성과 힘을 입증하고 있습니다.

13
지도자 훈련

오직 말과 행실과 사랑과 믿음과 정절에 대하여

믿는 자에게 본이 되어.

디모데전서 4:12

모름지기 지도자는 젊은 사람들을 훈련시킴으로써 새로운 지도자들을 양성해야 합니다. 지도자는 그들을 신뢰해야 하며, 일정한 책임과 권한을 맡겨서 그들의 힘을 쏟을 배출구를 만들어 주어야 합니다. 책임을 잘 수행했을 때는 칭찬과 격려를 해주어야 합니다. 이렇게 하여 점차적으로 더 큰 책임과 권한을 주게 되고, 마침내 어떤 일을 수행하는 데 모든 주도권과 최종 결정권을 주게 됩니다.

바울이 디모데를 영적 지도자로서 준비시키고 훈련시킨 방법은 깊은 교훈을 줍니다. 바울은 주님의 발자취를 따랐습니다. 디모데와 함께 많은 시간을 보내며, 디모데에게 자신의 모든 것을 쏟아 부었습니다.

디모데가 바울을 만난 것은 아마 20대였을 것입니다. 디모데는 스승 바울과 같은 결단력이 없었고, 우유부단하고 소심한 편이었습니다. 이것은 좋지 않은 건강 때문에 더 두드러지게 되었을 것입니다. 그는 사람들을 이끌기보다는 의지하는 경향이 있었습니다. 그는 타고난 소심함과 자기 연민에 빠지는 경향을 고쳐야 할 필요가 있었습니다. 좀 더 강한 성품을 계발해야 할 필요가 있었습니다. 몇몇 성경 구절을 통하여 추측컨대, 그는 지나치게 관대하고, 교회 내의 영향력 있는 사람들에 의해 좌우되며, 일을 함에 있어서 일관성이 부족하고 산만한 경향이 있었던 것 같습니다.

"하나님의 은사를 다시 불 일 듯하게 하라"(디모데후서 1:6)는 바울의 권고에서 엿볼 수 있듯이, 디모데 역시 많은 다른 사람들처럼, 그의 꺼져 가는 불을 다시 불타오르게 하는 대신 옛날의 영적 경험을 의지하려는 경향이 있었던 것 같습니다.

디모데의 이러한 성격상의 결점에도 불구하고 바울은 그의 잠재력을 높이 평가했습니다. 그에 대하여 바울은 매우 큰 꿈을 가지고 있었습니다. 그리하여 바울은 그를 가장 높은 수준으로 훈련시키고 유지시켰으며, 그로 하여금 힘든 경험들을 하게 했던 것입니다. 이런 힘든 경험들을 통하여 바울은 디모데의 연약한 성품을 강한 성품으로 바꾸어 주며 남자같이 강건하게 해주려 했습니다.

바울은 디모데에게 그의 능력 훨씬 이상의 과제를 부과했습니다. 그리고 디모데가 과제를 수행할 때 격려하고 강하게 해주었습니다. 디모데는 자신의 능력을 훨씬 넘어서는 이러한 과제와 맞붙어 싸우자면, 자신의 역량을 최대한으로 발휘해야 했을 것이며, 이러한 과정을 통하여 자신의 역량을 더욱더 키울 수 있었을 것입니다.

디모데의 훈련은 대부분 바울과 함께 여행하면서 이루어졌습니다. 이것은 젊은 디모데에게는 큰 특권이었습니다. 이러한 여행을 통해 디모데는 온갖 종류의 사람들을 만나게 되었으며, 세계 비전을 갖게 되고 그 비전에 불타게 되었을 것입니다. 틀림없이 스승 바울로부터 역경과 위기 - 이것들은 바울의 삶에서는 일상적인 것이었습니다 - 를 맞아 승리하는 법을 배웠을 것입니다.

바울은 혼자서 모든 일을 떠맡지 않고 자기 동역자들에게 책임을 맡겼습니다. 바울은 디모데에게 데살로니가에 있는 그리스도인들을 말씀 안에서 세워 주고 견고하게 해주는 책임을 맡겼습니다. 디모데는 이 일을 잘 해냈고, 바울의 칭찬을 받았습니다. 디모데는 또한 바울의 사도적 권위가 도전을 받고 있던 고린도 교회에 분쟁의 해결자로서 파견되었습니다. 그 과정에서 디모데는 값진 교훈을 배웠습니다. 대개 바울의 엄한 훈련 수준, 높은 기대, 무거운 요구 등은 젊은 디모데로 하여금 평범한 수준에 만족하지 않고 최상의 결과를 낳게 하였습니다.

위대한 사람들은 성공에 의해서보다 실패를 통해 만들어지는 법입니다. 링컨은 아마도 가장 좋은 예가 될 것입니다. 그는 사업에 실패하였습니다. 변호사에도 실패하였습니다. 주 의회 후보가 되는 데도 실패했습니다. 또한 어느 회사의 이사가 되려는 시도도 좌절되었습니다. 부통령과 상원의원직에서도 경쟁자들에게 패배하였습니다. 그러나 그 실패로 인하여 낙심하지도 좌절하지도 않았으며, 다른 사람들을 향하여 나쁜 감정을 품지도 않았습니다.

디모데전서를 받을 당시 디모데의 나이는 30세 전후였으리라고 생각되는데, 이 나이는 대개 어떤 분야에서 인정을 받기에는 아직 이른 나이입니다. 따라서 디모데의 연소함은 분명히 핸디캡이었습니다. 그러나 바울은 디모데의 연소함에도 개의치 않고 그에게 책임을 맡기고 아울러 실망하지 말라고 격려했습니다.

바울은 디모데에게 "누구든지 네 연소함을 업신여기지 못하게 하고, 오직 말과 행실과 사랑과 믿음과 정절에 대하여 믿는 자에게 본이 되라"(디모데전서 4:12)고 권면했습니다. 이 자질들은 젊은이에게는 모자라기 쉬운 것들입니다.

그러나 모범적인 생활은 연소함으로 인한 불리한 점을 크게 상쇄할 수 있습니다. 한 기독교 기관의 본부에서 한 젊은이가 내게, "여기에서 찬송가를 나누어 줄 수 있으려면, 머리가 희어야 합니다"라고 말했습니다. 그 기관의 책임자는 80세가 넘었습니다! 바울은 우리에게 중요한 교훈을 가르쳐 줍니다. 나중에 보다는 되도록 빨리 장래가 촉망되는 젊은 사람들을 훈련시켜 그들에게 책임을 맡기는 것이 현명하다는 것입니다.

바울로부터 온 명령

디모데가 목회하고 있던 에베소 교회에는 쟁쟁한 사람들이 많이 있었습니다. 디모데는 목회 사역에서 겪는 여러 가지 어려움으로 인해 위축되어 있었고, 부족함을 많이 느꼈습니다. 바울은 위축된 디모데를 격려하고 굳세게 해주기 위해 편지를 썼습니다. 바울이 디모데에게 해준 권면의 핵심이 4개의 명령 가운데 잘 나타나 있습니다. 거기로부터 바울이 목회 사역에서 매우 중요하게 여긴 것이 무엇인지를 알 수 있습니다.

(1) 맡겨진 것을 지키라. "디모데야, 네게 부탁한 것을 지키고, 거짓되이 일컫는 지식의 망령되고 허한 말과 변론을 피하라. 이것을 좇는 사람들이 있어 믿음에서 벗어났느니라"(디모데전서 6:20-21).

먼저 바울은 디모데에게, "네게 부탁한 것을 지키라"고 명령합니다. 여기서 '부탁한 것'이란 은행에 예금한 돈에 비유할 수 있습니다. 고객은 돈을 안전하게 보관하며 이자를 받기 위해 돈을 은행에 맡기는데, 은행은 이 맡겨진 돈을 안전하게 보관하였다가 언제든지 고객이 요구할 때 온전히 그대로 돌려줄 의무가 있습니다. 따라서 바울은 디모데에게 "하나님께서 네 영적 은행에 예금하셨다. 그것을 안전하게 지키라"고 말하고 있는 것입니다.

디모데는 하나님의 구원의 진리들을 맡았습니다. 그는 이에 대하여 청지기로서 하나님 앞에서 회계해야 할 것입니다. 또한 영적 은사들을 맡았습니다. 따라서 이 은사들을 하나님 나라를 확장시키는 데에 가장 유익하게 사용해야 했습니다. 또한 말씀을 전파할 사자로 택함을 받았습니다. "내가 이 복음을 위하여 반포자…로 세우심을 입었노라"(디모데후서 1:11)고 바울은 말했습니다. 말씀을 선포하는 사람은 맡겨진 것을 그대로 지켜야 합니다. 그는 거짓 선생들의 공격에 대항하여 신앙을 수호할 뿐만 아니라, 확신을 가지고 적극적으로 전파해야 합니다.

우리는 마땅히 신앙을 수호하되, 교회 안에 있는 바람직스럽지 못한 정죄주의를 피해야 합니다. 그러나 그에 대한 반작용으로 거짓 교훈들을 너무 관용한 나머지 맡겨진 것을 지키는 데 실패해서는 안 됩니다. 우리는 "어리석고 무식한 변론을 버리고, 다투지 아니하고, 모든 사람을 대하여 온유하며 가르치기를 잘하며 참아야 하나," 또한 "거역하는 자를 온유함으로 징계할" 줄 알아야 합니다(디모데후서 2:23-25).

(2) 편견과 편벽됨이 없이 행동하라. "하나님과 그리스도 예수와 택하심을 받은 천사들 앞에서 내가 엄히 명하노니, 너는 편견이 없이 이것들을 지켜 아무 일도 편벽되이 하지 말며"(디모데전서 5:21). 이 명령은 젊은 디모데가 교회의 중요한 문제들을 처리할 때 주위의 압력에 쉽게 영향을 받을지도 모른다는 바울의 염려에서 나왔습니다.

우리는 항상 주관적인 판단에 의해 움직이기가 쉽습니다. 그러므로 바울의 이 엄한 명령을 늘 상기할 필요가 있습니다. 주님의 일을 할 때 공평과 정직과 온전함은 필수적입니다. 자신의 개인적인 좋고 싫음은 주님의 일을 할 때 삼가야 합니다. '편견'이나 '편벽'이라는 말에는 모두 한쪽으로 치우쳤다는 의미가 들어 있습니다. 세상 사람들까지도 공평과 공정을 기대하고 있다면, 교회는 말할 것도 없습니다. 특히 공정하고 공평한 징계는 교회의 호평과 발전을 크게 좌우하기 때문에 교회는 분명한 징계의 표준을 세워 두어야 합니다.

(3) 원리 원칙들을 흠 없이 지키라. "만물을 살게 하신 하나님 앞과 본디오 빌라도를 향하여 선한 증거로 증거하신 그리스도 예수 앞에서 내가 너를 명하노니, 우리 주 예수 그리스도 나타나실 때까지 점도 없고 책망받을 것도 없이 이 명

령을 지키라. 기약이 이르면 하나님이 그의 나타나심을 보이시리니"(디모데전서 6:13-15). '지키라'는 말은 보존하라는 의미입니다. 바울은 디모데에게, 그에게 맡겨진 사명과 하나님의 말씀 안에 간직된 원리들을 그리스도께서 나타나실 때까지 점도 없고 책망받을 것도 없이 지키라고 권면하고 있는 것입니다.

영적 지도자는 자신이 섬기고 있는 교회, 선교 기관, 또는 기독교 기관의 원리와 원칙들을 지키는 사람입니다. 지도자에게는, 이 원리들이 멤버들에 의해 양심적으로 지켜지도록 이 원리들을 실천하고 가르치고 보존해야 할 책임이 있는 것입니다.

(4) 긴박감을 유지하라. "하나님 앞과 산 자와 죽은 자를 심판하실 그리스도 예수 앞에서 그의 나타나실 것과 그의 나라를 두고 엄히 명하노니, 너는 말씀을 전파하라. 때를 얻든지 못 얻든지 항상 힘쓰라. 범사에 오래 참음과 가르침으로 경책하며 경계하며 권하라"(디모데후서 4:1-2). 바울은 곧 있을 자신의 죽음을 예상하고 있었습니다. 따라서 그는 죽음 이후의 세계를 자주 생각했을 것이라는 점을 기억해야 합니다. 다가올 심판을 앞에 두고 한 바울의 명령은 틀림없이 디모데에게 엄숙한 명령으로 들렸을 것입니다.

"너는 말씀을 전파하라." 바울은 다음과 같이 말하고 있는 것입니다. "영광스럽게, 그리고 완전하게 말씀을 전파하라. 기회가 좋든 안 좋든, 편리하든 편리하지 않든, 항상 말씀을 전할 준비를 하라. 모든 기회를 포착하여 말씀을 전하라. 결코 너의 긴박감을 잃지 말라. 주도권을 쥐라. 지칠 줄 모르는 열심으로 앞으로 나아가라." 이 그리스도의 노병(老兵)은 젊은 병사에게 이 명령을 할 권리를 가지고 있었습니다. 왜냐하면 그는 풍부한 전투 경험을 쌓은 영적 베테랑으로서, 이미 자신의 삶에서 그 본을 보였기 때문입니다.

몇 가지 미쁜 말들

목회 서신에서 바울은 젊은 동역자들을 격려하고 고무시키기 위하여 '미쁘다, 이 말이여'를 다섯 번 언급했는데, 각각 그리스도인의 삶과 봉사의 중요한 면을 다루고 있습니다. '미쁘다, 이 말이여'라는 관용구를 사용함으로써 그는 당시의 교회 안에서 널리 받아들여진 메시지로 우리의 주의를 끌었습니다. 그러나 이 말들은 오늘날의 교회에도 여전히 중요합니다.

(1) 구원. "미쁘다, 모든 사람이 받을 만한 이 말이여. 그리스도 예수께서 죄인을 구원하시려고 세상에 임하셨다 하였도다. 죄인 중에 내가 괴수니라"(디모데전서 1:15). 이 말은 복음을 요약하고 있습니다. 또한 이 말은 온갖 도전과 혹독

한 시련을 거치면서 견디어 온, 간단하면서도 놀라운 말입니다. 그것은 조롱과 핍박의 도가니를 통하여 단련되어 나온, 찬란한 빛을 발하는 말입니다. 그러므로 우리는 이 말에 자발적이고도 열정적인 동의를 해야만 합니다.

바울이 '세상에 임하셨다'는 말을 사용한 것은 단지 위치의 변화를 표현할 뿐 아니라, 상태와 환경의 변화를 강조하기 위한 것이었습니다. 거기에는 최고의 희생이 내포되어 있습니다. '죄인을 구원하시려고.' 그는 그리스도의 희생과 하나님의 은혜를 더 깊이 깨달으면 깨달을수록 자신의 무가치함을 더욱 깊이 인식하였습니다. '죄인 중에 내가 괴수니라.'

(2) 리더십. "미쁘다, 이 말이여. 사람이 감독의 직분을 얻으려 하면 선한 일을 사모한다 함이로다"(디모데전서 3:1). 교회의 지도자가 되기를 원하는 것은 훌륭한 일입니다. 그러나 그것이 훌륭하고 영예스러운 까닭은 그 직분이 주는 특권에 있는 것이 아니라 그 기능에 있습니다.

영적 지도자가 되기를 사모하라는 이 말은 자칫 오해를 불러일으킬 소지가 있습니다. 그래서 어떤 사람은 이렇게 반문합니다. "이 말은 사람들에게 잘못된 욕망을 자극하지는 않겠는가? 어떤 직분이 있을 때, 그 직분에 합당한 사람을 찾아서 그 직분을 맡겨야지, 어떻게 사람이 먼저 그 직분을 맡으려고 해서야 되겠는가? 이것은 지위를 탐하는 것이 될 우려가 있지 않겠는가?"

　이 질문은 옳기도 하고 틀리기도 합니다. 오늘날 교회의 지도자의 직분은 영예가 있는 지위입니다. 그러나 바울이 이 말을 썼을 때는 영예는 거의 없고 큰 희생과 위험이 따르는 직분이었습니다. 교회에서 이 직분을 맡는 것은 박해, 고난, 심지어는 죽음까지도 초래하는 것이었습니다. 따라서 감독의 직분을 맡기 위해서는 상당한 각오가 필요했습니다. 오늘날 어떤 지역에서는 지금도 그렇습니다. 이것은 분명히, 충성되지 못한 위선적인 사람이 지도자의 직분을 맡으려고 하는 것을 막아 주었을 것입니다. 그 당시의 상황하에서는 올바른 사람이 그 직분을 맡도록 격려하기 위해서는 강한 동기 부여가 필요했습니다.

　(3) 성화. "우리 구주 하나님의 자비와 사람 사랑하심을 나타내실 때에, 우리를 구원하시되 우리의 행한 바 의로운 행위로 말미암지 아니하고, 오직 그의 긍휼하심을 좇아 중생의 씻음과 성령의 새롭게 하심으로 하셨나니, 성령을 우리 구주 예수 그리스도로 말미암아 우리에게 풍성히 부어 주사, 우리로 저의 은혜를 힘입어 의롭다 하심을 얻어 영생의 소망을 따라 후사가 되게 하려 하심이라. 이 말이 미쁘도다. 원컨대 네가 이 여러 것에 대하여 굳세게 말하라"(디도서 3:4-8).
　젊은 지도자 디도는 무엇을 굳세게 말해야 했습니까? 첫째로, 하나님의 자비와 사랑(4절)을 강조해야 했습니다. 3절에는 우리가 하나님을 알기 전 어떤 상태에 있었는가가 잘 나타나 있습니다. 이와 같이 우리는 하나님을 모를 때에는 멸망으로 치닫고 있던 자들이었습니다. 그러나 하나님께서는 이러한 우리에게 자비와 사랑을 나타내 주셔서 우리를 구원하여 주셨습니다. 하나님의 은혜는 너무도 놀랍습니다! 둘째, 성령의 중생케 하시고 새롭게 하시는 능력을 강조해야 했습니다. 셋째, 그리스도의 은혜를 선포해야 했습니다. 그리스도께서는 우리로 자기와 더불어 후사가 되게 하십니다(7절). 삼위일체 하나님의 이러한 행위의 결과로서 우리는 영생의 소망을 가지고 있습니다. 넷째로, 하나님께서는 성령을 예수 그리스도로 말미암아 우리에게 풍성히 부어 주신다(6절)는 것을 강조해야 했습니다. 디도는 확신을 가지고 열심을 다하여 이 진리들을 선포해야 했습니다.

(4) 고난. "미쁘다, 이 말이여. 우리가 주와 함께 죽었으면 또한 함께 살 것이요, 참으면 또한 함께 왕 노릇 할 것이요, 우리가 주를 부인하면 주도 우리를 부인하실 것이라. 우리는 미쁨이 없을지라도 주는 일향 미쁘시니 자기를 부인하실 수 없으시리라"(디모데후서 2:11-13).

이것은 초대교회의 찬송시 중의 하나입니다. 이것은 교회가 그리스도의 십자가의 후사라는 사실을 강조합니다. 폭력과 혁명이 난무하는, 우리가 살고 있는 이 불안한 시대에, 우리는 가장 무서운 상황에 대비하여 우리 자신을 준비해야 합니다. 루터는 이렇게 말했습니다. "우리가 죽기까지 그리스도께 충성을 다한다면, 우리는 또한 영광 중에 그분과 함께 살 것입니다."

그리스도께 충성을 다한 사람에게는 상급이 있을 것이며, 충성치 않은 사람에게는 아무 상급도 없고 부끄러움만 있게 될 것입니다. 우리가 그리스도를 위해 이 땅의 편안과 이익을 버린다면 하늘의 상급이 있을 것입니다. 터툴리안은 "고난받기를 두려워하는 사람은 큰 고난을 받으신 분께 속할 수 없다"고 말했습니다.

(5) 자기 훈련. "망령되고 허탄한 신화를 버리고 오직 경건에 이르기를 연습하라. 육체의 연습은 약간의 유익이 있으나 경건은 범사에 유익하니 금생과 내생에 약속이 있느니라. 미쁘다, 이 말이여. 모든 사람들이 받을 만하도다"(디모데전서 4:7-9). 운동선수들이 경기를 위해 열심히 훈련하고 있는 장면을 상상해 보십시오. 여기에서 바울은 디모데에게, 단지 앉아서 경건한 묵상만 하지 말고, 경건한 생활 속에서 자신을 엄하게 훈련하라고 권면합니다. 경건한 삶을 위해 피땀 흘리는 수고와 훈련을 하라는 것입니다.

운동선수는 상을 얻기 위해 자기를 부인하며 온갖 노력을 아끼지 않습니다. 자기의 발전을 방해하는 모든 것을 버립니다. 우리 그리스도인도 이렇게 해야 하지 않겠습니까? 영적 근육과 체력은 성령의 통제 안에서 열심히 강훈련을 할 때 강해집니다. 그리고 이것은 우리가 앞으로 삶을 살아가는 데 큰 역할을 할 것입니다.

육체의 훈련과 연습은 가치가 있습니다. 그러나 영적 훈련과 비교할 때 그 유익은 제한되어 있고 일시적인 것입니다. 전자는 육체의 건강과 아름다움을 가져오나, 후자는 영원한 생명을 가져옵니다. 전자는 현세와 관련되어 있고, 후자는 영원까지 영향을 미칩니다. 그러나 육체의 연습도 경시해서는 안 됩니다. 우리의 몸은 성령의 전이기 때문입니다.

은사를 불 일 듯하게 하라

디모데는 장로들의 모임에서 안수를 받을 때 성령의 은사를 받았습니다. 이 은사는 그를 주님의 일꾼으로 준비시키기 위한 것이었습니다. 디모데의 약점을 잘 알고 있는 바울은 그에게 두 가지 권면을 했습니다.

첫째, '은사를 소홀히 여기지 말라'는 것입니다. "네 속에 있는 은사, 곧 장로의 회에서 안수받을 때에 예언으로 말미암아 받은 것을 조심 없이 말며"(디모데전서 4:14). 받은 바 은사를 조심 없이 말라! 이 은사는 성령께서 오직 자기 뜻대로 주신 것이며, 외적인 것이 아니라 내적인 것이었습니다. 따라서 은사는 자동적으로 그 효력을 발휘하는 것이 아니었으며, 소홀히 하면 약해질 수도 있었습니다. 그래서 "은사를 소홀히 여겨 시들게 하지 말라"고 바울은 충고한 것입니다.

둘째, '은사를 다시 불 일 듯하게 하라'는 것입니다. "그러므로 내가 나의 안수함으로 네 속에 있는 하나님의 은사를 다시 불 일 듯하게 하기 위하여 너로 생각하게 하노니, 하나님이 우리에게 주신 것은 두려워하는 마음이 아니요, 오직 능력과 사랑과 근신하는 마음이니"(디모데후서 1:6-7). 디모데에게 새로운 은사가 필요한 것이 아니었습니다. 그의 불은 약하게 타고 있었습니다. 따라서 그 불을 활활 타오르게 할 필요가 있었습니다.

바울의 이 말은 디모데의 열심이 약해지고 있었다는 의미일 수도 있습니다. 불은 자동적으로 활활 타오르지 않습니다. 불은 그냥 두면 죽어 가는 경향이 있습니다. 디모데의 경우에 그 불을 약화시키는 것들이 매우 많이 있었습니다. 그래서 바울은 그에게, "다시 불 일 듯하게 하라. 활활 타오르게 하라. 그 불이 꺼져 가고 있다면 다시 기름을 부으라"고 권면하고 있는 것입니다.

바울은 하나님께서 주시는 은사의 본질에 디모데의 주의를 돌림으로써 그를 도전하고 자극했습니다. "하나님이 우리에게 주신 것은 두려워하는 마음이 아니요 오직 능력과 사랑과 근신하는 마음이니"(7절). 스스로 몇 가지 질문을 해보십시오. '나는 내 은사를 소홀히 하고 있지는 않는가? 그 불꽃이 죽어 가고 있지는 않는가? 다시 활활 타오르게 해야 할 필요는 없는가?'

14
결승선을 향해 달려감

> 내가 선한 싸움을 싸우고 나의 달려갈 길을 마치고 믿음을 지켰으니.
> 디모데후서 4:7

훌륭한 업적과 성공에도 불구하고, 바울은 결코 자신을 과신하지 않았습니다. 물론 자신의 구원에 대하여는 확신을 가지고 있었습니다. 그러나 그가 주님의 일꾼으로서 경주에서 실격되어 결승점까지 다다르지 못할 가능성이 있다는 것을 알고 있었습니다. 이것은 두려운 일이었습니다. 그래서 끊임없이 자기 자신을 훈련했습니다. "내가 내 몸을 쳐 복종하게 함은 내가 남에게 전파한 후에 자기가 도리어 버림이 될까 두려워함이로라"(고린도전서 9:27).

A. D. 58년경 바울은 예루살렘을 방문하였는데, 거기서 투옥되고 말았습니다. 그 후 약 5년 동안 감옥 생활을 하였습니다. 바울은 감옥의 내부에 이미 낯이 익은 사람이었습니다.

그 기간이 그에게는 답답하고 고통스러운 것이었으나, 교회에게는 풍성한 열매를 맺게 한 기간이었습니다. 바울의 투옥은 잃어버린 시간이 결코 아니었습니다. 바울의 투옥은 인간적인 불행이 어떻게 하나님의 주권에 의해 다스려지는가를 보여 줍니다. 그 당시에는 비극으로 보이던 것이 승리로 가는 긴 경주의 일부임이 입증되었습니다. 바울은 옥중에서 여러 편의 편지를 썼는데, 이 편지들은 그 후 지금까지 교회와 세계에 큰 영향을 미치고 있습니다. 요한이 계시록을 쓴 것도 바로 밧모 섬에 유배당했을 때였습니다. 번연은 베드포드 감옥에서 불후의 명작 **천로 역정**을 썼습니다.

바울은 자신의 불행을 적극적으로 이용하여 축복으로 전환시켰습니다. 이것은 고난과 시련 가운데 있는 수많은 사람들에게 틀림없이 큰 격려를 줄 것입니다. 바울의 이야기는 우리의 삶에 닥친 어려운 환경을 좋은 기회로 활용하는 길을 찾는 일에 최선을 다하도록 힘과 용기를 북돋아 줄 것입니다.

> 하나님께서 다른 사람들을 위해서는
> 날마다 구원의 역사를 베푸시면서도,
> 자기는 구해 주시지 않을 때
> 그 믿음이 실족하지 않는 자는 복이 있다.

음산한 감옥에서 자신의 영혼이
생명 다할 때까지 쇠해질지라도
아버지의 사랑과 목적을 신뢰하며
그 속에서 기뻐할 수 있는 자는 복이 있다.

설명할 수 없는 시련들,
풀리지 않고 이해할 수 없는 수수께끼들을 만날 때
목표를 이룰 때까지
그 믿음이 실족하지 않는 자는 복이 있다.

F. 앨런

이제 바울은 젊은 디모데에게 횃불을 넘겨주려 하고 있습니다. "너는 모든 일에 근신하여 고난을 받으며 전도인의 일을 하며 네 직무를 다하라. 관제와 같이 벌써 내가 부음이 되고, 나의 떠날 기약이 가까웠도다. 내가 선한 싸움을 싸우고 나의 달려갈 길을 마치고 믿음을 지켰으니, 이제 후로는 나를 위하여 의의 면류관이 예비되었으므로 주 곧 의로우신 재판장이 그날에 내게 주실 것이니, 내게만 아니라 주의 나타나심을 사모하는 모든 자에게니라"(디모데후서 4:5-8).

바울의 사역은 거의 끝나 가고 있었습니다. 그는 젊은 디모데에게 어떤 값을 치르고서라도 그에게 맡겨진 직무를 다하라고 권고했습니다. "너는 모든 일에 근신하여 고난을 받으며 전도인의 일을 하며 네 직무를 다하라." 이어 "나의 떠날 기약이 가까웠도다"라고 했습니다. 여기에서 사용된 '떠나다'라는 헬라어는 배의 정박 장치를 푸는 것을 의미하는 말로 자주 사용됩니다. 그는 땅의 항구를 떠나 하늘의 항구를 향해 항해를 시작할 준비가 되어 있었습니다. 진실로 그는 '내게 맡겨진 사명을 완수했다'는 의식을 가지고 떠날 준비를 할 수 있었습니다. 이것은 디모데를 위해, 그리고 우리를 위해, 얼마나 놀라운 본입니까? 횃불은 이제 우리의 손에 들려 있습니다!

사명의 완수

전승에 의하면 A. D. 66년 두 번의 재판 끝에 바울은 네로에게 죽임을 당했다고 합니다.

바울이 로마 감옥에 있을 때, 네로 황제는 로마를 떠나 여행 중이었다고 합니다. 그런데 그 여행 동안에 총애하는 후궁 중의 하나가 바울을 통해 그리스도께로 인도되었습니다. 네로가 돌아와 보니 그녀가 없었습니다. 그리스도인들과 함께 하기 위해 궁을 떠나 버린 것입니다. 격노한 네로는 바울에게 복수를 하였습니다. 바울은 오스티안 거리로 끌려 나가 처형 당했습니다.

그렇다. 삶과 죽음, 슬픔과 승리를 통하여,
주님께서는 나를 만족케 하시리라.
주님께서는 충분하신 분이기 때문이다.
그리스도는 끝이다. 그리스도는 시작이기 때문이다.
그리스도는 시작이다. 그리스도는 끝이기 때문이다.

          F. 마이어스

지도자 바울

2015년 10월 15일 개정 1쇄 발행

펴낸곳: 네비게이토 출판사 ⓒ
주소: 03784 서울시 서대문구 연희로 16 (창천동)
전화: 334-3305(대표), 334-3037(주문), FAX: 334-3119
홈페이지: http://navpress.co.kr
출판등록: 제10-111호(1973년 3월 12일)
ISBN 978-89-375-0440-2   03230

본 출판사의 서면 허락 없이는 본서의 전부 또는
일부의 무단 복제, 또는 원문에 대한 무단 번역을 금합니다.